REEDOM OF EXPRESSION AND RIGHTS

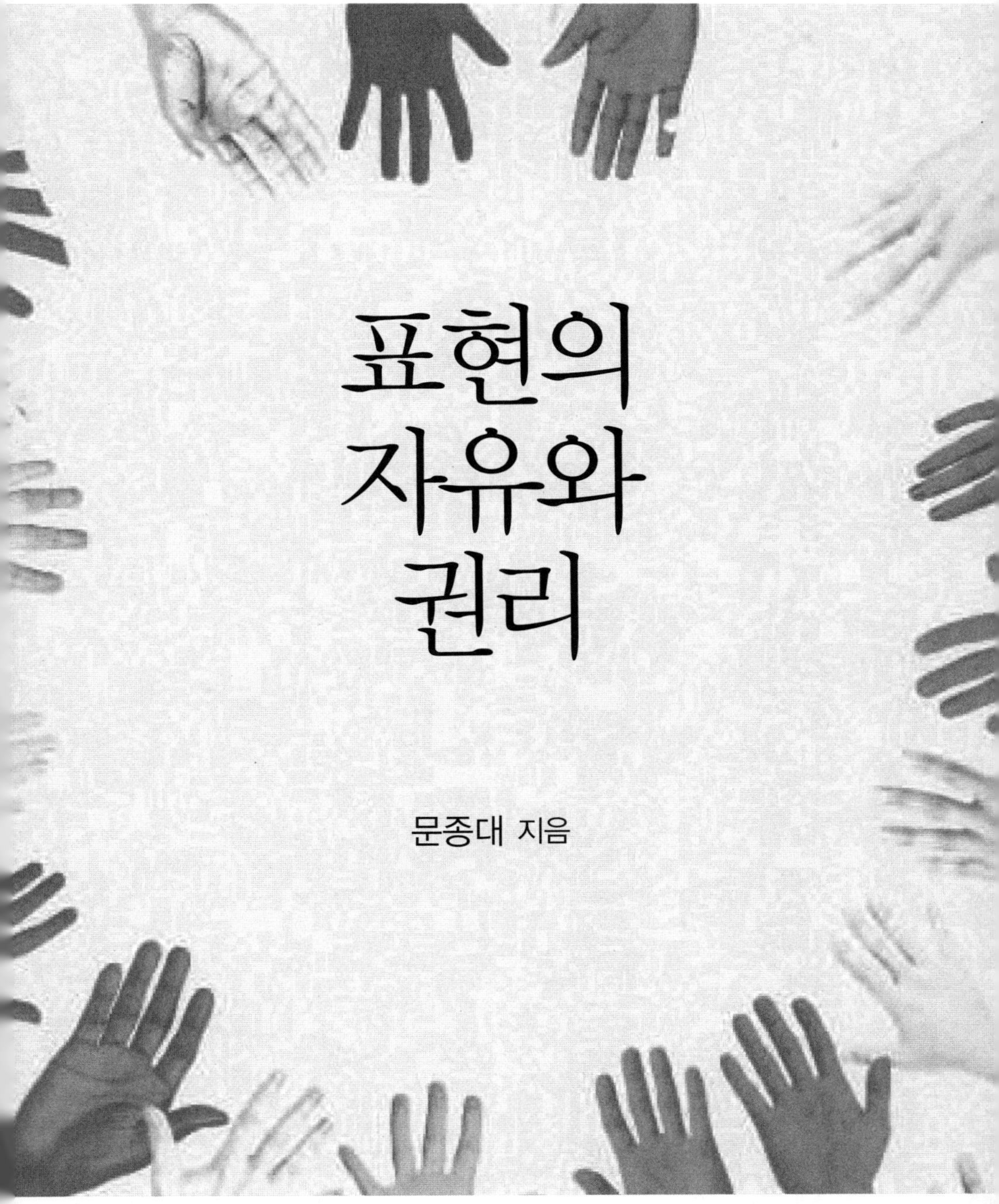

표현의 자유와 권리

문종대 지음

신아사

머리말

대한민국 헌법 제1조.

대한민국 주권은 국민에게 있고
모든 권력은 국민으로부터 나온다.

독일시인 브레히트는 묻는다.
"그런데 나와서 어디로 가지?"

그 권력이
어디로 가는지,
무엇을 하고, 무엇을 하지 않는지
감시하고 고발하자.
그렇지 않으면 곧 암흑이다.

어둠속에서 불을 밝힐 수 없다면
지나온 길도,
현재도 미래도 알 수 없다.
역사에 대한 반역이다.

어둠 속에서도
불빛 속에서도
변하지 않는 권리,
주권은 국민에게 있다.

모든 사람은 자유롭고 평등하게 태어났다.
태어난 이후에는?
말하라
우리는 자유롭고 평등하다고.

세계인권선언 19조,
대한민국 헌법 제21조,
"모든 사람은 표현의 자유에 대한 권리를 가진다"

권리는 오직 행사할 때만
그 모습을 드러낸다.
야만적 권력과 권력 남용에 항의하고 저항하자.
진실을 추구하고 항변하자.
타락하고 부패한 권력, 온갖 협잡으로 진실에 눈감은 언론에게
정의와 사랑의 이름으로 말하자.
우리가 권력이다.
우리가 언론이다.
우리가 모든 권력의 원천이다.

2018년 1월
저자 문종대

차 례

표현의
자유와 권리

1. 인권과 표현의 자유

1) 인권과 표현의 자유

1943년 2월 22일 뮌헨대학 의학부 학생 한스숄(25세)과 그의 누이동생인 철학과 학생 조피 숄(22세)은 나치스 전쟁을 반대하였다는 이유로 사형 당했다. 1943년 2월 18일 이른 아침에 남매는 뮌헨대학의 복도 벽에 반전유인물을 붙이다 대학관리자에게 발각, 비밀경찰에 붙잡혔다. 갑작스런 재판에 의해 같은 달 22일 처형당했다.

한스숄의 누이 잉게숄은 〈아무도 미워하지 않는 삶〉이라는 저서에서 다음과 같이 말했다.

"그들은 비범한 이념에 몸을 바친 것도 아니고 위대한 목표를 추구한 것도 아니다. 그들이 원한 것은 모두가, 나도 당신도 인간적인 세계에서 살고 싶다는 것이다"(잉게숄, p.15). 남매는 비인간적이고 반인간적인 것에 반대하고 인간적인 것을 지향 했을 뿐이다. 그들은 반전 유인물에서 "언론의 자유, 종교의 자유 그리고 범죄자적 폭력국가의 자의적인 탄압으로 모든 시민을 옹호하는 것 — 이것이 새 유럽의 기초다"라고 주장했다(잉게숄, 161).

인민법정의 한 장면. 1934년 국가반역죄를 다루는 특별법원으로 문을 연 이 법정은 나치 독재에 반대하던 수많은 사람들을 '법'이라는 이름으로 처단했다.
〈**출처:** (cc) Das Bundesarchiv at de wikipedia.org〉

전쟁만큼 인간을 파괴하는 것은 없다. 인간의 생명과 인간의 가치를 파괴하는 행위는 반인간적이다. 인간의 자유를 짓밟아 버리고, 인간을 억압하고 파멸시키는 것에 대한 투쟁을 불사하는 정신은 휴머니즘이다. 반인간적인 것에 대한 저항은 표현의 자유로부터 출발한다. 고발하는 것으로부터 시작된다. 고발하는 것, 그것이 바로 저항의 출발점이다. 그래서 반인간적 범죄자들은 언제나 표현의 자유를 억압한다.

너무도 인간적인 행위에 대해 반인간적인 사형을 내리는 것이야말로 표현의 자유를 억압하는 극단의 모습이다. 생명을 파괴함으로써 침묵시키는 것은 인류에 대한 범죄행위다. 이런 범죄행위에 동조하는 것 역시 반인간적이다. 인간생명을 파괴하는 모든 범죄행위를 고발하고 저항하는 것은 인류생존의 본질적 권리다. 그래서 표현의 자유는 생존의 권리이자 기본권이다.

인권은 인간이라는 이유만으로 갖는 권리다. 이것은 태어날 때부터 갖는 천부 권리로 최고 상위법이다. 인권은 시간과 장소와 무관하게 인간이기 때문에 인간이 가지는 보편 권리다. 따라서 인권은 법 이전에 주어진 생래적인 권리다(문종욱, p.42). 누구나 자신의 존엄성을 유지하기 위해 보장받아야 할 권리다. 모든 특권에 대한 도전을 통해 발전해온 인권은 인종, 성, 종교, 장애, 피부색, 정치 의견 또는 사상, 재산 등에 따른 어떤 차별 없이 누구나 보편적으로 향유할 수 있는 권리다.

어떤 언론이 이런 천부적인 권리를 부정할 수 있는가? 어떤 표현도 인권을 부정하면 정의로울 수도, 옳을 수도 없다. 그렇다면 언론과 표현의 자유 실천은 인권이 일차적인 가치기준이 되어야 한다. 인권을 부정한 어떤 표현도 옳을 수도 정의로울 수도, 인류적 가치를 가질 수도 없다.

2) 인권선언과 표현의 자유

1776년의 미국의 독립선언문은 '모든 사람은 평등하게 태어났고, 생명과 자유와 행복의 추구는 하느님으로부터 부여 받은 권리이며, 이 권리를 확보하기 위하여 인류는 정부를 조직했다'고 선언했다. 이후 1976년 미국의 버지니아 권리장전 제1조에도 '모든 인간은 날 때부터 평등하게 자유롭고도 자주적이며, 생명과 자유의 향유와 같은 그러한 천부의 권리를 후손들로부터 박탈할 수 없다'고 선언했다. 또한 프랑스 혁명 후 1789년의 프랑스 인권선언도 '인간은 자유롭고 평등하게 태어났으며, 정치적 결사의 목적은 자유권과 재산권과 신체 안전에 대한 권리와 억압에 대한 저항권 등 자연권을 보장하는 데 있다'고 했다.

세계 제2차 대전후 인권존엄사상은 인류의 보편적 규범이 되었다. 1948년에 제정된 세계인권선언문 제1조에는 "모든 인간은 태어날 때부터 자유로우며, 누구나 동등한 존엄성과 권리를 갖는다. 인간은 타고난 이성과 양심을 지니고 있으며, 형제애의 정신에 입각해 상호 행동해야 한다"라고 규정함으로써 근대 시민시민혁명 이후 전개되었던 인권존엄사상을 그대로 반영하고 있다. 인권선언 제2조에는 "모든 사람은 인종, 피부색, 성, 언어, 종교, 정치적 또는 기타의 의견, 국민적 또는 사회적 출신, 재산, 출생 또는 이들과 유사한 그 어떠한 이유에 의해서도 차별을 받지 않고 이 선언에 규정된 모든 권리와 자유를 누릴 수 있다"고 규정했다. 그리고 제3조에는 생명, 자유 및 신체의 안전에 대한 권리를 갖는다고 규정했다.

근대시민혁명 이후 발전해온 인권개념을 단 한마디로 압축한다면 '누구나 자유롭고 평등하게 태어 난 존엄한 존재라는 것'이다. 자유롭고 평등한 존엄한 존재로서의 일차적 조건은 생명이다. 따라서 생명에 대한 권리는 천부적 인권이다. 생명없이 자유도 인간 존엄도 없다. 따라서 인권의 가장 본질적인 가치는 생명에 대한 권리다. 생명권을 해치는 것은 인류의 가장 큰 범죄다. 전쟁이 그렇다. 정의로운 전쟁은 없다. 오직 방어적 권리로서만 전쟁은 정당하다. 그래서 어떤 침략전쟁도 정의로울 수 없다. 다른 나라의 인권을 빌미로 저지른 전쟁 역시 반 인권적이다. 인권을 위한 전쟁은 최악의 수단이며, 그 외의 방법을 찾기 위해 최선을 다해야 한다. 언론도 그래야 한다. 전쟁을 부추기는 언론은 정의롭지 못하며 반인권적 언론이다. 침략전쟁을 찬양하는 언론 역시 반인권적이다. 전쟁보다 평화와 협상을 말해야 한다.

자유롭고 평등하게 태어난 인간은 자기 자신에 대한 유일한 소유권자다. 자기의 생명, 신체에 대한 전일적인 소유권자다. 누구도 자신의 생명이나 신체를 침해할 권리를 갖고 있지 않다. 그 또한 누구의 신체나 생명을 침해할 권리가 없다. 생명권과 신체의 자유는 상호 간의 권리다. 모두에 의한 모두의 권리다. 따라서 누구도 고문을 가하거나 신체에 위해를 가할 권리가 없다. 오직 가능한 경우는 자신의 신체와 생명을 보호하기 위해서일 때 뿐이다. 자기의 생명과 신체를 보호할 권리는 천부적 권리다. 누구나 살상과 고문으로부터 자유로워야 한다. 세계인권선언에도 '모든 사람은 생명, 자유 및 신체의 안전에 대한 권리를 가지며(제3조)', '아무도 고문 또는 자의적인 체포 구금 및 추방을 당하지 않는다'(제5조, 제9조)고 규정하고 있다.

자기 자신에 대한 유일한 소유권자인 인간은 자신의 생명과 자유를 양도할 수 없다. 생명과 자유를 양도하는 것 자체가 인간 존엄성에 대한 침해다. 생명 없는 인간은 이미 인간이 아니다. 생명은 양도할 수 없다. 자유 없는 인간은 인간임을 포기한 것이다. 자기 자신을 노예로 판매할 수 없다. 노예는 생명과 자유에 대한 권리를 주인에게 양도한 것이다. 생명과 자유는 양도할 수 있는 권리가 아니다. 자유를 빼앗긴 인간은 인간으로서 존엄성을 침해당한 것이다. 세계인권선언 제4조에도 '누구도 노예가 되거나 괴로운 노역을 강요당하지 않아야 하며, 노예제도와 노예매매는 어떤 형태로든 금지된다'고 규정하고 있다. 따라서 노예해방에 대한 투쟁은 인간으로서의 인정 투쟁이다. 이 투쟁은 자연권적 권리투쟁이다. 그래서 이 투쟁은 어떠한 경우에도 부당할 수 없고 정의롭고도 옳은 투쟁이다.

자유롭고 평등하게 태어난 인간 모두는 존엄하고 평등한 권리를 갖고 있다. 서로 다른 언어, 종교, 문화, 전통, 역사, 관습을 지닌 집단들과 개인들이 최소한으로 합의할 수 있는 기본 기준이 인권이다. 인간의 존엄성은 누구에 의해서도 수단으로 사용되어서는 안 된다. 칸트는 자율적으로 행동하고 판단하는 도덕성을 갖춘 인간만이 인간성을 지니며, 인간성을 지닌 사람만이 자유로운 사람이 된다고 보았다. 타인의 존엄을 존중해 주고, 타인과 자신이 향유하는 권리가 조화롭게 보장되는 공동선을 추구할 수 있는 사람이 자유로운 사람이다. 타인을 존중하는 자유로운 인간은 타인의 권리를 침해하지 않을 뿐 아니라 타인을 수단화 하지 않아야 한다(차수봉, pp.9-10).

세계인권선언은 인권이야말로 세계의 자유, 정의와 평화의 기초이며, 인권의 무시와 멸시는 인류의 양심을 짓밟는 만행이라고 했다. 인류에 대한 만행은 인류에게 고발되어야 한다. 한스 숄은 "우리가 말하고 행동한 것은 많은 사람들이 생각하고 말하고 싶은 것을 대신한 것일 뿐이다. 다만 그들은 감히 말하지 못한 것 뿐이다"라고 했다(잉게 숄, 12). 모든 반인권행위에 대한 저항은 표현행위로부터 시작된다. 한 사람의 인권에 대한 침해는 모든 사람의 인권존엄성에 대한 침해다. 그래서 우리는 인류에 대한 만행에 대해서 공분한다. 공분하려면 만행에 대해서 알아야 한다. 만행을 저지르는 권력이나 사람들은 은밀하고도 비밀스럽게 행동한다. 또한 그들의 행동을 미화하거나 감추기 위해서 표현의 자유를 억압한다. 그래서 모든 인권운동의 시작은 표현의 자유 실천에서부터 시작된다.

프랑스 인권선언 제11조에는 "사상과 의견의 자유로운 소통은 인간의 가장 소중한 권리 중 하나다"라고 말하고 있으며, 세계인권선언 19조에도 '모든 사람은 의견과 표현의 자유를 누릴 권리를 가진다'고 되어 있다. 또한 '이 권리는 간섭을 받지 않고 자신의 의견을 가질 자유를 포함하며, 모든 수단을 통하여, 국경을 넘거나 넘지 않거나에 관계없이, 정보와 사상을 추구하고 받고 전할 자유를 포함하다'고 규정하고 있다.

표현의 자유없이 인권은 보장될 수 없다. 이미 표현의 자유가 없다는 것 자체가 반인권 상황이다. 표현의 자유가 보장되지 않는다면 그 이유는 명백하다. 누군가가 자신의 반 인권적인 만행이나 상황, 또는 반민주적인 행위를 감추고 싶기 때문일 것이다. 독일 나찌정권이 그랬고 일본의 파쇼정권이 그랬다. 한국의 군부 독재정권이 그랬고, 공산독재정권들이 그랬다. 어떤 정당한 권력이 권력을 위하여 표현의 자유를 억압하던가?

3) 비폭력 저항운동과 표현의 자유

반인권적인 행위에 대한 저항은 표현의 자유로부터 시작되었다. 일제치하의 3 · 1운동, 영국 통치하의 간디의 비폭력 저항이 그랬다. 이들의 저항이 빛나는 것은 비폭력 저항운동이기 때문이다. 폭력의 적은 폭력이 아니라 비폭력이고 평화다. 비폭력은 폭력을 폭로하는 최선의 방법이다. 폭력의 잔인성과 만행을 고스란히 들어낸다. 인간은 이성적이고 감성적이기에 이 만행 앞에서 공분하고 연대한다. 명분 있는 연대의 힘은 강하다.

1955년 12월 1일, 앨라배마 주 몽고메리에서 한 흑인 여성이 백인 승객에게 자리를 양보하지 않아 경찰에 체포됐다. 이에 항의한 흑인 시민들은 몽고메리 버스를 382일 동안 보이콧 했다. 당시 미국 남부에서는 인종차별법에 의해 흑인과 백인은 거의 모든 일상생활에서 분리되어 생활하였다. 버스와 기차 같은 대중 교통수단도 마찬가지였다. 이 저항운동은 아프리카계 미국인의 인권과 권익을 개선하고자 하는 미국 시민권 운동의 시초가 되었고, 대법원은 버스에서의 인종차별을 금지하는 법안을 통과시켰다. 이 운동은 비폭력 저항운동이었다([네이버 지식백과] 로자 파크스 [Rosa Parks] (해외저자사전, 2014. 5., 교보문고 http:\\www.kyobobook.co.kr).

1965년 3월 미국 앨라배마주 셀마시에서 흑인 600여 명이 흑인의 참정권을 요구하면서 80번 고속도로를 따라 셀마에서 몽고메리까지 87km를 평화행진 하려했지만 경찰에 의해 무차별 폭행을 당했고 시위는 중단되었다. 당시 셀마는 흑인이 인구의 절반을 차지했지만 그 중 투표권을 가진 흑인은 채 1%에 불과했다. 피의 일요일이라 불린 이 사건 이틀 뒤에 킹목사를 비롯한 인권운동가들은 2,500여 명의 시민들과 함께 비폭력 행진을 재개했다. 그리고 5개월 뒤 투표권리법이 통과되어 흑인선거 참여가 가능해졌다.

미국에서 인종차별에 대한 저항운동은 비폭력 저항운동으로 시작되었다. 평등, 자유, 투표권리 등은 그저 주어진 것이 아니다. 비폭력 저항운동은 총과 칼로부터 시작한 것이 아니라 시위, 구호, 플랜카드, 음악, 문학 등 다양한 방식으로 표현되었다. 그들은 행진을 했고, 권리를 외쳤을 뿐이다. 흑인민권운동은 인간으로서 누려야 할 인권을 지향했다. 여기에 폭력으로 대응한 경찰은 인종차별의 폭력성과 반인권성을 더 부각시키는 역할을 했다. 감정적으로 인권운동에 찬성하지 않는 사람도 백인에게 자리를 양보하지 않는다는 이유로 흑인을 체포하는 것을 이성적이고 합리적이라 보기 어렵다.

그렇다면 폭력 저항운동은 범죄인가? 식민지하의 무장운동투쟁은 잘못된 것인가? 마틴루터 킹의 비폭력 저항운동과는 달리 흑인 인권운동가인 말콤 엑스는 법이 백인들의 폭력으로부터 흑인들을 보호해주지 못한다면 자신들을 방어하기 위해, 필요하다면 무기를 사용해야 한다고 주장했다. 흑인들은 단결하여 정의를 실현하여야 하며 자기방어적이 되어야 한다고 주장했다. 그러나 그가 무장투쟁을 한 것도, 폭력적인 시위를 주도한 것도 아니다. 이런 말콤 엑스가 암살되자 〈워싱턴 포스트〉는 말콤을 "뒤틀어진 인종주의 대변인"이라고 했다. 〈타임〉은 "증오를 전파하는 부끄러움을 모르는 선동가"이며 그의 삶과 죽음이 모두 민권운동에서 재앙이었다고 묘사했다. 〈뉴스위크〉 또한 그를 "무절제한 이야기 꾼, 가난한 니그로를 부추기고 백인들을 '사악한 악마'라고 공격함으로써 백인들을 놀라게 하고, 미국 흑인들에게 무장하기를 요구하는 선동가"라고 했다. 〈뉴욕타임즈〉도 "무책임한 선동가", "뒤틀린 사람"으로 묘사했다(황혜성, 83).

왜, 이들 백인소유의 주요 언론들이 말콤 엑스에게 저주의 목소릴 내었을까? 그들이 흑인차별보다 더 무서워하는 것은 그들의 지배질서가 흔들리는 것이다. 그들은 그들의 지배질서를 지킬 수 있는 범위 내에서 흑인 인권을 보장하겠다는 것이었다. 말콤 엑스는 미국 흑인에 대한 인종차별문제를 국제적인 관심사로 만들려고 했다. 미국의 흑인문제는 미국만의 문제가 아니라 아프리카를 비롯한 세계에서 억압받는 유색인종의 문제이며 모든 인간의 기본 인권문제다. 말콤은 아프리카연합회에 참석하여 아프리카 지도자들에게 2,200만의 아프리카계 미국인들이 매일 그들의 인권을 유린당하고 있음을 직접 말하고자 했다. 그러나 미국정부 및 국방부와 CIA의 반대로 참관인 자격으로 참가하여 유인물을 나누어 주는 것 밖에 할 수 없었다(황혜성, 87-88). 이것은 인권국가로 치장한 미국의 본질을 들어낸 사건이라 할 수 있다. 말콤 엑스의 비폭력 저항운동을 넘어선 자기방어적 폭력의 정당성에 대한 연설보다, 말콤 엑스와 마틴 루터 킹의 암살이 더 폭력적이다. 지구 곳곳에서 자행되고 있는 인종차별이 더 폭력적이지 않은가?

비폭력 저항운동이 권력에 의해 장악된 언론에 의하여 왜곡된다면 이들은 고립될 것이다. 옳음과 정의가 공유되지 못할 것이다. 광주민주화 운동이 그랬고 독일 나찌하의 만행들이 그랬다. 반인권적인 행위를 미화하거나 동조한 언론은 반인권적인 언론이다. 알면서도 권력이 무서워 침묵했다면 비겁하다. 반인권적 만행을 알리기 위해 노력한 언론이야말로 인권운동의 전선에 함께 서 있는 것이다.

1913년 시속 60km로 달리는 경주마에 한 여성이 뛰어들었다. 여성참정권 운동가 에밀리 데이비슨(Emily Davison)이었다. 달리는 말 앞에 뛰어들며 외친 그녀의 한마디 "여성에게 투표권을 달라"였다. 나흘 뒤 숨진 이 여성에 대해 영국의 한 언론은 "왕실 소유 경주마 앤머(Ammer)와 기수가 다쳤다. 경기장에 난입한 한 여자가 중요한 경기를 망쳤다"였다. 우리는 이런 언론을 바른 언론이라 할 수 있겠는가? 이런 표현을 잘한 표현이라 할 수 있겠는가? 왜 이 여성 운동가는 목숨을 던져 자신의 이야기를 할 수밖에 없었는가? 지배 권력과 지배언론 누구도 자신의 말에 귀를 기울여 주지 않았다. 불온한 시선으로 감시하고 모욕했다. 자신의 목숨을 던져 여성참정권을 이야기한 이 여성이야말로 가장 참혹한 비폭력 저항의 표현이 아니겠는가? 인권의식 없는 언론은 폭력이 될 수 있다.

"근로 기준법을 지켜라", "근로 시간을 단축하라", "어린 소녀들의 건강과 생명을 지켜달라", "일요일은 쉬게 하라", "우리는 기계가 아니다" 등의 플랜카드를 들고 절규를 하다가 그것이 관철되지 않자 이만 칠천 명의 평화시장 노동자들과 전국의 수백만 노동자들을 대신해 전태일 노동자는 1970년 11월 13일 온 몸에 석유를 뿌리고 분신자살했다. 몸을 불살라 자신의 의견을 표현했다. 그 당시 평화시장 봉제 노동자들은 하루 16시간을 어둡고 소란하고 먼지 가득한 작업장에 갇혀 휴식도, 휴일도, 휴가도 없이 노동했다. 2만 명이 넘는 종업원의 80%가 여성이었고, 또한 이중 40%의 보조공(시다)들은 15세 미만의 어린이였다. 이들이 받는 급료는 하루 90원 내지 100원 정도였다. 이들은 안질과 신경통, 위장병 호흡기 장애, 폐결핵 등으로 시들어 가고 있었다(김종렬, 1972, pp.87-94).

전태일은 온 몸을 불살라 그 당시 어떤 언론도 하지 못한 표현을 한 것이다. 그럼에도 불구하고 그 당시 유력지 중의 하나인 모 신문은 이 사건에 대한 보도를 거의 하지 않았다. 마지못해 사건 며칠 후 사설 하나로 마무리 했다. 제대로 된 언론이라면, 제대로 된 지식인 이라며, 제대로 된 예술 문화인이라면, 그리고 건전한 시민이라면 그 당시의 청계천의 노동현실에 분노해야 하고, 해결하려고 지혜를 모았어

무고한 생명체들이 시들고 있는 이때에 한 방울의 이슬이 되기 위하여 발버둥치오니
하나님, 긍휼과 자비를 베풀어주시옵소서

고갈한 내 심정을 조금이라도 적실 수 없을 것 같네
내가 앞장설 테니 뒤따라오게

근로기준법을 준수하라!
우리는 기계가 아니다!
일요일은 쉬게 하라!
노동자들을 혹사하지 말라!
내 죽음을 헛되이 하지 말라!
(분신후 외친말)

〈출처 : http: blog.naver.com goproblem 221023715847〉

야 했다. 모두가 침묵했고 방관하거나 상호 공모했을 때, 한 노동자는 온 몸으로 자신을 던져 노동현실을 폭로할 수밖에 없었다. 폭력적 노동현실에 대한 비폭력적 저항운동이자 노동현실에 대한 고발이었다. 오늘날의 노동인권도 그냥 주어진 것이 아니다. 한국의 언론은 언제나 노동운동에 대해 적대적인 시선을 거두지 않았다. 항상 불길한 눈길로 낙인찍기 바빴다. 그런 언론을 인권언론이라 할 수 있겠는가?

4) 세계인권선언[1]

전 문

모든 인류 구성원의 천부의 존엄성과 동등하고 양도할 수 없는 권리를 인정하는 것이 세계의 자유, 정의 및 평화의 기초이며, 인권에 대한 무시와 경멸이 인류의 양심을 격분시키는 만행을 초래하였으며, 인간이 언론과 신앙의 자유, 그리고 공포와 결핍으로부터의 자유를 누릴 수 있는 세계의 도래가 모든 사람들의 지고한 열망으로서 천명되어 왔으며, 인간이 폭정과 억압에 대항하는 마지막 수단으로서 반란을 일으키도록 강요받지 않으려면, 법에 의한 통치에 의하여 인권이 보호되어야 하는 것이 필수적이며, 국가간에 우호관계의 발전을 증진하는 것이 필수적이며, 국제연합의 모든 사람들은 그 헌장에서 기본적 인권, 인간의 존엄과 가치, 그리고 남녀의 동등한 권리에 대한 신념을 재확인하였으며, 보다 폭넓은 자유속에서 사회적 진보와 보다 나은 생활수준을 증진하기로 다짐하였고, 회원국들은 국제연합과 협력하여 인권과 기본적 자유의 보편적 존중과 준수를 증진할 것을 스스로 서약하였으며, 이러한 권리와 자유에 대한 공통의 이해가 이 서약의 완전한 이행을 위하여 가장 중요하

1) 국가인권위원회의 국제인권자료

므로, 이에, 국제연합총회는, 모든 개인과 사회 각 기관이 이 선언을 항상 유념하면서 학습 및 교육을 통하여 이러한 권리와 자유에 대한 존중을 증진하기 위하여 노력하며, 국내적 그리고 국제적인 점진적 조치를 통하여 회원국 국민들 자신과 그 관할 영토의 국민들 사이에서 이러한 권리와 자유가 보편적이고 효과적으로 인식되고 준수되도록 노력하도록 하기 위하여, 모든 사람과 국가가 성취하여야 할 공통의 기준으로서 이 세계인권선언을 선포한다.

제1조

모든 인간은 태어날 때부터 자유로우며 그 존엄과 권리에 있어 동등하다. 인간은 천부적으로 이성과 양심을 부여받았으며 서로 형제애의 정신으로 행동하여야 한다.

제2조

모든 사람은 인종, 피부색, 성, 언어, 종교, 정치적 또는 기타의 견해, 민족적 또는 사회적 출신, 재산, 출생 또는 기타의 신분과 같은 어떠한 종류의 차별이 없이, 이 선언에 규정된 모든 권리와 자유를 향유할 자격이 있다. 더 나아가 개인이 속한 국가 또는 영토가 독립국, 신탁통치지역, 비자치지역이거나 또는 주권에 대한 여타의 제약을 받느냐에 관계없이, 그 국가 또는 영토의 정치적, 법적 또는 국제적 지위에 근거하여 차별이 있어서는 아니된다.

제3조

모든 사람은 생명과 신체의 자유와 안전에 대한 권리를 가진다.

제4조

어느 누구도 노예상태 또는 예속상태에 놓여 지지 아니한다. 모든 형태의 노예제도와 노예매매는 금지된다.

제5조

어느 누구도 고문, 또는 잔혹하거나 비인도적이거나 굴욕적인 처우 또는 형벌을 받지 아니한다.

제6조

모든 사람은 어디에서나 법 앞에 인간으로서 인정받을 권리를 가진다.

제7조

모든 사람은 법 앞에 평등하며 어떠한 차별도 없이 법의 동등한 보호를 받을 권리를 가진다. 모든 사람은 이 선언에 위반되는 어떠한 차별과 그러한 차별의 선동으로부터 동등한 보호를 받을 권리를 가진다.

제8조

모든 사람은 헌법 또는 법률이 부여한 기본적 권리를 침해하는 행위에 대하여 권한 있는 국내법정에서 실효성 있는 구제를 받을 권리를 가진다.

제9조

어느 누구도 자의적으로 체포, 구금 또는 추방되지 아니한다.

제10조

모든 사람은 자신의 권리, 의무 그리고 자신에 대한 형사상 혐의에 대한 결정에 있어 독립적이며 공평한 법정에서 완전히 평등하게 공정하고 공개된 재판을 받을 권리를 가진다.

제11조

1. 모든 형사피의자는 자신의 변호에 필요한 모든 것이 보장된 공개 재판에서 법률에 따라 유죄로 입증될 때까지 무죄로 추정받을 권리를 가진다.

2. 어느 누구도 행위시에 국내법 또는 국제법에 의하여 범죄를 구성하지 아니하는 작위 또는 부작위를 이유로 유죄로 되지 아니한다. 또한 범죄 행위시에 적용될 수 있었던 형벌보다 무거운 형벌이 부과되지 아니한다.

제12조

어느 누구도 그의 사생활, 가정, 주거 또는 통신에 대하여 자의적인 간섭을 하거나 또는 그의 명예와 명성에 대한 비난을 받지 아니한다. 모든 사람은 이러한 간섭이나 비난에 대하여 법의 보호를 받을 권리를 가진다.

제13조

1. 모든 사람은 자국내에서 이동 및 거주의 자유에 대한 권리를 가진다 .

2. 모든 사람은 자국을 포함하여 어떠한 나라를 떠날 권리와 또한 자국으로 돌아올 권리를 가진다.

제14조

1. 모든 사람은 박해를 피하여 다른 나라에서 비호를 구하거나 비호를 받을

권리를 가진다.

2. 이러한 권리는 진실로 비정치적 범죄 또는 국제연합의 목적과 원칙에 위배되는 행위로 인하여 기소된 경우에는 주장될 수 없다.

제15조

1. 모든 사람은 국적을 가질 권리를 가진다.

2. 어느 누구도 자의적으로 자신의 국적을 박탈당하지 아니하며 자신의 국적을 변경할 권리가 부인되지 아니한다.

제16조

1. 성인 남녀는 인종, 국적 또는 종교에 따른 어떠한 제한도 없이 혼인하고 가정을 이룰 권리를 가진다. 그들은 혼인에 대하여, 혼인기간 중 그리고 혼인 해소시에 동등한 권리를 향유할 자격이 있다.

2. 혼인은 장래 배우자들의 자유롭고 완전한 동의하에서만 성립된다.

3. 가정은 사회의 자연적이고 기초적인 단위이며, 사회와 국가의 보호를 받을 권리가 있다.

제17조

1. 모든 사람은 단독으로 뿐만 아니라 다른 사람과 공동으로 재산을 소유할 권리를 가진다.

2. 어느 누구도 자의적으로 자신의 재산을 박탈당하지 아니한다.

제18조

모든 사람은 사상, 양심 및 종교의 자유에 대한 권리를 가진다. 이러한 권리는 종교 또는 신념을 변경할 자유와, 단독으로 또는 다른 사람과 공동으로 그리고 공적으로 또는 사적으로 선교, 행사, 예배 및 의식에 의하여 자신의 종교나 신념을 표명하는 자유를 포함한다.

제19조

모든 사람은 의견의 자유와 표현의 자유에 대한 권리를 가진다. 이러한 권리는 간섭없이 의견을 가질 자유와 국경에 관계없이 어떠한 매체를 통해서도 정보와 사상을 추구하고, 얻으며, 전달하는 자유를 포함한다.

제20조

1. 모든 사람은 평화적인 집회 및 결사의 자유에 대한 권리를 가진다.

2. 어느 누구도 어떤 결사에 참여하도록 강요받지 아니한다.

제21조

1. 모든 사람은 직접 또는 자유로이 선출된 대표를 통하여 자국의 정부에 참여할 권리를 가진다.

2. 모든 사람은 자국에서 동등한 공무담임권을 가진다.

3. 국민의 의사가 정부 권능의 기반이다. 이러한 의사는 보통·평등 선거권에 따라 비밀 또는 그에 상당한 자유 투표절차에 의한 정기적이고 진정한 선거에 의하여 표현된다.

제22조

모든 사람은 사회의 일원으로서 사회보장을 받을 권리를 가지며, 국가적 노력과 국제적 협력을 통하여, 그리고 각 국가의 조직과 자원에 따라서 자신의 존엄과 인격의 자유로운 발전에 불가결한 경제적, 사회적 및 문화적 권리들을 실현할 권리를 가진다.

제23조

1. 모든 사람은 일, 직업의 자유로운 선택, 정당하고 유리한 노동 조건, 그리고 실업에 대한 보호의 권리를 가진다.

2. 모든 사람은 아무런 차별없이 동일한 노동에 대하여 동등한 보수를 받을 권리를 가진다.

3. 노동을 하는 모든 사람은 자신과 가족에게 인간의 존엄에 부합하는 생존을 보장하며, 필요한 경우에 다른 사회보장방법으로 보충되는 정당하고 유리한 보수에 대한 권리를 가진다.

4. 모든 사람은 자신의 이익을 보호하기 위하여 노동조합을 결성하고, 가입할 권리를 가진다.

제24조

모든 사람은 노동시간의 합리적 제한과 정기적인 유급휴가를 포함하여 휴식과 여가의 권리를 가진다.

제25조

1. 모든 사람은 의식주, 의료 및 필요한 사회복지를 포함하여 자신과 가족의 건강과 안녕에 적합한 생활수준을 누릴 권리와, 실업, 질병, 장애, 배우자 사

망, 노령 또는 기타 불가항력의 상황으로 인한 생계 결핍의 경우에 보장을 받을 권리를 가진다.

2. 어머니와 아동은 특별한 보호와 지원을 받을 권리를 가진다. 모든 아동은 적서에 관계없이 동일한 사회적 보호를 누린다.

제26조

1. 모든 사람은 교육을 받을 권리를 가진다. 교육은 최소한 초등 및 기초단계에서는 무상이어야 한다. 초등교육은 의무적이어야 한다. 기술 및 직업교육은 일반적으로 접근이 가능하여야 하며, 고등교육은 모든 사람에게 실력에 근거하여 동등하게 접근 가능하여야 한다.

2. 교육은 인격의 완전한 발전과 인권과 기본적 자유에 대한 존중의 강화를 목표로 한다. 교육은 모든 국가, 인종 또는 종교 집단간에 이해, 관용 및 우의를 증진하며, 평화의 유지를 위한 국제연합의 활동을 촉진하여야 한다.

3. 부모는 자녀에게 제공되는 교육의 종류를 선택할 우선권을 가진다.

제27조

1. 모든 사람은 공동체의 문화생활에 자유롭게 참여하며 예술을 향유하고 과학의 발전과 그 혜택을 공유할 권리를 가진다.

2. 모든 사람은 자신이 창작한 과학적, 문학적 또는 예술적 산물로부터 발생하는 정신적, 물질적 이익을 보호받을 권리를 가진다.

제28조

모든 사람은 이 선언에 규정된 권리와 자유가 완전히 실현될 수 있도록 사회적, 국제적 질서에 대한 권리를 가진다.

제29조

1. 모든 사람은 그 안에서만 자신의 인격이 자유롭고 완전하게 발전할 수 있는 공동체에 대하여 의무를 가진다 .

2. 모든 사람은 자신의 권리와 자유를 행사함에 있어, 다른 사람의 권리와 자유를 당연히 인정하고 존중하도록 하기 위한 목적과, 민주사회의 도덕, 공공질서 및 일반적 복리에 대한 정당한 필요에 부응하기 위한 목적을 위해서만 법에 따라 정하여진 제한을 받는다.

3. 이러한 권리와 자유는 어떠한 경우에도 국제연합의 목적과 원칙에 위배되

어 행사되어서는 아니된다.

제30조

이 선언의 어떠한 규정도 어떤 국가, 집단 또는 개인에게 이 선언에 규정된 어떠한 권리와 자유를 파괴하기 위한 활동에 가담하거나 또는 행위를 할 수 있는 권리가 있는 것으로 해석되어서는 아니된다.

2. 표현자유에 대한 이해[1]

1) 표현자유에 대한 개념 정의

표현자유에 대한 개념정의를 내리기 전에 '자유'를 한정하는 '표현'에 대한 개념정의를 할 필요가 있다. 헌법재판소는 언론 출판자유를 단지 신문 방송 등 여론형성에 관련된 좁은 의미의 언론으로 한정하지 않고, 의사표현 또는 전파의 매개체는 어떤 형태든지 가능하고 그 제한이 없다고 보고 있다. 헌법재판소는 "언론출판 자유의 보호대상이 되는 의사표현 또는 전파의 매개체는 어떠한 형태이건 가능하므로, 담화·연설·토론·연극·방송·음악·영화·가요 등과 문서·소설·시가·도화·사진·조각·서화 등 모든 형상의 의사표현 또는 의사전파의 매개체를 포함한다"(2000헌가9 전원재판부)고 말했다. 이 책에서는 헌법재판소 견해에 따라 언론의 자유는 특별한 경우가 아닌 한 표현의 자유와 동일한 개념으로 사용했다.

먼저 언론학계에서 논의되고 있는 언론자유에 대한 개념을 살펴보면 다음과 같다. 언론을 언론기관들의 활동으로 보는 견해, 언론과 출

1) 이 장은 문종대(1998), "언론자유의 개념 정의 및 실현조건에 관한 연구", 언론학연구 제2집(부산경남언론학회)에 실린 논문을 수정한 것이다.

판을 나누어 언론을 구두의 형식에 의한 사상 또는 의견의 발표라고 정의하는 견해, 언론을 커뮤니케이션과 동일한 개념으로 보는 견해, 언론과 표현을 동일한 개념으로 정의하는 견해로 크게 나눌 수 있다.

언론을 언론기관들의 활동으로 보는 대표적인 견해는 매스컴 대사전의 언론에 대한 정의와 유종원의 개념정의이다. 매스컴 대사전은 언론에 대한 정의에서 "매스커뮤니케이션의 한 유형으로 신문사 시사 잡지사, 방송국, 통신사 등의 언론기관들의 세상에서 일어나는 여러 가지 사건이나 현상들에 관한 보도 논평, 해설 등을 목적으로, 그에 관한 뉴스와 정보 등을 취재하고 때로는 그에 의견을 첨가하여, 이들을 기사나 프로그램 따위로 작성하여 대중들에게 정기적으로 제공해 주는 활동을 말한다"라고 이야기하고 있다(차배근·김우룡·이기홍, 1993, p.925).

유종원은 언론자유를 표현의 자유와 독립된 별개의 권리라고 보고 언론을 '발언으로서의 언론'과 '제도로서의 언론'으로 나누고 있다. 발언으로서의 언론은 말이나 글로서 자기 사상을 발표하는 것을 말한다. 개인이 말하고자 하는 자유에 덧붙여 단지 인쇄물로 찍어낸다는 의미까지 포함한다. '제도로서의 언론'은 "신문이나 방송과 같은 정치 시사적인 정기간행물 등을 지칭하는 의미로 이해한다"면서, "서적이나 팜플렛, 연극, 영화 등을 언론의 범주에 포함시켜 생각하지 않는 경향이 있다"고 했다(유종원, 1992. pp.76-78).

유종원은 제도로서의 언론자유는 표현의 자유라는 기본 가정을 전제한 가운데 부분적으로 독자적인 원리가 적용되는 '발언으로서의 언론'을 자유의 하위 체계로 보고 있다. 유종원은 역사적으로 언론개념이 '발언으로서의 언론'에서 '제도로서의 언론'으로 발전하고 있다고 보고 있다.

이런 언론 개념정의를 바탕으로 할 때 언론자유는 언론기관의 자유가 된다. 이 개념은 매우 협소한 개념 정의다. 특히 언론기관이 독점화되면서 언론기업으로부터 언론자유가 요구되는 현 시점에서 이 개념 정의는 매우 위험하다.

언론과 출판을 나누어 언론을 구두 형식에 의한 사상 또는 의견 발표라고 정의하는 대표적인 견해는 미국수정헌법 제1조의 개념정의와 권영성의 개념정의이다. 미국수정헌법 제1조는 '언론은 TV, 방송, 영화 연극은 물론 기타 모든 구두적 표현행위를 말하며 출판은 신문, 잡지 또는 기타 출판물은 물론 이 밖에도 문자, 그림, 상형 등과 같은 상징적 표현행위 등이 이에 포함된다'라고 정의하고 있다. 헌법학자인 권영성도 미국수정헌법 제1조의 개념과 같은 개념으로 "언론이라 함은 담화, 토론, 연설, 연극, 방송과 같은 구두의 형식에 의한 사상 또는 의견의 발표를 말하고, 출판이라 함은 문서, 도화, 사진 등과 같은 출판물에 의한 사상 또는 의견의 발표를 말한다"라고 정의내리고 있다(권영성, 1998, p.404).

이런 개념정의는 개인이나 언론기관의 표현행위에 중점을 둠으로써 자기들의 사상이나 신념, 의견을 형성하는데 필요한 객관적 세계의 대상들과의 상호작용행위가 전제되어 있지 않다. 그 결과 정보에 접근할 수 있는 권리개념이 내포될 수 있는 여지가 없다. 액세스권을 처음으로 제시한 바론(J.A. Barron)은 "확실히 수정 제1조는 주요 미디어를 운영하는 발행인과 저널리스트를 보호한다. 수정 제1조는 그러한 미디어로부터 배제된 사람들에게 어떤 효과적인 보호나 기회를 제공하는가"라고 의문을 제기하면서 이 개념의 한계를 지적하고 있다(Barron, J.A 1981, p.11; 김동민, 1996, p.172 재인용).

언론을 커뮤니케이션과 동일한 개념으로 보는 대표적 견해는 최창섭의 개념정의다. 최창섭은 1985년 한국신문학회를 한국언론학회로 명칭을 변경하는 과정에서, 언론학자들은 언론이라는 개념을 가장 기본적인 커뮤니케이션 현상도 언론의 개념에 포함시킬 것에 의견일치를 보았다고 했다(최창섭, 1997, p.14). 따라서 그는 언론의 개념을 대중매체에 의한 커뮤니케이션 현상 뿐 아니라 일상생활 속의 의사소통 행위도 언론이라는 개념에 포함시켜야 한다고 보았다.

최창섭은 "커뮤니케이션이란 두 사람 이상이 유형·무형의 어떤 대상물—말, 글, 생각, 사상, 의미—을 함께 공유하는 것이다"(최창섭, 1997, p.14)라고 정의함으로써, 효과이론이 기반하고 있는 기능론적 입장에서 언론을 보고 있다. 즉 얼마나 효과적으로 커뮤니케이션 함으로써 '유형·무형의 어떤 대상물을 공유' 할 수 있는가에 주목하고 있다. 그러나 이런 언론개념은 효과적인 커뮤니케이션을 방해하는 모든 요소들은 Noise로 봄으로써 Noise의 통제를 정당화시키고 있다. 이런 기능론적 입장에서 언론을 보게 되면 언론의 효율성을 높일 수 있는 언론통제는 정당화된다. 이 경우 권리로서 언론자유는 커뮤니케이션 효율성에 종속된다.

언론과 표현을 동일한 개념으로 사용하는 대표적인 견해는 이효성의 개념 정의다. 이효성은 언론개념과 표현개념을 동일한 개념으로 사용하고 있다. 이효성은 "언론자유는 기본적으로 말, 글, 몸짓, 신호,

예술 등의 수단을 통하여 신념·사상·의견·사실·정보를 표현할 수 있는 개인적 권리를 지칭하며 때로는 표현의 자유라고 부른다"라고 정의하고 있다(이효성, 1989, p.7). 이효성 외에도 유환호, 매스컴 대사전도 언론 자유와 표현자유를 동일한 개념으로 정의하고 있다.

이 책에서는 헌법재판소의 해석과 이효성의 개념을 수정 보완하여 표현의 자유를 "개별 인간주체들이 외적 대상들과의 상호작용을 통하여 형성된 신념·사상·의견·사실·정보 등의 주관세계를 말·글·몸짓·신호·그림·음악·영상·예술 등의 상징수단을 통하여 표현하는 모든 행위의 자유"라고 정의한다. 이런 개념정의는 개인의 인권개념에 토대로 두고 있을 뿐만 아니라 표현자유에 대한 구체적인 내용을 이루는, 즉 주체 밖의 외적 대상에의 접근 및 상호작용할 수 있는 권리, 표현할 수 있는 능력을 개발할 권리, 자신의 주관 세계를 표현할 수 있는 수단의 소유에 대한 권리, 자신의 사상이나 신념을 상징수단을 통하여 표현할 수 있는 권리 등 구체적 내용을 포함하고 있음으로서 표현자유의 실질적 내용을 이해하는데 매우 유용하다.

2) 표현자유의 구성요소

(1) 개별 주체의 외적대상에의 접근 및 상호작용

개별주체의 주관세계 형성, 즉 자신의 사상, 의견, 신념, 지식 등의 형성은 인간이 본질적으로 타고난 내적 능력과 외적 대상간의 상호작용에 의해 형성된다. 내적 능력이 결핍되어 있거나 또는 외적 대상 자체가 존재하지 않는다면 개별주체의 주관 세계 형성이 불가능하거나 불완전하다. 여기서 중요한 제1요소는 인간이 본질적으로 타고난 내적능력이다. 내적능력이 매우 낮은 동물들의 경우 외적 대상과의 상호작용을 통한 사상이나 신념, 의견 등을 형성하는데 한계를 가질 수밖에 없다. 주체 밖의 외적 대상과 상호작용이 불가능하거나 불완전한 경우 역시 사상이나 신념, 의견 등을 형성하는데 제약 받을 수밖에 없다. 예를 들어 특정 서적이나 사람, 자연 등과의 접근이 불가능한 경우 그에 관련된 의견이나 사상의 구성이 어려울 수밖에 없다. 따라서 자신 신념·사상·의견·정보 등의 의견을 만들기 위해서는 외적 대상과의 상호작용이 자유로워야 한다.

(2) 표현할 수 있는 능력

개별 인간주체들이 신념 · 사상 · 의견 · 사실 · 정보 등의 주관세계를 형성했다 하더라도 상징을 통하여 그것을 표현할 수 있는 능력이 없다면 표현활동은 불완전하다. 예를 들어 어떤 대상에 대해서 동일한 감정을 느꼈다 하더라도 그것을 그림으로 표현할 수 있는 개인적 능력 차이에 따라 표현하는데 차이가 발생한다. 즉 그림을 그릴 수 없는 사람은 그림으로 다른 사람에게 보여줄 수 없다. 그만큼 자신의 내면적 세계를 표현하는데 제한 받을 수밖에 없다. 표현할 수 있는 능력은 자기 계발 과정을 통하여 향상될 수 있다. 표현능력이 부족하면 할수록 그만큼 표현의 자유도 줄어든다.

표현능력 계발은 자기실현인 자아실현과 밀접한 관계가 있다. 주관세계를 표현할 수 있는 능력 계발과정은 고통스러울 수 있지만 그 고

통에 대한 보상은 표현능력 향상으로 나타난다. 즉 표현능력이 계발되면 될수록 자신의 주관세계를 더 잘 표현할 수 있다. 반면에 능력개발을 하지 않으면 그만큼 표현은 불완전할 수밖에 없다.

(3) 주관세계를 표현할 수 있는 수단

주관세계를 표현하는 방법은 다양하다. 자신의 사상이나 신념을 담화, 토론, 연설, 독창회 등 개인구두로 표현하거나, 연극, 연주회, 보컬, 등과 같이 공동으로 표현하는 공연과 영화, 텔레비전, 사진 등 테크놀러지 수단을 필요로 하는 영상 표현 및 필기도구 또는 그림도구를 필요로 하는 문서, 도화 등으로 표현할 수 있다.

말로 표현하는 경우 표현수단이 필요하지 않겠지만 그 외 다른 표현방법에는 표현수단이 필요하다. 특정 개인이 외적 대상과의 상호작용도 자유롭고, 자신의 주관 세계를 표현할 능력을 갖고 있다 하더라도 표현수단이 없거나 부족하다면 표현활동은 불완전할 수밖에 없다. 따라서 표현활동이 이루어지기 위해서는 표현수단들의 소유와 이용이 가능해야 한다.

(4) 주관세계에 대한 표현행위

주관적 세계를 형성하는데 필요한 외적대상에의 접근 및 상호작용이 가능하고, 자신의 주관세계를 표현할 수 있는 능력뿐만 아니라 표현할 수 있는 수단을 갖고 있다 할지라도 표현행위 자체를 할 수 없다면 표현활동은 불완전하다. 표현하는 행위를 방해하는 자신 밖의 국가권력, 자본권력 등 다른 사람의 방해가 없어야 한다.

3) 표현자유의 소극적, 적극적 보장

아이사이어 벌린(Isaiah Berlin)은 자유를 소극적 자유와 적극적자유로 분류했다. 벌린의 자유에 관한 두 가지 개념에 따라 표현자유 실현조건들을 소극적 표현자유보장 측면과 적극적 표현자유보장 측면들로 재구성했다.

(1) 소극적 표현자유보장

벌린은 "소극적 자유(negitive freedom)"란 '개인이 자신의 욕구를 추구하는 과정에서 일정한 유형의 간섭, 특히 의도적이고 강제적인 간섭이 부재한 상태'를 의미한다고 했다(Berlin, I. 1984, pp.118-172). 여기서 강제란 개인이 자신의 뜻에 따라 임의대로 할 수 있었던 영역 안에서 다른 사람들에 의하여 의도적인 간섭이 이루어지는 상황을 의미한다. 강제에 대한 불응은 그것에 대한 비용을 물게 하는 성질을 갖고 있는데 선택지들 가운데 어느 하나를 더 택하기 어려운 것으로 만들기는 하지만 택할 수 없는 것으로 만들지는 않는다. 즉 어떤 것을 하지 말도록 강제당하는 경우 그것을 거부할 때에 그 거부에 대한 비용이 부과 된다. 그가 그 비용을 부담하고 그것을 거부할 것인지 아니면 그 강제를 따를 것인지는 자유다.

벌린의 개념에 따른 표현의 소극적 자유는 '일정한 유형의 간섭, 특히 의도적이고 강제적인 간섭이 부재한 상태'를 의미한다. 만일 어떤 개인이 다른 사람들의 방해로 인하여 목적하는 바, 뜻을 이루지 못하는 경우가 생긴다면 이 때 개인은 표현자유를 누리고 있지 못한 것이다. 즉 자신의 사상이나 신념 등을 형성하기 위하여 외적대상과의 접촉 또는 상호작용 행위 과정에 의도적인 간섭이 있는 경우, 자신의 사상이나 신념을 표현할 수 있는 능력을 배양하는데 의도적인 간섭이나 방해가 있는 경우, 주관세계를 표현할 수 있는 수단의 소유에 대해 제한을 받는 경우, 주관세계를 표현하는 행위를 방해받거나 간섭받는 경우에 표현자유는 불완전한 상태라 할 수 있다. 결론적으로 표현활동에 어떠한 간섭이나 방해가 없는 상태가 표현자유보장의 제1조건이다.

자유에 관한 견해를 피력하고 있는 홉스는 자유란 운동이 진행되는 과정에서 외적 장애물이나 방해물이 존재하지 않는 상태라고 규정하고 있다. 외적 강제가 없다 하더라도 어떤 목표를 달성할 수 있는 능력이 없는 경우 자유는 그만큼 적어진다. 그러나 소극적 자유개념에서는 능력의 부재 상태를 자유의 부재라고 하지 않는다.

소극적 표현자유개념에 따르면 자신의 사상이나 신념을 표현할 수 있는 능력이 없거나, 표현수단을 소유하지 못해 표현활동을 하지 못하는 경우는 표현자유가 제약받고 있다고 할 수 없게 된다. 예를 들면 문맹인은 글을 읽거나 쓸 수 있는 능력이 없는 것이지 문자를 이용하여 표현할 수 있는 자유가 없는 상태는 아니다. 왜냐하면 문맹자가 느끼는 한계는 그의 존재 자체에 있는 것이지 그 개인의 외부세계에 있는 것이 아니기 때문이다.

표현할 수 있는 능력이 없는 이유가 어떤 특정한 조직이나 제도 때문이라면 외적강제의 희생물이 된 것으로 볼 수 있다. 정의롭지 못하고 불공정한 자본주의 경제제도 때문에 빈곤하여, 표현능력 계발 및 표현수단을 소유하지 못한다고 믿는다면 이때 경제적 압제가 표현자유를 억압한 것이 된다. 이 경우 표현능력 부재는 외적 방해나 간섭에 의해서 발생하는 문제가 되고 또한 표현자유를 침해하는 것이 된다. 그럼에도 불구하고 소극적 표현자유는 이런 능력 부재를 외적 강제의 결과라고 보기보다는 개인 존재 자체에 기인한 것으로 본다.

소극적 표현자유 개념에서 볼 때 어떤 일을 할 자유가 있다는 것과 어떤 일을 할 수 있다는 것 사이에는 차이가 있다. 표현할 수 있는 능력과 표현수단을 소유할 능력을 가졌다고 해서 표현활동을 할 수 있다고 말할 수 없는 것과 같다. 즉 표현활동을 할 수 있는 능력을 소유한다 하더라도 자신의 표현행위 자체를 방해받거나 간섭받는다면 표현의 자유는 제약된다. 역으로 소극적 자유가 완전히 보장되어 있다 하더라도, 즉 표현활동을 할 자유가 보장되어 있다 하더라도 표현활동을 할 힘 또는 능력을 갖지 못한 경우 표현자유는 불완전한 것이 된다.

소극적 표현자유에서 자유롭다고 말할 때, 표현활동을 할 수 있는 어떤 능력을 가졌다는 것을 의미하지는 않는다. 사실상 "~할 능력을 갖고 있다"고 할 수 없는 경우에는 "~할 자유가 있다"는 것은 거의 의미가 없다. 따라서 주관세계의 표현능력과 표현수단 소유 능력은 표현자유 보장의 제2조건이 된다.

(2) 적극적 표현자유보장

벌린이 의미하는 적극적 자유란 개인의 비이성적인 격정과 허위의식, 혹은 타인에 의한 외부적인 통제나 조작과는 전혀 상관없이 이성적으로 스스로의 힘에 의하여 결정된 목표를 향하여 노력하고 있는 상태를 의미한다(로버트 M, 스튜워트 편, 박효종 역, 1990, p.101).

이런 벌린의 개념에 따르면 적극적 표현자유란 '개인의 비이성적 격정과 허위의식 혹은 타인에 의한 외부 조작과는 상관없이 자신의 이성적 힘에 의하여 주체적으로 하는 표현활동'이라고 할 수 있다. 타인이 제공하는 외적 자극을 수동적으로 받아들여 자신의 사상이나 신념, 의견을 형성하는 것이 아니라 주체적으로 외적대상과의 상호작용을 통하여 신념이나 사상을 형성하는 표현활동이야말로 적극적 표현행위라 할 수 있다.

'자기 자신의 고유한 목표와 방책들을 강구하고 스스로 자기명령을 내리는 존재'로서, '스스로 생각하고 의지를 사용하여 활동할 수 있는 존재'로서, 그리고 자신의 선택에 대하여 책임을 지며 자신의 생각과 목표에 의거해서 표현활동을 하는 개인을 주체적 존재라 할 수 있다. 이러한 주체적 존재가 하는 표현활동을 또한 적극적 표현자유활동이라고 할 수 있다.

주체적 존재로서의 개인은 표현활동에서의 최종적 담지자로서 자신의 표현활동과 관련된 상황이나 사실을 충분히 알고 있어야 한다. 따라서 개인의 표현활동과 관련된 모든 정보는 제한되어서는 안 된다. 이런 조건에서 개인은 수동적으로 외적 대상과 상호작용하는 것이 아니라 적극적으로 외적대상을 선택하고, 접근하여 상호작용해야 한다. 따라서 적극적 표현자유 개념에서 볼 때 알권리는 당연한 권리다. 주체적으로 자신이 필요로 하는 정보나 외적대상의 접근을 추구하는 것은 적극적 표현자유의 내용을 구성한다. 적극적 표현자유 개념을 받아들일 때 알권리는 정당한 권리다.

반론권 역시 소극적 자유표현에서는 보장될 수 없지만 적극적 표현자유 개념을 받아들이는 경우에는 정당하다. 반론권은 외적 자극을 수동적으로 받아들이는 것이 아니라, 생각과 의지를 사용한 주체적 표현활동이다.

자신의 외적대상을 분석하고 이해할 수 있는 능력이 크면 클수록 그 상호작용과정을 통하여 형성되는 사상이나 신념, 의견, 정보 등은 더 고차원적이고 자신의 삶을 운영해 나가는데 더 유용할 수 있다. 판단능력의 결핍, 무지 등으로부터 해방되었을 때 각 개인의 표현활동은 더 자유롭다. 따라서 판단능력 및 사고능력을 배양하고, 무지로부터 해방되기 위한 교육을 받을 권리는 적극적 표현자유론에 입각하면 정당한 권리다.

표현활동과정에 어떠한 간섭이나 방해가 없고, 자신의 주관세계를 표현할 수 있는 표현능력 및 표현수단을 갖고 있다 하더라도 수동적인 존재인 경우 환경의 예속으로부터 벗어날 수 없다. 따라서 각 개인의 자율적이고 주체적인 표현활동에 대한 보장은 표현자유 보장의 제3조건이다.

적극적 자유론자들은 진정한 자유란 비이성이나 무지로부터 행하는 자유 혹은 잘못된 일을 행하는 자유를 포함하지 않는다고 주장한다(로버트 M, 스튜워트 편, 박효종 역, 1990, p.101). 이들 논리에 따르면 내적인 공포, 허위의식, 동물적 또는 비이성적 자아, 정신적 노예상태 등 내적 장애에 의해서도 표현의 자유는 제약 당할 수 있다고 본다. 즉 외적 강제가 없고 표현할 수 있는 능력이나 수단을 소유하고 있다고 하더라도 타인들의 비평, 비난에 대한 두려움이나 공포 때문에 표현활동을 포기하는 경우, 또는 자기 밖의 사람들에 의하여 주입된 허위의식에 의한 정신적 노예상태에서 행하는 표현행위, 비이성적인 충동이나 제어가 불가능한 욕정과 격정에 의하여 표현된 표현행위 등은 진정한 표현자유 활동은 아니라는 것이다.

역사를 통하여 보면 인성을 두 가지 요소로 분리시켜 초월적이고 지배적인 통제적 자아와 규제받고 복종되어야 하는 욕구와 욕정들에 대한 경험적 자아로 나누고 있다(로버트 M, 스튜워트 편, 박효종 역, 1990, p.120). 초월적이고 지배적인 통제적 자아가 복종되어야 하는 욕구와 욕정에 지배받는 개별적 성원들의 이성적 능력을 도와서 비이성적 능력에 대한 통제를 확보하고, 그들에게 이성적 목적을 분명히 보여주기 위해서 속박의 현존을 요구하는 것은 적극적 자유 개념에서는 정당하다.

이 논리에 따르면 어떤 개인이 일반사람들이나 사회의 실제적인 제반욕구들을 무시하고 그들의 내적 장애를 극복할 수 있도록 강제 교육하는 것은 정당하다. 이와 같이 자유롭도록 강제 받을 수 있다는 철학적 견해는 전체주의자들이나 가부장적 성향을 지닌 입법자들이 표현자유에 대한 강제를 정당화 하려 할 때 활용했다. 이때 국가기관이나 엘리트들은 다른 사람들을 계몽되어야 할 대상으로 보고 표현기관을 계몽의 수단으로 했다. 그 결과 비이성적 개인들은 타자에 의해서 계몽된 허위의식에 의한 표현활동을 하는 존재가 되도록 함으로써 적극적 표현활동의 전제를 위반한다.

인성에 대한 이러한 이분적인 분류에 바탕을 둔 철학적 견해는 표현자유가 이성에 의한 지배이며, '가장 좋은 표현자유는 이성에 의해 지배되는 표현활동'이라는 것을 함축하고 있다. 이것은 표현자유에 대한 정의라기보다는 가장 가치 있는 표현자유의 종류에 대한 진술이다.

자유롭도록 강제받을 수 있다는 철학적 견해에 바탕을 둔 적극적 표현자유 견해는 거부되어야 한다. 이런 견해는 표현보장의 제1조건뿐만 아니라 제3조건을 위반하기 때문이다. 또한 옳은 표현행위인가 그릇된 표현행위인가를 문제로 삼지 않아야 한다. 왜냐하면 각 개인은 그 자신의 양심에 따른 선택은 것이 표현자유의 본질이기 때문이다. 따라서 인성에 대한 이분법적 분류에 근거한 '이성에 의한 강제된 표현자유'는 옳지 않다.

4) 표현자유의 개념정의

표현은 '개별 인간 주체들이 외적 대상들과의 상호작용을 통하여 형성된 신념, 사상, 의견, 사실, 정보 등의 주관세계를 말, 글, 몸짓, 신호, 그림, 음악, 예술 등의 표시적 상징수단을 통하여 표현하는 모든 행위'라고 정의했다. 기존의 표현에 대한 정의들이 자기의 주관세계를 다른 사람들이 관찰할 수 있도록 객관화하는 표현활동에 중점을 두고 정의한 반면에 이 개념은 주관세계를 외적으로 표현하는 활동 뿐 아니라 주관세계 즉, 자신의 사상이나, 신념, 의견 등을 형성하는데 필요한 주체와 외적대상 간의 상호작용 활동까지 포함하고 있다.

이 개념정의에 따르면 표현의 구성 요소는 개별적 주체, 주체 밖의 객관적 대상, 주체의 표시적 상징적 능력, 표시적 상징수단으로 구성된다. 표현활동이 온전하게 가능하려면 표현주체인 인간은 본질적으로 타고난 내적능력을 가져야 하고, 이러한 주체는 외적 대상에의 접근 및 상호작용이 가능해야 하며, 자신의 주관세계를 표현할 수 있는 능력을 개발하여 갖추어 있어야 할 뿐 아니라 주관세계를 표현하는데 필요한 수단들도 있어야 한다. 또한 이러한 조건 외에 주관세계를 다른 사람이 관찰할 수 있도록 객관화하는 표현행위가 있어야 한다. 이러한 조건 모두 갖추어 졌을 때 표현활동은 자유로울 수 있다.

표현자유가 보장되려면 표현활동과정에 어떠한 간섭이나 방해가 없어야 하며, 또한 자신의 주관세계를 표현할 수 있는 능력과 표현수단을 소유할 수 있어야 할 뿐 아니라 각 개인의 자율적이고 주체적인 표현활동이 보장되어야 한다.

결론적으로 표현자유란 '개인 본인이 진정으로 또는 확신을 갖고 원하는 신념, 사상, 의견, 사실, 정보 등의 주관세계 형성을 위해 필요로 하는 외적대상의 접근 및 상호작용을 하는데 있어, 그리고 그렇게 하여 형성된 주관세계를 말, 글, 몸짓, 신호, 그림, 음악, 영상, 예술 등의 표시적 상징수단을 통하여 표현하는데 있어 내적으로나 외적으로 장애물이 존재하지 않는 상태에서의 표현활동'이라고 정의 내릴 수 있다.

개인 권리로서의 표현자유가 사회 관계 속에서 실현될 때 다른 권리들 간의 상충으로 제한되어야 하는 부분이 발생한다. 개인 권리로서의 표현자유가 명확하게 개념 정의되어야만 다른 권리들 간의 상충이 발생할 때 그것으로 인해 제한되는 것이 무엇인지 명료하게 알 수 있다. 또한 가장 온전한 범위의 표현자유 영역을 제시함으로써 다른 권리들과의 상충으로 인하여 제한되어야 하는 범위를 제외한 영역이 무엇인지를 알 수 있음으로 사회 관계속에서의 표현자유의 범위를 알 수 있다.

3. 표현자유와 국가

1) 대한민국헌법 제1조

대한민국 헌법 제1조

①대한민국은 민주공화국이다.

②대한민국의 주권은 국민에게 있고, 모든 권력은 국민으로부터 나온다.

대한민국 주권은 국민에게 있고, 모든 권력은 국민에 의해서 행사되어져야 한다. 이 선언은 모든 개인은 자유롭고 평등하게 태어났다는 자유주의 이념에 근거하고 있다. 자유와 평등은 자유주의의 본질이다. 태어날 때부터 갖고 있는 자유와 평등은 양도할 수 없는 권리다. 자유와 평등이 없는 자유주의는 개념상 모순적이다. 자유는 평등을 전제로 한다. 불평등한 곳에는 부자유가 존재할 수밖에 없다. 자유와 평등은 자유주의의 전제 조건이다.

자유롭고 평등하게 태어난 국민이 구성한 국가는 국민주권에 기반한 공화국이어야 한다. 그리고 이 공화국을 운영하는 방식으로 우리 헌법은 민주주의를 선택하고 있다. 우리나라는 민주공화국이다. 민주

공화국은 개인의 자유에 기반한 인권을 존중하는 자유주의 이념 뿐 아니라, 통치자와 피통치자의 동일시, 인민주권에 기반한 민주주의를 토대로 한다.

민주 절차에 의해 내려진 결정이 국민의 권리를 침해하지 않을 것이라는 보장은 없다. 따라서 민주주의는 국민주권의 공화국 원리에 우선될 수 없다. 민주주의는 국민주권을 실현할 수 있는 하나의 방법일 뿐이다. 민주적인 의사결정이라 할지라도 자유주의의 본질적인 권리인 인권을 침해하는 결정을 내려서는 안 된다. 그것은 국민주권으로 국민주권을 침해하는 것이다.

국민으로부터 나온 국가권력이 나찌 파시즘 권력이 되는 것을 경험한 브레히트는 도대체 국민으로부터 나온 국가권력이 어디로 가느냐고 역설적으로 되묻는다. 나찌를 경험한 독일은 1945년 헌법 개정을 통해 제1조를 '인간존엄은 불가침이고, 인간의 존엄성을 존중하고 보호하는 것은 모든 국가권력의 의무다'라고 수정했다. 국민으로부터 나온 권력의 첫 번째 임무는 인간 존엄성을 존중하고 보호하는 것이라는 것이다. 대한민국 헌법 제10조에도 '모든 국민은 인간으로서의 존엄과 가치를 가지며, 행복을 추구할 권리를 가진다. 국가는 개인이 가지는 불가침의 기본적 인권을 확인하고 이를 보장할 의무를 진다'고 규정하고 있다.

바이마르 헌법[1] 제2조

브레히트 詩 · 김남주 詩人 譯

1.
국가의 권력은 국민으로부터 나온다.
— 그런데 나와서 어디로 가지?
그래 도대체 어디로 가는 거지?
아무튼 어딘가로 가기는 가겠지?
경찰이 건물에서 줄줄이 나온다.
— 그런데 나와서 어디로 가지?
그래 도대체 어디로 가는 거지?
아무튼 어딘가로 가기는 가겠지!

2.
보라 거대한 무리가 행진하고 있다
— 그런데 어디로 행진하지?
그래 어디로 행진하는 거지?
아마 어딘가로 행진하기는 하겠지!
지금 국회 주위를 돌고 있다
— 그런데 돌아서 어디로?그래 돌아서 어디로?
아마 돌아서 어딘가로는!

---

1) 바이마르에서 헌법 제정이 논의되었기 때문에 바이마르 헌법으로 명명되었다. 제1차 세계대전 뒤 군주제가 붕괴하고, 1919년 국민의회에 의하여 헌법이 의결되고 공포되었다. 나치 정권 이후에도 형식적으로는 효력을 발휘하였으나 실제로는 사실상 폐지되다시피 했다. 그 이후 1945년 독일이 패배하면서 바이마르 헌법은 완전히 폐지되었다. 바이마르 헌법은 독일의 첫 민주주의 헌법으로서, 국민 주권의 민주주의 체제를 기본 정신으로 하였다. 새로운 헌법에 의해 독일은 공화국을 정체로 하며, 권력은 국민으로부터 나온다는 국민 주권을 명문화하였다. 의원내각제 간접민주주의를 채택하고 직접민주주의의 요소를 부분적으로 도입하였다(출처, 시사상식 사전, pmp 지식엔진연구소, 박문각. http: pmp.co.kr).

3.
갑자기 국가의 권력이 멈춘다.
뭔가 나란히 서 있다.
— 무엇이지 그곳에 나란히 서 있는 것이?
글쎄 뭔가 나란히 서 있기는 서 있다
그러자 갑자기 국가의 권력이 고함친다.
고함친다 즉각 해산이다!
어째서 즉각 해산이지?
닥쳐 즉각 해산이다!

4.
그러나 뭔가는 여전히 그곳에 존재한다.
왜? 그 뭔가가 말한다.
왜 저놈이 왜라고 말하는가?
저런 놈이 왜라고 말해!
그리고 국가의 권력은 발포한다.
그러자 뭔가 쓰러진다.
도대체 뭐가 쓰러지지?
왜 금방 쓰러지는 거지?

5.
뭔가가 누워 있다 진흙탕투성이가 되어
진흙탕투성이가 되어 누워 있다!
무엇이 무엇이 누워 있는가?
무엇인가가 누워 있다.
그곳에 무엇인가가 누워 있다 숨이 끊어진 채
그러나 그것이야말로 국민!
진짜로 그것이 국민?
그렇다 진짜로 국민이다.

출처 : 브레히트, 김남주 역(1995), 〈아침저녁으로 읽기 위하여〉, 푸른 숲

2) 헌법과 표현의 자유

대한민국 헌법 제21조에는 '모든 국민은 언론·출판의 자유와 집회·결사의 자유를 가지고, 언론·출판에 대한 허가나 검열, 집회·결사에 대한 허가는 인정되지 아니한다'고 규정하고 있다. 미국은 미국사회가 지키려는 최우선 가치로 수정헌법 제1조에 '연방 의회는 언론 또는 출판의 자유를 제한하거나 또는 조용히 집회하고 피해를 구제받기 위하여 정부에 청원하는 인민의 권리를 침해하는 법률을 제정할 수 없다'고 규정하고 있다.

한편 헌법 제21조 ④항에는 "언론·출판은 타인의 명예나 권리 또는 공중도덕이나 사회윤리를 침해하여서는 아니된다. 언론·출판이 타인의 명예나 권리를 침해한 때에는 피해자는 이에 대한 피해의 배상을 청구할 수 있다"고 규정하고 있다. 또한 헌법 제37조 ②항에도 "국민의 모든 자유와 권리는 국가안전보장·질서유지 또는 공공복리를 위하여 필요한 경우에 한하여 법률로써 제한할 수 있으며, 제한하는 경우에도 자유와 권리의 본질적인 내용을 침해할 수 없다"고 규정하고 있다.

우리헌법은 언론의 자유를 보장하되 개인의 기본권과 국가안전보장·질서유지 또는 공동체 이익을 침해하지 않는 범위 내에서 보장하고 있다. 사회공존과 공동체의 유지·존속을 위해 필요한 경우, 언론자유와 권리의 본질적인 내용을 침해하지 않는 범위 내에서 국회가 제정하는 법률에 의해 제한할 수 있도록 하고 있다.

헌법재판소는 언론·출판자유의 보호 대상으로 단지 신문 방송 등 여론형성에 관련된 좁은 의미의 언론으로 한정하지 않는다. 또한 의사표현 또는 전파의 매개체는 어떤 형태든지 가능하고 그 제한이 없다는 확립된 견해를 갖고 있다. 헌법재판소는 "언론출판 자유의 보호대상이 되는 의사표현 또는 전파의 매개체는 어떠한 형태이건 가능하므로, 담화·연설·토론·연극·방송·음악·영화·가요 등과 문서·소설·시가·도화·사진·조각·서화 등 모든 형상의 의사표현 또는 의사전파의 매개체를 포함한다"(2000헌가9 전원재판부)고 했다.

언론자유 없는 민주주의는 불가능하다. 자유민주주의는 각 개인의 자기결정권을 기반으로 한다. 이성적이고 합리적인 자기결정을 내리기 위해선 충분한 정보가 제공되어야 할 뿐 아니라 다양한 이해관계를 가진 개인들과의 의견 교환은 필수적이다. 그래서 자유민주주의 국가들은 어느 나라 할 것 없이 언론·출판 등을 포함한 표현의 자유를 기본 권리로 보장하고 있다.

3) 국가안전보장 및 질서유지와 표현의 자유

헌법 제37조 ②항에도 "국민의 모든 자유와 권리는 국가안전보장·질서유지 또는 공공복리를 위하여 필요한 경우에 한하여 법률로써 제한할 수 있으며, 제한하는 경우에도 자유와 권리의 본질적인 내용을 침해할 수 없다"고 규정하고 있다.

국가보안법 제7조 제5항 중 '국가의 존립·안전이나 자유민주적 기본질서를 위태롭게 할 목적으로 문서·도화·기타의 표현물을 제작·소지·반포·취득 행위'를 처벌하는 것이 표현의 자유를 침해하는지 여부에 대한 사회적 논란이 있었다. 국가에 명백하고 현실적인 위험을 일으키는지 여부를 불문하고, 반국가단체에 이로울 수 있다는 이유만으로 이적표현물을 처벌하는 것은 표현의 자유를 과도하게 제한하는 것으로 위헌소지가 있다는 것이다. 그리고 이적표현물 소유는 사상형성을 위한 내부과정에 불과하여 그 자체로는 자유민주 기본질서에 명백한 위해를 가져올 수 없음에도 표현물의 소지자체를 처벌하는 것은 헌법에 보장된 양심과 사상의 자유, 사생활의 비밀과 표현의 자유, 인간 존엄성 및 행복추구권을 침해한다는 것이다.

이에 대해 헌법재판소 다수의견은 "이적표현물 조항은 국가의 존립·안전이나 자유민주적 기본질서에 실질적 해악을 줄 명백한 위험성이 있는 경우에 한하여 적용되므로 그로 인한 기본권 제한이 결코 지나치다고 볼 수 없다. 이적 표현물의 소지 취득행위만으로도 그 표현물의 이적 내용이 전파될 가능성을 배제하기 어렵다. 특히 최근 늘어나고 있는 전자매체형식의 표현물들은 실시간으로 다수에게 반포가 가능하고 소지·취득한 사람의 의사와 무관하게 전파·유통될 가능성도 배제할 수 없음으로 위험성이 결코 적다고 할 수 없다"(헌재 2015.4.30. 2012헌바95 등)면서 합헌결정을 내렸다.

그러나 헌법재판소의 다수의견과 달리 소수의견을 낸 재판관의 의견들도 매우 의미있다. 사회적 환경변화 여부에 따라 소수의견이 다수의견이 될 수 있다. 재판관 김이수의 반대의견은 다음과 같다.

"북한이 선전·선동하는 내용 중에서는 그 내용 자체로는 대한민국의 존립·안전과 자유민주적 기본질서를 위협한다고 볼 수 없는 주장도 있다. '반국가단체 등의 선전·선동 및 그 활동과 동일한 내용의 주장'에 대한 처벌은 과연 어떠한 내용의 주장까지를 처벌하는 것인지 그 경계를 알기 어렵다. 수사기관이나 법원의 자의가 개입될 경우 통일·군사·안보문제에 관한 개인적인 견해를 표명하거나 정부의 대북정책을 정당하게 비판하는 경우까지도 처벌대상이 될 수 있어 그 처벌 범위가 지나치게 넓다. · · · 어느 개인이 북한이 선전하는 내용과 동일한 주장을 하거나 그에 합치하는 행동을 한다고 하여 그것만으로 국가의 존립·안전이나 자유민주적 기본질서에 실질적 해악을 끼칠 명백한 위험성이 발생할 가능성은 현실적으로 거의 없다. 동조행위는 찬양·고무·선전행위에 비하여도 훨씬 소극적이고 수동적인 행위다. 타인을 직접적인 대상으로 할 필요도 없는 행위여서 외부적 영향력이 극히 적다. 따라서 반국가단체 등에 대한 동조행위를 처벌하는 것은 실질적으로는 그러한 주장과 행위로 인한 외부적 위험성을 이유로 처벌하는 것이 아니라 그 주장과 행위의 내용 자체를 문제 삼아 처벌하는 것과 다를 바가 없다. 이는 우리 사회의 주류적 견해와 다른 불온하고 위험한 견해라는 이유로 특정 사상이나 견해의 표명을 금지하고 억압하는 것이다. 이것은 다원주의적 가치관을 전제로 하는 민주주의의 정치적 이상에 정면으로 배치된다. · · · 이적행위 조항 중 '동조' 부분은 구성요건에 관한 엄격한 해석을 도외시한 채 수사기관과 법원이 자의적으로 처벌대상을 정할 수 있는 여지를 열어둔 것이다. 따라서 이적행위 조항 중 '동조' 부분은 과잉금지원칙에 반하여 표현의 자유 및 양심의 자유를 침해하므로 헌법에 위반된다"(헌재 2015.4.30. 2012헌바95 등).

또한 재판관 김이수, 재판관 이진성, 재판관 강일원은 이적표현물 조항 중 '소지·취득한 자' 부분에 대한 반대의견을 제시했다.

"이적표현물의 소지·취득행위는 그 자체로는 대외적 전파가능성을 수반하지 않는다. 따라서 국가의 존립과 안전에 어떤 위해를 가할 가능성이 있다고 보기 어렵다. 이적표현물 소지·취득은 막연하고 잠재적인 가능성에 불과하다. 유포·전파행위 자체를 처벌함으로써 이적표현물의 유통 및 전파를 충분히 차단할 수 있다. 이적표현물을 소지·취득한 사람에게 이적행위를 할 목적이 있었는지 여부에 대한 인정 기준은 매우 추상적이고 주관적이며 불확실하다. 행위자의 과거의 전력이나 평소의 행적을 통한 이념 성향만을 근거로 하여 이적표현물을 소지·취득하고 있다는 사실을 문제 삼아 수사기관이나 법원이 자의적으로 처벌하는 것이 가능하게 된다. 반대자나 소수자를 억압하는 수단으로 위 규정이 오·남용될 가능성도 배제할 수 없다"면서 이 부분은 과잉금지원칙에 반하여 표현의 자유와 양심의 자유를 침해하므로 헌법에 위반된다는 의견을 제시했다(헌재 2015. 4. 30. 2012헌바95 등).

4) 표현의 자유와 국가 모독

(1) 모욕죄

모욕은 '다른 사람을 업신여기고 욕되게 하는 행위를 통해 타인의 인격을 공격하는 것'이다. 우리형법 제311조(모욕)에는 '공연히 사람을 모욕한 자는 1년 이하의 징역이나 금고 또는 200만 원 이하의 벌금에 처한다'라고 되어 있다. 이런 모욕죄는 현재 독일, 일본, 대만 그리고 우리나라에만 있다.

모욕은 주로 욕설로 표현된다. 미국은 1971년 Cohen판결에서 욕설에 대한 규제 자체를 금지했다(박경신, p.130). 욕설은 다른 사람에 대한 증오나 경멸을 극단적으로 표현한 것이지만 타인에 대한 개인 견해 중 하나로 언론출판자유의 보호를 받는다(박경신, 126). 따라서 모욕죄의 적용도 언론의 자유의 본질적인 권리를 침해하지 않는 범위 내에서 최소한으로 규정되어야 한다.

미 연방대법원은 'Fuck the Draft'라는 욕설에 대해 '저급한 방식의 표현으로 다른 사람을 불쾌하게 하더라도 그런 표현에도 사상 뿐 아니라 설명이 불가능한 감정도 전달한다'면서 표현이 불쾌하다는 이유만으로 규제하는 것은 그런 감정 전달 기능을 훼손하는 것이라고 판시했다.[2]

우리 대법원은 모욕죄에 대해 사회적 평가를 떨어뜨리는 경우로 한정하고 있다.[3] 단지 욕설로 기분이 나쁘다거나 불쾌하다는 이유만으로는 모욕죄가 성립하기 어렵다. 따라서 모욕적인 말이 제3자에게 전달되지 않으면 모욕죄가 성립할 수 없다. 비록 제3자에게 전달되었다

---

2) Cohen v. California, 403 U.S 15(1971), 박경신(2013, 137) 재인용.

3) 대법원은 "명예훼손죄와 모욕죄의 보호법익은 다같이 사람의 가치에 대한 사회적 평가인 이른바 외부적 명예인 점에서 차이가 없으나 다만 명예훼손죄는 사람의 사회적 평가를 저하시킬만한 구체적 사실의 적시를 하여 명예를 침해함을 요하는 것으로서, 구체적 사실이 아닌 단순한 추상적 판단이나 경멸적 감정의 표현으로서 사회적 평가를 저하시키는 모욕죄와 다르다"(대법원 1987.05.12. 선고 87도739).

하더라도 '개새끼', '멍청이' 등의 표현은 모욕죄를 적용하기 어렵다. 이런 욕설을 한 사람 스스로 부끄러운 일이다. 사람들은 그런 사람들을 예의 없고 교양 없다고 사회적으로 낮게 평가한다.

모욕적 표현일지라도 외부적 기준을 만족시켜야 한다. 대법원이 모욕적 언사로 인정한 욕설은 "빨갱이 계집년", "만신(무당)", "첩년", "야, 이 개 같은 잡년아, 시집을 열두 번 간 년아, 자식을 못 낳는 창녀 같은 년", "늙은 화냥년 간나, 너가 화냥질을 했잖아", "악질 친일분자 후손", "보험사기 했잖아" 등이다(박경신, 2013, p.134). 이것들은 주관적인 의견과 경멸을 내포하면서도 일정 부분 증명해야 할 사실도 함께 내포하고 있다. 빨갱이, 만신, 첩년, 시집 열두 번, 화냥질, 친일분자 후손, 보험사기 등은 사실을 내포한 경멸적인 언어다.

기본적으로 모욕은 사람을 대상으로 한다. 국가나 국기를 하나의 인격체로 볼 수 있는가? 만약 국가나 국기를 하나의 인격체로 볼 수 없다면 모욕죄는 성립하지 않는다. 국가나 국기에 인격과 감정을 부여하는 것은 상식상 타당한가?

(2) 국가 모독

양성우 시인은 1975년 12월에 작성한 〈노예수첩〉이라는 장편시를 1977년 일본잡지에 실었다. 이 〈노예수첩〉으로 그는 체포되어 징역 3년 및 자격정지 3년을 선고 받았다. 이때 적용한 법 중 하나다 국가모독죄다.

1.
나는 보았다
누더기 속에서, 가마니 속에서
나는 보았다.
사랑하는 이웃들이 죽어가는 것을,
칼 끝에 짐승처럼 죽어가는 것을,
· · · · · ·

2.
곳간도 부엌도 밥그릇까지
모조리 털어갔다 밤을 새워서,
사라져라 사라져라 총잡이들아
· · · · · ·
날마다 숨어 앉아 만드는 법률,
천만개의 법률로 배를 채우고
· · · · · ·

15.
· · · · · ·
보았지 않느냐 부산항에서
손 흔들며 흔들며
팔려간 사람들 · · ·
몇닢의 동전에 총알받이로
팔려간 친구들을
보았지 않느냐
· · · · · ·

이법이 적용된 1977년은 개인의 자유와 민주주의 정치활동이 제약된 권위주의 독재체제인 박정희 정권 때다. 박정희는 장기집권을 위하여 대통령이 통제할 수 있는 통일주체국민회의를 설치하고, 여기서 대통령을 선출하도록 했다. 박정희는 거의 100% 이르는 찬성으로 대통령에 당선되었다. 또한 대통령은 국회의원 정수의 1/3을 추천함으로써 의회를 장악했다. 박정희의 유신정권(1972년-1979년)은 박정희에 의한 박정희의 정권이었다.

이 당시 대한민국은 최소한의 기본권도 누리지 못하고 억압당하는 인권탄압 국가이자 독재국가였다. 경제성장과 교육 향상으로 국민의 민주의식과 인권의식은 높아졌다. 그만큼 박정희 정권에 대한 국민들의 저항도 높아졌다. 박정희 정권은 검찰, 경찰, 사법기관을 장악하고 민주화운동을 탄압하다 1979년 집권 내부세력에 의해 피살됨으로써 막을 내렸다.

국가모독죄는 1975년에 개정된 법이다. 이 법의 제104조 2(국가모독 등)에는 내국인이 국외에서 대한민국 또는 헌법에 의하여 설치된 국가기관을 모욕 또는 비방하거나 그에 관한 사실을 왜곡 또는 허위사실을 유포하거나 기타 방법으로 대한민국의 안전·이익 또는 위신을 해하거나, 해할 우려가 있게 한 때에는 7년 이하의 징역이나 금고에 처할 수 있도록 규정했다.[4]

이 법률에 의해 국가나 헌법기관에 대한 모욕, 비방, 사실왜곡 또는 허위사실 유포 등 국민의 표현행위를 규제 및 처벌할 수 있게 되었다. 국내 언론이 통제되고 있는 상황에서 외국 언론이나 외국 단체, 외국인과의 접촉을 억제하고, 정부에 대한 국민의 비판 등 정치적 표현을

---

4) 1975.3.25. 법률 제2745호로 개정되고, 1988.12.31. 법률 제4040호로 개정되기 전의 것.

억압하기 위해 악용될 수 있었다.[5]

이 법에 따라 양성우 시인은 국가모독죄로 3년의 형을 받았다. 검찰의 기소사유는 다음과 같다.

"1975년 12월경 우리나라의 현실을 주제로 〈노예수첩〉이라는 제목의 장편 시를 작성함에 있어, 대한민국은 독재국가로서 국민들은 무자비한 인권탄압으로 최소한의 기본권도 누리지 못한 채 억압당하고 있고, 정부는 비밀 흥정에 의해 몇 푼의 대가를 미끼로 군인들을 월남으로 보내 죽게 하였다고 묘사함으로써, 우리나라의 정치, 경제, 사회 정세 전반 및 헌법에 의하여 설치된 국가기관에 관한 사실을 왜곡한 내용의 표현물을 작성한 후 보관하고 있다가 1976년 4월과 1977년 4월말에 일본인, 미국인 등에게 교부하여, 일본인 잡지 '00' 1977년 6월호에 번역 · 게재되도록 함으로써 외국인을 이용하여 대한민국의 안전, 이익과 위신을 해하였다는 등의 범죄 사실로 국가모독죄 및 국가안전과 공공질서 수호를 위한 대통령긴급조치위반으로 기소되었다".[6]

이 법률에 따라 처벌을 받은 양성우 시인은 2013년 6월 이 법에 대한 위헌 신청을 했다. 헌법위원회는 국가가 개인의 표현자유를 규제하는 것은 원칙적으로 중대한 공익 실현을 위해 불가피한 경우에 한하여 엄격한 요건 하에서 허용된다면서 이 법률이 표현의 자유를 침해한다면서 아래와 같이 판시했다.[7]

---

5) 헌재(2015.10.21. 2013헌가20). 1988년 12.31. 법률 제4040호로 개정된 형법에서는 이 조항은 삭제되었다.

6) 구형법 제104조의 2 위헌제청(2015.10.21. 2013헌가20)의 '사건개요' 인용

7) 이하 (2013헌가20) 내용을 중심으로 요약 정리한 것임.

이 법은 첫째, 입법목적에 대한 정당성이 없다. 즉, 1975년 법 개정 당시 국내 언론이 통제되고 있던 상황에서 위 조항은 국민의 건전한 비판을 억제하고 반정부 인사를 탄압하는 수단으로 악용될 여지가 있었다.

둘째, 형사처벌을 통해 국민의 표현행위를 일률적으로 규제함으로써 국가의 안전과 이익 또는 위신을 보전할 있다고 보기 어렵다. 표현의 자유가 보장되지 않는 국가라는 대외적 평가가 오히려 대한민국의 위신을 떨어뜨릴 수 있으므로 수단의 적합성이 결여되었다.

셋째, 이 법률은 법익침해의 최소성 원칙을 어겼다. 특히 '이익'이나 '위신'과 같은 개념은 추상적이고 불명확하고, 정치적·사회적 사안에 관한 비판이나 풍자나 해학을 담은 문학적 표현도 형사처벌할 수 있을 정도로 그 적용범위가 지나치게 광범위하다.[8] 따라서 국가나 국가기관에 대한 자유로운 비판과 토론을 위축시키고, 표현의 자유를 광범위하고 과도하게 제한하고 있다. 국가에 대한 자유로운 비판과 참여를 보장하는 민주주의 정신을 위반한다.

넷째, 진정한 대한민국의 이익은 다양한 토론과 논의의 장을 통하여 더 잘 달성될 수 있다. 형사처벌과 같은 강제로 침묵하도록 국가를 찬양하도록 함으로써 만들어지는 것이 아니다. 국가나 국가 기관은

8) 특히 헌재는 규제 대상이 되는 행위형태로 '기타방법'을 규정하면서 '기타 방법' 앞에 '모욕, 비방, 사실왜곡, 허위사실 유포'라는 행위형태를 열거하는 예시적 입법형태를 취하고 있으나 '기타방법'이 과연 무엇인지 해석하기 어렵다고 지적하고 있다. 그리하여 대한민국의 안전과 이익, 위신을 해하거나 해할 우려가 있다고 인정되기만 하면 대부분의 표현행위가 '기타방법'에 포함될 수 있을 정도로 그 적용범위가 지나치게 광범위하다고 지적하고 있다(2013헌가20).

허위사실 유포나 악의적 왜곡을 바로 잡기 위해 진상을 밝혀내고, 진실을 파악할 수 있는 다양한 정보를 제공함으로써 국가이익이 더 잘 보장될 수 있다.

다섯째, 국가모독 행위로부터 국가의 안전과 위신, 이익을 보전하기 위해 국민의 표현행위를 형사처벌하는 것이 진정한 의미에서 국가의 이익이나 위신을 지키는데 기여할 수 있는지 의문이다. 국민의 표현자유가 갖는 가치에 비추어 볼 때 이법의 처벌규정은 과도하다. 따라서 법 이익의 균형성 요건을 갖추지 못했다.

(3) 국기 모독

우리 형법 105조는 국기모독죄를 규정하고 있다.[9] 이 법의 목적은 대한민국의 권위를 상징하는 국기 또는 국장을 손상·제거 또는 오욕하는 행위[10]를 처벌함으로써 국가의 권위를 유지하려는 것이다. 이 죄

9) 형법 제105조(국기, 국장모독) 대한민국을 모욕할 목적으로 국기 또는 국장을 손상, 제거 또는 오욕한 자는 5년 이하의 징역이나 금고, 10년 이하의 자격정지 또는 700만원 이하의 벌금에 처한다. 형법 제106조(국기, 국장 비방) 전조의 목적으로 국기 또는 국장을 비방한 자는 1년 이하의 징역이나 금고, 5년 이하의 자격정지 또는 200만원 이하의 벌금에 처한다.

10) 여기서 '국기'란 우리나라의 경우 태극기를 말하며, '국장'이란 국가를 상징하는 국기 이외의 일체의 휘장(徽章)을 말한다. 처벌의 대상이 되는 행위 중에 '손상'이란 국기 또는 국장의 전부 또는 일부를 훼손하여 그 효용을 해하는 것을 말하며, '제거'란 국기 또는 국장 자체를 손상함이 없이 이를 철거(撤去) 또는 차폐(遮蔽)하는 것을 말한다. '오욕'이란 국기 또는 국장을 불결하게 하는 일체의 유형적(有形的) 행위를 말한다. '비방'이란 언어·거동·문장·회화에 의하여 모욕의 의사를 표현하는 것을 말한다. [네이버 지식백과] 국기 국장 모독죄·비방죄 (시사상식사전, 박문각).

는 행위자가 주관적으로 대한민국을 모욕할 목적이 있을 때에 한하여 성립하는 목적범이다. 처벌은 5년 이하의 징역이나 10년 이하의 자격정지 또는 700만원 이하의 벌금이다.

2015년 4월 18일 김모씨는 '세월호 1주기 범국민대회' 집회에 참석하였다가 집회 현장 인근 경찰버스 유리창 사이에 끼워져 있던 종이 태극기에 불을 붙여 태운 혐의로 기소[11]되었다. 또한 3만 명 이상의 회원을 보유한 온라인 커뮤니티 워마드는 태극기와 일본 제국주의 상징인 욱일기를 합성한 가상국기를 게재했다. 워마드는 안중근·윤봉길 의사가 피눈물을 흘리는 합성사진 등 독립운동을 모욕하는 게시물을 올려 논란을 야기하기도 했다. 이에 검찰은 가상의 국가 이미지에 대해서도 국기모독 혐의가 성립될 수 있는지 검토했다. 벌거벗은

*** 워마드에 올라온 "욱일기만 올리기 뭐해서 태극기도 올려본다"**
*** 아시아경제 "검, '워마드에 올라온 태극기 · 욱일기 합성사진 수사착수" 기사 중에서 가져온 사진 (최종수정 2016.09.02 00:39 기사입력 2016.09.02. 00:39)**

11) 기소는 검사가 특정한 형사사건이나 그 피의자를 법원에 심판해 달라고 요구하는 것.

몸에 러시아 국기를 본뜬 천을 둘러싼 사진을 지역 화보잡지 표지모델로 이용했던 2015 미스 러시아 소피아도 러시아 국기모독으로 논란이 되었다(세계일보, "알몸에 국기를 휘둘러? 미스 러시아 국기모독 논란, 2015. 5.12).

태극기집회에 대한 항의표시로 태극기를 불태우면 안 되는가? 태극기를 훼손하는 행위를 통해 자신의 생각이나 사상을 표현하는 수단으로 이용하면 안 되는가? 태극기와 욱일기를 합성한 가상국기를 만들고 독립운동가들을 모욕하면 형사처벌을 받는 것이 타당한가? 이것은 국민의 기본권인 사상과 표현의 자유를 침해하는 것은 아닌가?

미국 수정 헌법 제1조는 '의회는 발언의 자유를 저해하거나, 출판의 자유, 평화로운 집회의 권리, 그리고 정부에 탄원할 수 있는 권리를 제한하는 어떠한 법률도 만들 수 없다'고 규정하고 있다. 이런 미국에서도 세계 제1차 대전 중 대부분의 주에서 성조기의 신성함을 보호하는 법을 제정했다. 연방법으로 국기오욕행위를 처음 처벌한 것은 월남전 반대데모가 심하던 1968년이었다(1968.7.5. 18U.S.C.A. 700; 박용상(2002. p.137 재인용). 이법은 공개적으로 성조기를 훼손하거나 태우거나 짓밟는 등의 행위로 성조기를 고의로 모독한 자는 1,000달러 이하의 벌금이나 1년 이하의 징역에 처하도록 규정했다(박용상, 2002. p.137).

그러나 미국 연방대법원은 주로 성조기에 대한 보호보다는 표현의 자유보장에 손을 들어주었다. 대표적인 사건이 스트리트 성조기 훼손 사건이다. 민권지도자 James Meredith에 대한 암살 미수사건을 듣고 격분한 흑인 Sidney Street는 Brooklyn시의 한 네거리에서 "이 빌어먹을 성조기가 필요없다"고 외치면서 성조기를 불살랐다. 이 사건에 대해 연방대법원은 그의 유죄판결을 취소하면서 "우리 헌법에 의하면 단지 공개적으로 표현된 생각 자체가 그것을 듣는 자 중 누군가를 불쾌하게 하였다는 이유만으로 그 표현을 금지하지 않는다는 것은 확고하다"고 판시했다.[12]

또 다른 사례는 스펜스 성조기 훼손 사건이다(1974).[13] 미국의 캄보디아 침공에 대한 반대시위과정에서 오하이오주 Kent주립대학생 4명이 사망했다. 이에 분노한 대학생 Spence는 성조기의 앞면과 뒷면에 평화의 상징으로 검은 테입을 사용하여 삼지창을 원형으로 둘러싼 모양을 그려 넣은 성조기를 그의 아파트에 거꾸로 걸었다. 이에 워싱턴주는 '미국기에 어떠한 말, 형상, 마크, 그림, 도안, 사진 또는 광고 등을 첩부하는 행위 및 이를 게시하는 행위를 금하고 있는' 법률을 위반했다는 죄목으로 기소했다. 그러나 미국 연방대법원은 '평화의 심볼이 덧붙여진 미국기의 게시가 표현의 한 형태로 저항의 메시지를 전달하는 것임에 의심이 없다고 전제한 후, 스펜스에 대한 유죄판결은 수정헌법 제1조 위반이라고 판시했다. 그는 쓰여지거나 발언된 말 대신에 이 상징을 사용했던 것이고, 그가 사용한 심볼의 성질이나 그가 행한 사실적 문맥과 상황에 비추어 그의 행동은 보호받는 표현행위의 한 형태임이 확실하다고 보았다. 또한 연방법원은 '단지 공개적으로 표현된 생각 자체가 그것을 듣는 자중 누군가를 불쾌하게 하였다

12) 스트리트 성조기 훼손사건(1969), 미국연방대법원 Street v. New York, 394 U.S. 576. 박용상(2002. p.138 요약 재인용).

13) 스펜스 성조기 오손사건(1974) 미국연방대법원 Spence v. Washington, 418 U.S. 405. 박용상(2002, p.139, 요약 재인용).

는 이유만으로 그 표현이 금지될 수 없고, 또한 국기에 대하여 적절한 존경을 표하지 않았다는 이유만으로 처벌할 수 없다고 했다.

이런 헌법적 논란을 거친 후 연방대법원은 1989년 성조기를 불태운 존슨을 판결하면서 성조기의 훼손행위를 처벌하는 법은 표현의 내용을 규제하는 법률로서 위헌이라고 판시했다.[14] 레이건 행정부의 대외정책을 비판하기 위한 항의표시로 성조기를 불태운 존슨은 텍사스 주법 위반으로 기소되었지만 연방항송법원에 의해 무죄로 선고했다. 연방대법원도 1989년 9월에 성조기를 훼손하는 것은 상징적 표현행위로서 표현의 자유를 보장한 미국연방 수정헌법 제1조의 보호를 받는다고 판결했다.

연밥법원의 다수의견은 '정부가 표현적 행위를 제한할 수 있는 경우는 표현하는 내용 때문이 아니라 공중의 질서나 이익을 보호하기 위해 불가피한 경우에 한하여, 즉각적인 위법행위를 선동하거나 위법행위가 발생할 가능성이 아주 높은 경우에 국한한다고 하면서, 청중들이 표현이나 표현한 행동에 대해 동의하지 않거나 모욕감을 느낀다고 해서 정부가 그 표현이나 행위를 제약하는 것은 위헌'이라는 것이다. 법원은 사상의 자유시장에 성역을 없으며, 미국민들이 성스럽게 여기는 성조기에 대한 모욕적 표현조차도 허용되어야 한다고 했다.

반면 연방법원의 소수 반대의견을 대변한 렌퀴스트 대법원장은 성조기는 특정한 정치적 신념을 대표하는 것도 아니고, 사상의 자유시

14) 존슨 성조기 오손사건(1989) 미국연방대법원 Texas v. Johnson, 491 U.S 397. 박용상(2002, p.140, 요약 재인용).

장에서 인정받기 위해 경쟁하는 이념이나 관점과는 근본적으로 다른 것이라고 주장했다. 성조기 소각은 어떤 이념이나 사상을 표현하는 표현적 행동으로 볼 수 없고, 다른 방법으로 그의 의견을 표현할 방법이 얼마든지 있음으로 그의 처벌은 위헌이 아니라고 주장했다.

이 판결이 내려진 이후 미국민들은 압도적으로 그 판결에 동의하지 않았으며, 1989년 10월 연방하원은 압도적 지지로 "고의로 미합중국의 국기를 절단, 오손, 물리적으로 손상, 소훼하거나 마루나 땅바닥에 놓거나 짓밟는 자는 자유형 또는 벌금형을 처할 수 있다"고 규정했다. 이에 항의한 시애틀의 한 시위집단은 "이 파시스트적 법률은 언론자유에 대한 예외가 될 수 없고 정치적 항의와 반대에 대한 공격이며, 맹목적 애국심은 법률이 될 수 없다"면서 우체국 건물 앞에 게양된 성조기를 불태웠다. 이에 그들은 연방 소유물의 손괴와 동법 위반으로 기소되었다.

또 다른 워싱턴시의 시위집단은 의회건물 계단에서 애국심과 국기에 대한 존경을 강요하는 신법에 항의하기 위해 국기를 불태운다고 주장하면서, 점증하는 인종차별, 여성의 권리에 대한 폭거, 강제적이고 압제적인 도덕적 규범의 요청, 타국에 대한 개입과 국민에 대한 탄압의 증거에 반대한다고 국기소훼의 정치적 입장을 밝혔다.[15]

위 두 사건에 관하여 각 연방지방법원은 모두 신법이 구법과 다름 없다는 이유로 신법의 무효를 선언하였고, 연방대법원도 5:4의 합의로 동법을 무효화 했다. 이런 미국의 판례에 대해 박용상은 미국의 법

---

15) 성조기 보호법 항의사건(1990) 미국연방대법원 United States v. Eichman, 496 U.S 310. 박용상(2002, p.142), 요약 재인용.

리가 바로 우리 법의 해석에 전면적으로 도입될 수 없다면서 우리나라의 문화적 역사적 배경에 관한 탐구를 기반으로 해서 수용되어야 한다고 주장했다(박용상, 2002, p.144). 반면에 조국 교수는 “국기 국장의 모독이나 비방죄를 삭제하는 것이 대중적 정서에 반할 수 있다는 견해가 있지만, 특정 행위의 범죄 여부는 대중적 정서가 아니라 헌법적 원칙과 행위의 실질적 위험성에 따라 판단해야 한다”면서 국기·국장의 모독이나 비방죄는 폐지되어야 한다고 주장했다(조국, 2009, p.465).

(4) 대통령 모독

2017년 12월 14일 박근혜퇴진 경남운동본부’ 김영만 상임의장은 경남 창원시 마산회원구 국립 3·15민주묘지 기념관에 걸린 박 대통령 홍보 사진에 날달걀을 던지고 케첩을 뿌린 혐의로 경찰에 체포되었

14일 오전 경남 창원시 마산회원구 국립 3·15민주묘지 기념관에 걸린 박근혜 대통령 홍보 사진에 날달걀을 던지고 케찹이 뿌려져 있다. **〈경남도민일보 강승우 기자〉**

다. 김 의장은 국립 3·15민주묘지 기념관에 박 대통령 홍보 사진은 기념관 설립 목적에 맞지 않는다고 지적하며 철거를 요구해오다 날달걀을 투척하였고 경찰은 공용물건 손괴 혐의로 입건했다. 이에 대해 김 의장 측은 민주화 운동을 모욕·모독한 박근혜 정권에 대한 시민저항권을 행사한 것이라고 주장했지만 법원은 공용물건 손상죄와 건조물 침입죄를 적용하여 벌금 200만원을 선고했다.[16]

2017년 1월 20일 더불어 민주당 표창원 의원은 국회에서 박근혜 정부의 블랙리스트에 올랐던 화가들의 그림전 '곧, 바이!'(Soon bye) 전을 열었다. 여기에 이구영 작가는 에두아르 마네의 '올랭피아'를 패러디한 '더러운 잠'을 전시했다. 이 풍자 그림에는 박근혜 대통령이 나체 상태로 침대에 누워 있고, 그 옆에 비선 실세인 최순실씨가 침몰하는 세월호를 배경으로 주사기 다발을 들고 있다. 그리고 박 대통령의 배위에는 박정희 전 대통령 초상 사진과 '사드(THAAD)'라고 적힌 미사일이 그려져 있다.

보수단체들은 국가원수를 모독했다며 분노했다. 보수 여성 정치인들과 일부 여성단체들은 여성에 대한 혐오표출이자 성희롱이라면서 규탄 성명과 국회 본관 안에서 시위를 벌였다. 그리고 보수단체 회원 20여 명이 몰려와 이 작품을 파손하기도 했다. 이들 중 A씨는 재물 손괴 등의 혐의로 체포되었다. 더불어민주당도 국민에게 죄송하다며, 표 의원에게 당직 정지 6개월을 내렸다.

'태블릿PC국민감시단'은 '표창원식 표현의 자유는 위대하다. 국회

16) 경남도민일보(2017. 8. 25.), "'박근혜 사진에 케찹 뿌려' 김영만 전의장 항소심도 벌금형.

전시관에 전시 부탁드립니다'라는 문구와 함께 누두사진과 동물을 합성한 표의원 부부의 사진이 있는 현수막을 내걸었다. 그리고 이 현수막 사진은 극우 성향 온라인 커뮤니티 사이트 일간베스트에도 게재됐다. 표창원 의원의 부인은 이에 대해 모욕 혐의로 고소했다. 또한 경찰도 현수막 제작자와 게시자를 상대로 모욕죄 등을 조사했다.

하지만 이와 관련해 하재봉 시사문화평론가는 "단순 비교는 아니라고 생각한다. 표창원 의원 부인은 평범한 국민 아니냐. 저렇게 무차별한 풍자를 공공장소에 걸어놨다는 건 저건 너무 도가 지나친 것 같다"고 했다. 양지민 변호사 또한 "표창원 부인 입장에선 평범하게 살아가는 일반인으로서 충분히 모욕감을 느낄만하다. 모욕 같은 경우는 공연히 사람이 모욕하면 성립되는 범죄다. 그림을 통해, 표창원 의원 아내가 모욕감을 느꼈다면 충분히 고소감"이라고 했다.

유럽인권법원은 2013년에 대통령에 대한 모독죄를 적용하여 처벌

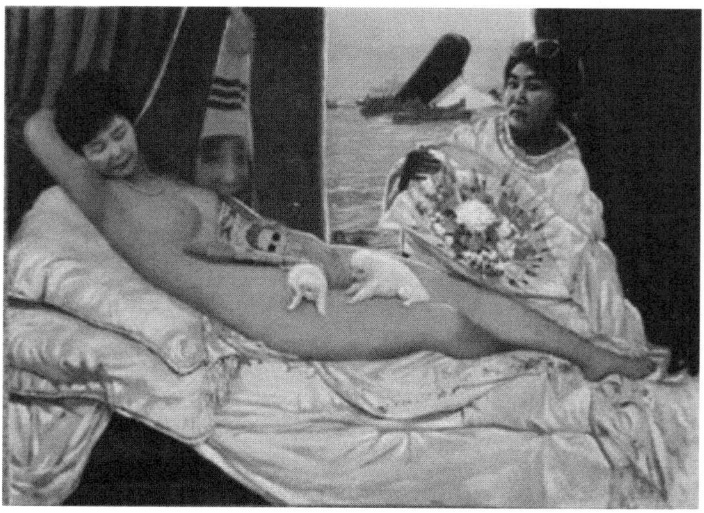

한 프랑스 법원의 판결은 부당하다고 판결했다.[17] 이 결정은 유럽 47개 전체 회원국에 유효하다. 따라서 유럽 대부분의 국가에서는 이제 대통령 모독죄를 적용할 수 없다. 그러나 여전히 국가원수나 왕실에 대한 모독죄를 적용하고 있는 나라들이 있다. 2015년에도 37년간 장기 독재권력인 아프리카 짐바베에서 대통령을 비난했다는 죄로 10여 명을 구속했다.[18] 2014년 쿠데타를 통해 집권한 군부는 왕실을 모독한 사람에게 최손 3년에서 최대 15년까지 징역형을 선고할 수 있는 태국 형법에 따라 왕실을 모독한 혐의로 타라라는 남성에게 20년 징역형을 선고했다.[19] 이에 대해 유엔의 표현 자유 특별조사위원 데이비드 케이는 '태국의 왕실모독죄는 국제인권법에 합치되지 않는다'며 국왕을 포함한 모든 공무원은 비판의 대상이 될 수 있기 때문에 이들 공인을 모욕하였다는 이유로 처벌하는 것은 정당하지 않다고 했다.[20]

---

17) 2008년 2월 프랑스 대통령 사르코지는 파리의 농업전시회 시찰을 갔다. 그때 한 시민이 사르코지의 악수를 거절하자 사르코지는 "그럼 꺼져"라고 쏘아 붙였다. 그러자 시민도 "나를 더럽히지 말란 말이요"라고 되받았고, 대통령은 "그럼 꺼져, 형편없는 머저리야" 하고 지나갔다. 이 장면은 녹화되어 파리지엥 인터넷에 유포되었다. 같은해 10월 사르코지 정책을 반대하는 좌파 정치인 에르베 에옹이 "꺼져, 형편없는 머저리야"라는 손팻말을 들고 대통령 환영 행렬에 나타났다. 이에 검찰은 사문화된 1881년 공포된 '언론자유에 관한 법'을 적용했다. 법원은 에옹에게 벌금 최소액인 30유로(환화 4만원)을 부과하고 집행유예를 선고했다. 이에 에옹은 유럽인권법원에 제소했다(장행훈, '대통령 모독죄 설자리 없다').

18) 장행훈, "대통령 모독죄 설 자리 없다", 한계레, 2015.5.25.

19) 태국의 타라라는 남성은 2015년 1월 군주제를 비판하는 팟캐스트 게시물 6개를 자신의 웹사이트에 올렸다. 이에 경찰은 팟캐스트 운영자와 관계자 12명을 체포했다(서울 뉴시스, "태국, 왕실모독 남성에 징역 20년 선고", 2017.8.9. 이혜원 기자).

20) 조인우 기자 "유엔, 태국 왕실모독 관련 법안 국제법 맞춰 개정해야", 뉴시스

5) 표현의 자유와 국기에 대한 경례 및 충성서약

2014년 개봉한 윤제균 감독의 국제시장의 한 장면, 국기 하강식 때 국기에 대한 맹세가 울려 퍼지자 부부싸움을 하던 부부가 싸움을 중단하고 국기에 대한 경례를 한다. 1970년대인 박정희 유신헌법치하에서는 그랬다. 국가에 대한 충성은 강요되었고 강제 학습되었다.

1941년 일제치하에서 처음으로 국민의례가 도입되었다. 한국의 초등학생들은 일본과 일왕에 대한 충성서약을 암기하고 국민의례 때 복창해야 했다.

> 우리들은 대일본 제국의 신민(臣民)입니다.
> 우리들은 마음을 합하여 천황 폐하에게 충의를 다합니다.
> 우리들은 인고단련(忍苦鍛錬)하고 훌륭하고 강한 국민이 되겠습니다.

박정희 유신정권은 1972년 전국 각 학교에 '국기에 대한 맹세'를 시행토록 했다. 그리고 전두환 정권 때인 1984년 2월 대통령령으로 규정되었다가 2007년 이 규정을 폐기하고 〈대한민국국기법〉을 제정했다. 〈대한민국국기법 시행령〉 '제4조 : 국기에 대한 맹세'에는 ①국기에 대한 경례를 하는 때에는 다음의 맹세문을 낭송하되, 애국가를 연주하는 경우에는 낭송하지 아니한다면서,

> "나는 자랑스러운 태극기 앞에 자유롭고 정의로운 대한민국의 무궁한 영광을 위하여 충성을 다할 것을 굳게 다짐합니다."

2017. 6. 4.

라고 되어 있다.

현대적 의미의 국기에 대한 맹세와 같은 충성맹세는 미국에서 1892년 콜럼버스 기념일 400주년을 맞아 공립학교에 암송된 이후인 것으로 알려져 있다(권혜령, 2004, p.184). 그 때 제정된 미국의 충성맹세는 1942년 개정되어 연방의 공식적 서약이 되었다. 해당 내용은 아래와 같다.

> "나는 미합중국의 국기에 대해, 그리고 이것이 표상하는, 모든 사람에게 자유와 정의가 함께하고 하느님 아래 갈라질 수 없는 하나의 국가인 공화국에 대해 충성을 맹세합니다."

국기경례에 대한 거부와 소송제기는 주로 여호와 증인 신도들에 의해서 이루어졌다. 1933년 독일의 여호와 증인들은 나치식 경례를 거부하면서 약 만 명의 신도들이 집단수용소에 감금되기도 했다(권혜령, 2004, p.186).

1938년 미국 펜실바니아주 한 공립학교에 다닌 2명의 여호와 증인 신도학생은 국기경례를 거부했다. 그들은 제적되었고, 이들의 아버지는 소송을 걸었다. 지방법원은 양심에 근거하여 국기경례를 거부하는 것이 타인의 안전, 도덕, 재산, 권리를 위험에 빠뜨리지 않았고, 국가의 안전은 충성심을 표현하고, 행동하도록 강제하는 전체주의적 방식으로 지켜지지 않는다고 밝혔다. 항소법원도 그 결정을 확인했다. 그러나 1939년 교육위원회가 연방대법원에 상고할 당시 2차 세계대전이 발발했고, 이런 시대적 상황에서 연방대법원은 국기경례가 국가단결을 촉진하고, 이것은 국가안전의 근본이라는 다수의견에 의하여 그 결정은 번복되었다.[21] 이 판결 이후 여호와 증인들에 대한 습격, 공격, 방화 등이 발생하고, 많은 여호와 증인 학생들이 제적되었다(권혜령, pp.198-199).

그러나 연방대법원은 위의 판결 3년 후인 1943년 기존의 입장을 변경했다. 국기경례와 충성서약을 강제하는 것은 정부권한의 한계를 넘어 수정헌법 제1조의 정신을 침해하는 것이라고 보았다. West 버지니아주는 1942년 학생의 의무적 국기경례 결의안을 통과시켰다. 학생의 국기경례 거부는 퇴학시킬 수 있었고, 주정부는 그 부모를 상대로 소송을 제기할 수 있었다. 많은 여호와 증인 학생들이 제적되었고 학부모들은 소송을 제기했다. 연방지방법원은 "자유언론의 행사로 인해 공동체에 명백하고 현존하는 위험이 발생하지 않는 한, 그 행사는 억압되지 않아야 한다. 국기경례는 정신에 대한 경의의 표현인데 그것을 표하는 데 양심상 망설임을 가진 사람에게 그것을 강제하는 것은 공화국의 정신에 대한 독재이며 근본적 법에 의해 금지된다"고 했다(Barnette, 319 U.S at 640, 권혜령, p.201 재인용).

연방대법원의 다수의견도 "개인에게 말하도록 강요하는 것(국기경례법)은 개인이 말하지 못하도록 하는 것(검열)과 똑 같이 권리를 침해하는 것이다. 표현·언론·종교의 자유 등 우월적 자유에 대해서는 막대하고 즉각적인 위험을 방지하기 위해서만 정부의 제한이 허용된다.

21) 유일한 반대의견을 낸 Stone판사는 "시민적 자유의 보장은 사상·양심의 자유 및 그것을 표현할 자유와 기회를 보장하는 것이고, 그 자유의 핵심은 바로 모든 강제로부터 생각하고 말하는 것을 자유롭게 하는 것이다. 그 강제가 종교에 대한 왜곡된 증언을 하도록 하는 것이라면 더욱 그렇다"라고 했다(권혜령, 199 재인용, Gobitis, 310 U.S. pp.595-597).

반대를 강제적으로 배제하는 자들은 자신들이 반대자들을 박멸하고 있다는 것을 알아야 한다"고 했다(Barnette, 319 U.S at 641, 권혜령, 201 재인용).

2002년 Michael Newdow는 모든 공립 초등학교에서 교사의 지도아래 국기경례와 충성서약으로 수업을 시작하도록 규정한 캘리포니아 주법에 대해, 이것은 수정헌법 1조 위반이라고 소송을 제기했다. 이에 대해 연방대법원은 감수성이 예민한 학생들에게 강요할 수 없다고 했다. 그러면서 학교가 참석을 강요하지 않는 한 소수의 반대가 있다고 하여 충성서약을 원하는 많은 사람들을 침묵시킬 수 없다고 했다. 즉 공립학교에서 교사는 충성서약 암송을 학생들에게 강제할 수는 없지만 자발적으로 참석하도록 하는 것은 정당하다고 했다. 뉴햄프스주의 경우 공립학교에서 모든 학생들에게 충성서약을 암송하도록 했지만, 다만 참가하지 않을 권리도 보장함으로써 위헌성을 피해 갔다(권해령, pp.203-210).

한국에서 충성맹세는 1941년 국민의례라는 이름으로 일제에 의해 도입된 이래, 1972년 유신정권하에서 다시 도입되었다. 박정희 유신정권아래에서는 국기 게양식과 하강식 때 국가가 울려 퍼지고, 그때에는 도로의 자동차도, 일하는 사람들의 일손도 멈추고 가슴에 손을 놓고 국기에 대한 예를 표해야 했다. 1972년 전남 오사재건교회 주일학교에서 국기경례가 우상숭배라고 가르친 양영례 교사는 징역 8개월을 선고받았다(한겨레 21, 2008년 8월 7일). 2003년 영석고는 국기에 대한 경례를 거부한 학생의 입학을 허가하지 않았다. 도교육청은 1976년 대법원 판례를 근거로 "학생이 · · · 학칙이나 학교의 제반 규정을 포함하여 학교의 교육과정을 충실히 이수하겠다는 의지가 없는 것으로 판단된다"면서 학교측 손을 들어 주었다. 국기에 대한 경례를 거부한 상동고등학교 교사는 정직 3개월의 중징계를 받았다. 그는 징계가 사상과 양심의 자유에 반한다며 소송을 제기했지만 2007년 수원지방법원은 이를 기각했다.

대한민국 법원은 "대한민국 국민이 국기에 대한 경례나 국기에 대한 맹세를 거부하였더라도 일반적으로 이를 이유로 그에게 어떠한 제재를 가하거나 불이익을 줄 수 없다"(서울남부지방법원 가합21769)고 판결했지만, 교육공무원법이나 학칙 등의 수단으로 제재를 가하고 있다.

국기에 대한 맹세와 경례는 국제법적으로나 국내법적으로 어떤 문제들이 있을까? 먼저 충성맹세와 국기에 대한 경례는 사상과 양심의 자유를 침해 할 수 있다. 법으로 이것을 강제하고 의무화하는 것은 대한민국 헌법 19조(양심의 자유) 위반이다. 충성은 양심에 반해서 강요할 수 있는 것이 아니므로 국기에 대한 맹세나 국기에 대한 경례를 하지 않는다는 이유로 처벌할 수 없다. 또한 시민정치적 권리에 관한 국제규약 18조(사상·양심·종교의 자유) 위반이다. 국가가 울릴 때 경의를 표하지 않는 사람들에게 벌금을 물게 하는 필리핀, 영화상영전 국가연주를 의무화하고 국가가 연주될 때 기립하여 경의를 표하지 않는 사람을 처벌하는 인도 등은 국제규약 뿐 아니라 세계인권선언 위반이다. 충성맹세를 강제하고 공개적으로 충성을 고백하도록 하는 국민의례는 전체주의적 발상이자 양심의 자유를 침해하는 것이라 할 수 있다.

충성맹세는 또한 표현의 자유에 대한 침해다. 누구든지 자신의 의견이나 사상, 신념을 어떤 강제나 불이익, 제재를 받지 않고 표현할 수 있는 권리가 있다. 따라서 누구든지 국가의 상징을 비판할 수 있고, 또한 충성맹세를 거부하는 것 역시 정치적 표현행위이기도 하다. 충성은 강요될 수 없다. 국기에 대한 경례나 충성맹세를 하지 않는다고 애국심이 모자란다고 판단할 근거도 없다. 애국심을 충성서약이 아니라 다른 방식으로 얼마든지 표현할 수 있다. 또한 국민의례에 대해 비판할 수도 있을 뿐 아니라 그것에 대한 반대 표시로 얼마든지 경례나 충성맹세를 거부할 수 있다. 애국을 강제할 수 없고, 애국심을 표현하라고 강제할 수 없듯이 국기에 대한 맹세나 애국가 제창을 강제할 수 없다.

4. 표현자유에 대한 규제의 합헌성

1) 명백하고 임박한 위험의 원리[1]

표현은 그 표현 자체만으로 해악을 발생시키지는 않는다. 표현이 행해진 상황과 그 표현을 받아들이는 사람과의 상호작용을 통해 특정 행동이 유발된다. 아무도 없는 곳에서 거짓으로 '불이 났다'고 외치는 것과 사람이 가득찬 극장에서 '불이야' 하고 외친 결과는 전혀 다르다. 청중들에게 '때려라'라고 말하였을 때, 실제로 누군가 그 말대로 폭력을 사용한 경우 그 말은 행동을 유발한 하나의 원인이 된다. 표현 그 자체에는 표현을 한 사람의 의견과 감정 및 가치가 내포되어 있지만 그 자체가 바로 해악을 동반하지 않는다.

똑 같은 표현이라도 어떤 상황에서는 다른 사람에게 해악을 일으키

---

1) '명백하고 임박한 위험(Clear and presend danger test)'은 한국 언론학계에서는 '명백하고 현존하는 위험'으로 번역하고 있다. 이에 대해 박영신은 대표적인 오역이라고 주장하고 있다. 그는 "원래 Present 라는 것은 '현재'를 말하는 것이 아니라 '곧바로'라는 의미다. 올바른 번역은 명백하고 임박한 위험이다. 위험이 현존할 때만 표현의 자유를 제한한다는 것이 위험이 임박한 때만 제한한다는 것보다 더 표현의 자유에 유리해 보이지만 사실 '현존한' 위험은 시간적 긴급성을 느끼기 어렵다"고 주장한다(박경신, 2013, p.17). 여기서는 박영신의 번역을 따른다.

는 반면, 어떤 상황에서는 해악을 발생시키지 않는다. 그렇다면 표현 자체만을 기준으로 다른 사람에게 해악을 발생시켰다고 할 수 없다. 표현자체가 악인 것은 아니다. 특정한 상황에서 해악을 일으킬 수 있는 표현을 어떤 경우에도 표현 하지 못하도록 하는 것은 과잉규제가 될 수 있다. 그렇다면 어떤 표현을 규제하는 것이 옳은가?

1919년, 징집을 방해하는 행위를 금지한 간첩법이 징집반대 전단에도 적용될 수 있는가에 대한 쌩크 대 미국정부(Schenck v. U.S.)에 대한 판결문을 쓴 홈즈(Oliver W. Holmes)판사는 수정 헌법 1조가 헌법상의 기본권과 충돌하는 경우에는 부득이 제한하지 않을 수 없다면서 그 근거를 다음과 같이 설명했다.

"모든 행위의 성격은 그 행위가 행해진 상황여하에 의존하는 것이다. · · · 자유언론의 보호를 가장 엄격히 내세우는 사람일지라도 거짓말로 극장에서 불이났다고 소리 질러서 공포상태를 야기하는 것과 같은 그런 행위를 보호하라고 주장하지는 않을 것이다. · · · 모든 경우에 문제가 되는 것은 결국 사용된 언어가 의회가 방지할 권한이 있는 실질적인 해악을 초래할 만한 '명백하고 임박한 위험'을 조성할 만한 상황에서, 또 그런 성격으로 행해진 것인지 여하에 있다. 그것은 근접성과 정도의 문제인 것이다"(팽원순, 1988, p.110, 재인용).

그러나 이 이론은 이후 빛을 상실하다가 1940년대에 블랙 대법관에 의해 다시 활기를 띄게 되었다(강준만, 2001, p.31). 블랙 대법관은 "언론이 빚은 실제적인 해악이 극도로 심각해야 하며, 발언 전의 상황이 극히 절박한 정도로 위급한 것이어야만 언론에 대해 처벌할 수 있다"고 했다(이사엘 디 솔라 폴, 원우현 역, p.101에서 재인용).

이 원리는 미국 뿐 아니라 우리나라에도 합헌성 판단 기준으로 적용되어 언론관련 판례에 영향을 미쳤다. A씨는 1988년 북한의 선전활동에 동조하여 "조통특연발족선언문" 등 이적 표현물을 제작 반포하고, 서울대학교 대운동장 등에서 학생다수가 모인 가운데 "학살원흉 미국놈들 몰아내자"는 등 구호를 선창하고 화염병 등을 던지는 시위에 가담하여 국가보안법[2] 및 집시법 위반으로 구속되었다. 이에 대한 헌법재판재판소의 판결 요지는 다음과 같다.

"국가의 존립·안전이나 자유민주 기본질서에 실질적 해악을 줄 명백한 위험성이 있는 경우에 처벌되는 것으로 축소제한 해석하는 한 헌법에 위반되지 아니한다 · · · 민주체제 전복을 시도하는 집회·시위나 공공질서에 관한 법익침해의 명백한 위험이 있는 집회·시위까지 집회 자유라는 이름으로 보호하는 것이 헌법이 아니다"(1992.1.28. 89헌가8 전원재판부).

헌법재판소는 국가보안법의 경우 남·북한 대치상태에서 국가안보를 위해 필요한 법률이므로 위헌 선언해 폐지할 것이 아니라 헌법 합치적으로 해석하여 이를 존속시켜야 한다고 보았다. 즉, 반국가단체를 찬양·고무하는 행위는 국가의 존립·안전이나 자유민주 기본질서에 실질적 해악을 줄 명백한 위험성이 있기 때문에 국가보안법

2) 우리나라 국가보안법 제7조(찬양·고무 등)에는 '반국가단체나 그 구성원 또는 그 지령을 받은 자의 활동을 찬양·고무 또는 이에 동조하거나 기타의 방법으로 반국가단체를 이롭게 한 자'와, '반국가단체 및 그 구성원을 찬양·고무할 목적으로 문서·도화 기타의 표현물을 제작·수입·복사·운반·반포·판매 또는 취득한 자'는 그 각 항에 정한 형에 처한다'고 규정되어 있었다.

을 유지해야 한다는 것이다. 또한 평화적인 집회·시위는 헌법상 기본권으로 보호되지만, '공공 안녕과 질서유지에 직접적인 위협을 가할 것이 명백한 집회 및 시위'는 헌법에 의해 보호받을 수 없다고 했다(1992.1.28. 89헌가8 전원재판부).

이 판결에서 국가보안법 제7조는 위헌이라고 소수의견을 제시한 변정수 재판관은 이 조항은 헌법에 명시된 평화통일 이념에 반하고, 남북한 유엔동시 가입과 "남북한 사이의 화해와 불가침 및 교류, 협력을 위한 합의서"가 합의 서명되어 양측 정상회담까지 성사되고 있는 상황에서 위헌이라고 주장했다. 즉 북한에 대한 고무·찬양이 즉각적으로 국가 존립과 안전을 위태롭게 하거나 자유민주 기본질서에 즉각적인 해악을 초래한다고 볼 수 없다는 것이다. 그의 반대 의견을 요약하면 다음과 같다.

"국가보안법 제7조는 북한에 이로운 것은 곧 남한에 해롭다는 논리 위에서 북한에 이로울 수 있는 표현은 무조건 규제대상으로 삼는 것이어서 북한 등 공산계열이나 통일분야에 관한 국민의 알권리를 철저히 봉쇄하고 있다. 국가 보안법은 반국가단체라는 개념을 설정하고 북한을 반국가단체로 규정함으로 헌법의 평화통일 이념에 반한다. 북한을 반국가단체로 규정짓고 남북 사이의 교류·협력을 범죄시하고 있는 국가보안법 제7조는 합법적 근거를 상실하였음으로 위헌선언해야 한다"(1992.1.28. 89헌가8 전원재판부).

또한 그는 집시법 규제에 대해서도 "장래에 국가나 사회에 단지 해로운 결과를 가져올 수 있는 성향을 띠고 있다는 것만으로 부족하고 법률에 의하여 금지된 해악을 초래할 명백하고도 현실적인 위험성이 입증된 경우에 한정되어야 한다(명백하고 현존하는 위험의 원칙)"고 주장했다(1992.1.28. 89헌가8 전원재판부).

우리나라 학설과 판례에 영향을 미친 명백하고 임박한 위험 원리에 대해 김철수 교수는 다음과 같이 문제점을 지적하고 있다. "먼저 위험의 명백성·현존성을 따지는 것이어서 결국 '위험의 근접성과 정도'가 위헌성 판단의 중심문제로 되는데, 그러한 '위험의 근접성과 정도'를 판단하는 것은 주관적일 수 있고, 따라서 그러한 주관적 기준에서 오는 불확정성을 숨길 수는 없을 것이다. 또한 명백하고 현존하는 위험의 원칙은 사후적으로 사법절차에 의하여 판단하는 기준으로서는 적합하나, 행정청이 사전에 표현의 자유를 규제함에 있어서 이를 판단의 기준으로 삼기에는 부적합하다. 그리하여 오늘날에는 법원에서 서로 대립하는 이익의 비교형량을 정확하게 하는 이론이 고려되고 있다"(김철수, 2000, pp.599-600).

헌법재판소는 국가보안법에 대한 판결에서 '명백하고 임박한 위험 원리'를 적용했다고 하지만 이 이론보다 후퇴한 "위험한 경향이론"을 적용한 것으로 보인다. 북한에 대한 고무·찬양이 국가 존립과 안전, 자유민주 기본질서에 해악을 가져 올 경향이 있을지 몰라도 명백하고도 임박한 위험을 초래한다고 보기 어렵다. 1925년 러시아 태생인 Abrams는 미국의 소련 침공을 반대하고, 군수품 공장 노동자의 파업을 종용하는 내용의 전단 9천매를 배포해 기소되었는데, 이 때 연방대법원은 문제된 전단이 전쟁 수행의 노력에 대한 거부를 고무시키고 군수품 생산의 감소를 가져올 '해로운 경향'이 있다면서 유죄 판결했다. 이때 도입된 것이 "위험한 경향이론"이다.

연방대법원은 폭력혁명을 선동한 사회당 좌파 지도자 기틀로(B.Gitlow)를 처벌한 뉴욕주 형법이 수정헌법1조에 어긋나지 않는다면서 다음과 같이 설명하고 있다.

“일정한 발언의 효과가 정확하게 예견될 수 없다고 해서, 당장의 위험이 덜 현실적이고 덜 실질적인 것이라고는 할 수 없다. · · · 단 한 번의 혁명의 불꽃도 얼마간 내연하다가는 대규모의 파괴적인 대화재로 폭발할 수 있는 불을 일으킬 수도 있는 것이다.”

2) 의견과 견해차별 금지 원칙

사실 주장이 아닌 단순한 의견 표명은 법적 책임을 물을 수 없다는 것이 일반적이다. ‘여기에 지하철 역이 들어올 계획이 서 있다’는 사실적 주장이지만, ‘여기에 지하철 역이 들어설만한 자리다’라는 것은 의견이다(박경신, 2013, p.23). 대부분의 나라에서 의견과 감정 표현에 대해서는 법적 책임을 묻지 않지만, 허위 사실에 대한 기만은 법적 책임을 묻고 있다.

의견은 사실관계나 사람에 대한 견해를 갖거나, 이해하거나, 확신하거나, 평가하거나, 판단·판정하거나, 관점을 갖는 등 정신적 활동을 말한다. 즉 의견은 정신활동으로 모든 물적 대상과 사람에 대해 가질 수 있는 견해, 이해, 확신, 평가, 판단, 추측, 태도표명 등을 의미한다(박용상, 200, p.159). 이런 의견 표명에는 가치평가가 개입할 수밖에 없다. 따라서 개인 간 의견 차이가 나타나는 것은 당연하다.

모든 사람은 자신의 의견을 자유롭게 표현할 권리를 갖고 있다. 그것이 틀린 의견이든 바른 의견이든 마찬가지다. 틀린 의견이라고 해서 법적 보호를 받지 않는 것은 아니다. 바른 의견 뿐 아니라 틀린 의견도 법적으로 보호받는 것이 일반적이다. 틀린 의견과 바른 의견이 경쟁하도록 하는 것이 자유주의 언론 원칙이다. 만약 바른 의견만 보호하고 틀린 의견을 처벌한다면 누가 바른 의견을 결정할 수 있는가가 문제가 된다. 그리고 틀린 의견을 처벌한다면 그것이 틀린 의견인지 바른 의견인지를 알 수 없는 개인들은 위축될 수밖에 없다. 특히 다원적 가치 사회에서 그 표현이 가치 있는지 없는지, 옳은지 그른지에 대한 판단은 다양할 수밖에 없다. 누군가 그 판단을 독점한다면 표현자유는 오직 그 판단을 독점할 수 있는 소수권력자만이 누릴 수 있을 것이다.

사회의 주류 견해와 다른 불온하고 위험한 견해라는 이유로 특정 사상이나 견해 표명을 금지하고 억압하는 것은 다원주의 가치관을 전제로 하는 민주주의 정치이상에 정면으로 배치된다. 민주주의 기본 질서는 개인 이성을 신뢰하고, 모든 정치 견해들이 각각 상대적 진리성과 합리성을 지닌다는 다원적 세계관에 입각한다. 이념이나 사상을 이유로 자의적으로 차별취급하거나, 사회현실이나 정부정책을 비판하는 사람들에 대한 억압의 수단으로 법을 차별 적용해서는 안 된다.

미국 연방대법원도 표현 내용을 규제할 때는 엄격심사를 거쳐야 한다고 밝히고 있다(박용상, 2002, p.156). 모든 언론 제한 법령은 견해 중립적이어야 하고, 특정한 견해나 입장을 차별취급해서는 안 된다(박용상, 2002, p.156). 미국 연방대법원은 "수정헌법 제1조에서 틀린 아이디어란 존재하지 않는다. 한 의견이 아무리 해로운 것이라 하더라도 우리는 그 시정을 법관이나 배심원의 양심에 의존하지 않으며, 아이디어의 경쟁에 의존 한다"고 밝히고 있다.[3] 이에 대해 박용상은 "정부가 의견의 자유시장에서 특정 입장을 편애하거나 혐오해서는 안 된다는 헌법상 명령을 확인하는 것이며, 정부가 한 의견에 대하여 단순히 반대한다는 이유만으로 그 언론을 제한한다면 그 제한의 정당성이 불충분하다"고 밝히고 있다(박용상, 2002, p.157).

미국 연방법원은 광고판의 크기와 부착에 대한 규정은 시각적 혼란과 도시미관을 해치는 것을 통제하는 것으로 공적이익이 있지만, 광고내용 여하에 따른 예외를 허용하는 것은 위헌이라고 했다. 캘리포니아주 San Diego 시의 조례는 현장 영업을 하는 사람의 상업적 메시지를 제외한 모든 옥외광고를 금지시켰다. 1981년 연방대법원은 이 조례가 내용중립적이지 않다는 이유로 위법이라고 판결했다. 즉 비상업적 메시지도 허용하거나, 아니면 옥외광고를 다 금지시켜야만 내용중립적이라는 것이다(강준만, 2001, p.57).

집회나 공연 등을 할 수 있는 공적 공간에 대한 국가의 '시혜 철회나 제공거부'도 표현자유에 대한 침해가 될 수 있다. 정부에 의해서 통제되는 공적 공간, 예를 들면 〈예술의 전당〉, 〈국립극장〉, 〈시립미술관〉 등에 대한 사용이 국가기관의 자의적 판단에 따라 결정된다면 표현자유를 침해하는 것이 될 수 있다. 박경신은 "공공재 운영에 있어 특정내용의 표현물을 배제하거나, 특정 사상을 배제하는 것은 헌법적으로 엄격하게 검증되어야 하며, 해당 공공재의 운영목표와 완전히

3) Gertz v. Robert Welch, Inc, 418 U.S. 323, pp.339-40(1974); 박용상, 2002, p.157 재인용.

관계없는 표현의 내용에 대한 차별은 견해차에 따른 차별로서 금지" 되어야 한다고 말하고 있다(박경신, 2013, p.32).

3) 명확성의 원칙

언론자유를 규제할 땐 불법과 합법 기준이 명확해야 한다. 불법과 합법에 대한 해석이 막연한 경우 표현자유가 위축될 수 있다. 그 결과 합법적인 표현행위마저 포기하게 할 수 있다. 우리 헌법재판소도 표현자유는 국민주권주의 이념을 실현하는 데 있어 필수불가결한 것으로 보고, 표현자유를 규제하는 입법을 제정할 때는 '명확성 원칙'을 지켜야 한다고 밝히고 있다. 헌법재판소는 "불명확한 규범에 의한 표현자유 규제는 헌법상 보호받는 표현에 대한 위축적 효과를 야기한다. 그 결과 다양한 의견, 견해, 사상의 표출을 가능케 함으로써 그런 표현들이 상호 검증을 거치도록 한다는 표현자유의 본래 기능을 상실케 한다. 즉, 무엇이 금지되는 표현인지 불명확하여, 자신이 행하고자 하는 표현이 규제 대상이 아니라는 확신이 없는 경우, 대체로 규제를 받을 것을 우려해 표현행위를 스스로 억제하게 될 가능성이 높다. 그렇기 때문에 표현자유를 규제하는 법률은 규제되는 표현 개념을 세밀하고 명확하게 규정할 것이 헌법적으로 요구된다"(헌재 1998.4.30. 95헌가16, 판례집 10-1, 327, 342 ; 헌재 2002.6.27. 99헌마480, 판례집 14-1, 616, 628 참조).

표현자유 규제 중 명확성 원칙을 위반한 법률은 위헌 결정이 내려질 가능성 높다. 〈출판사및인쇄소의등록에관한법률〉 제5조에 있는

"음란 또는 저속한 간행물이나 아동에 유해한 만화 등을 출판하여 공중도덕이나 사회윤리를 침해하였다고 인정되는 경우 등록을 취소할 수 있다"는 규정이 있었다. 이 규정 중 '저속한 표현'에 대한 명확성이 문제가 되었다. 헌법재판소는 '저속한 표현' 개념은 명확성의 원칙에 반한다고 판시했다.

"음란이란 인간존엄 내지 인간성을 왜곡하는 노골적이고 적나라한 성표현으로서 오로지 성적 흥미에만 호소할 뿐 전체적으로 보아 하등의 문학적, 예술적, 과학적 또는 정치적 가치를 지니지 않은 것으로서, 사회의 건전한 성도덕을 크게 해칠 뿐 아니라 사상의 경쟁메커니즘에 의해서도 그 해악이 해소되기 어려워 언론·출판의 자유에 의한 보장을 받지 않는 반면, "저속"은 이러한 정도에 이르지 않는 성표현 등을 의미하는 것으로서 헌법적인 보호영역 안에 있다. · · · 음란 개념과는 달리 "저속" 개념은 그 적용범위가 매우 광범위할 뿐만 아니라 법관의 보충적인 해석에 의한다 하더라도 그 의미내용을 확정하기 어려울 정도로 매우 추상적이다. "저속" 개념에는 출판사등록이 취소되는 성 표현의 하한이 열려 있을 뿐만 아니라 폭력성이나 잔인성 및 천한 정도도 그 하한이 모두 열려 있기 때문에 출판을 하고자 하는 자는 어느 정도로 자신의 표현내용을 조절해야 되는지를 도저히 알 수 없도록 되어 있어 명확성의 원칙 및 과도한 광범성 원칙에 반한다" (1998.4.30. 95헌가16 전원재판부).

헌법재판소는 전기통신기본권 제47 제1항에 있는 "공익을 해할 목적으로 전기통신설비에 의하여 공연히 허위의 통신을 한자를 형사처벌" 할 수 있도록 한 법도 죄형법정주의의 명확성원칙을 위반했다고 판시했다.

"이 사건 법률조항은 표현의 자유에 대한 제한입법이며, 동시에 형벌조항에 해당하므로, 엄격한 의미의 명확성원칙이 적용된다. 그런데 이 사건 법률조항은 "공익을 해할 목적"의 허위 통신을 금지하는바, 여기서 "공익"은 형벌조항의 구성요건으로서 구체적인 표지를 정하고 있는 것이 아니라, 헌법상 기본권 제한에 필요한 최소한의 요건 또는 헌법상 언론·출판의 자유 한계를 그대로 법률에 옮겨 놓은 것에 불과할 정도로 그 의미가 불명확하고 추상적이다. 따라서 어떤 표현행위가 "공익"을 해하는 것인지, 아닌지에 관한 판단은 사람마다 가치관, 윤리관에 따라 크게 달라질 수밖에 없으며, 이는 판단주체가 법전문가라 하여도 마찬가지고, 법집행자의 통상적 해석을 통하여 그 의미내용이 객관적으로 확정될 수 있다고 보기 어렵다. 나아가 다원적이고 가치상대적인 현대 사회구조에서 구체적으로 어떤 행위상황이 문제되었을 때, 무엇이 문제되는 공익인지 하나로 수렴되지 않는 경우가 대부분인 바, 공익을 해할 목적이 있는지 여부를 판단하기 위한 공익 간 형량의 결과가 언제나 객관적으로 명백한 것도 아니다. 결국, 이 사건 법률조항은 수범자인 국민에 대하여 일반적으로 허용되는 '허위의 통신' 가운데 어떤 목적의 통신이 금지되는 것인지 고지하여 주지 못하고 있으므로 표현자유에서 요구하는 명확성의 요청 및 죄형법정주의의 명확성원칙에 위배하여 헌법에 위반된다"(2010.12.28. 2008헌바157, 2009헌바88(병합)).

이 사건 재판에 참여한 재판관 조대현, 재판관 김희옥, 재판관 김종대, 재판관 송두환은 '허위의 통신' 부분도 명확성원칙 위반한다는 보충의견을 제시했다. “이 사건 법률조항의 ‘허위’ 개념에는 내용의 거짓이나 형식의 오류가 모두 포함될 수 있기 때문에, 당초 입법취지와는 달리, 확대된 법률의 해석, 적용이 가능하다. 결국 이 사건 법률조항은 ‘공익을 해할 목적’이 불명확하다는 점에서 뿐만 아니라 ‘허위의 통신’ 부분이 불명확하다는 점에서도, 죄형법정주의의 명확성원칙에 위반된다”(2010.12.28. 2008헌바157, 2009헌바88(병합)).

4) 과잉금지원칙

헌법 제37조에는 기본권을 법률로 제한하고자 하는 경우, 자유와 권리의 본질적 내용을 침해할 수 없다고 규정하고 있다. 즉, 기본권 제한은 최소한에 그쳐야 한다. 역으로 말해서 과잉해서 금지해서는 안 된다. 우리헌법은 과잉금지원칙을 만족시키기 위해서는 입법목적의 정당성, 방법의 적절성, 피해의 최소성, 법익의 균형을 갖추어야 한다고 규정하고 있다(헌법재판소 1990.9.3.선고, 89헌가95 결정 참조). 위와 같은 요건이 충족될 때 입법의 정당성이 인정된다. 이중 어느 하나라도 갖추고 있지 못하면 과잉금지원칙을 벗어나 위헌이 된다.

과잉금지원칙은 첫째, 입법목적이 헌법 및 법률의 체제상 그 정당성이 인정되어야 한다(목적의 정당성). 언론은 타인의 명예나 권리 또는 공중도덕이나 사회윤리를 침해하여서는 안 된다. 또한 국가안전보장·질서유지 또는 공공복리를 위하여 필요한 경우에 한하여 법률로써 제한할 수 있다. 따라서 언론·출판의 자유를 제한하고자 할 경우에는 타인의 명예나 권리 또는 사회윤리 침해 방지, 국가안전보장·질서유지 또는 공공복리 보호라는 목적에 합당해야 한다. 이런 목적을 제외한 언론·출판 자유 제한은 그 목적의 정당성을 확보할 수 없음으로 언론·출판자유의 과잉금지조치에 해당한다.

집시법상의 집회나 옥외집회보다 도로 등 공공장소를 행진하는 시위는 개인적인 의사표현의 경우보다 일반적으로는 공공의 안녕질서, 법적 평화 및 타인의 평온에 미치는 영향이 크다. 따라서 공공의 안녕질서나 법적질서, 다른 사람의 사생활 평온 등을 위해 시위의 금지 또는 제한을 두는 법률의 목적은 정당성을 갖고 있다(헌재 1994. 4. 28.91헌바14 참조).

둘째, 그 목적의 달성을 위하여 그 방법이 효과적이고 적절하여야 한다(방법의 적절성). 정당한 목적을 달성하기 위한 수단 역시 정당하여야 할 뿐 아니라 효과적이어야 한다. 목적이 정당하다 하더라도 언론·출판자유의 본질적인 내용을 침해할 수 없다. 국가안전보장과 공공질서 보호라는 목적을 위하여 허가제나 검열제를 사용하는 것은 그 목적이 아무리 정당하다 하더라도 수단의 정당성이 없다. 따라서 이것은 위헌이다.

박정희 정권은 장기집권을 위하여 유신헌법을 만들었다. 유신헌법에는 대통령이 천재·지변 또는 중대한 재정·경제상의 위기에 처하거나 국가 안전보장 또는 공공의 안녕질서가 중대한 위협을 받거나, 받을 우려가 있어 신속한 조치를 할 필요가 있다고 판단할 때에는 국민의 자유와 권리를 잠정적으로 정지하는 긴급조치를 명령했다.[4] 박

4) 제4공화국 헌법상의 긴급조치 조항(제53조)을 보면, ① 대통령은 천재·지변 또는 중대한 재정·경제상의 위기에 처하거나 국가의 안전보장 또는 공공의 안녕질

정희 정권은 유신헌법을 부정, 반대, 왜곡 또는 비방하는 일체의 행위를 금지하면서 헌법 개정 또는 폐지 주장 뿐 아니라 이를 권유·선동·선전하거나, 방송·보도·출판 기타 방법으로 이를 타인에게 알리는 일체의 언론행위를 금하고, 이를 위반한 자는 법관의 영장 없이 체포·구속·압수·수색하며 15년 이하의 징역에 처할 수 있도록 했다. 뿐만 아니라 이 조치에 대한 위반자와 이 조치를 비방한 자도 비상군법회의에서 심판, 처단하도록 했다(1974년 1월 8일 17시부터 시행된 긴급조치 1호). 이에 대해 헌법재판소는 '국민의 유신헌법 반대운동을 통제하고 정치 표현의 자유를 과도하게 침해하는 긴급조치 제1호는 대한민국 헌법의 근본원리인 국민주권주의와 자유민주주의 기본질서에 부합하지 아니하므로 기본권 제한에 있어서 준수하여야 할 목적의 정당성과 방법의 적절성이 인정되지 않는다'면서 위헌 판결했다(2013.3.21. 2010헌바70·132·170(병합)).

셋째, 입법권자가 선택한 기본권 제한 조치가 입법목적달성을 위하여 설사 적절하다 할지라도 보다 완화된 형태나 방법을 모색해야 한

서가 중대한 위협을 받거나 받을 우려가 있어 신속한 조치를 할 필요가 있다고 판단할 때에는 내정·외교·국방·경제·재정·사법(司法) 등 국정 전반에 걸쳐 필요한 긴급조치를 할 수 있다. ② 대통령은 제1항의 경우에 필요하다고 인정할 때에는 헌법에 규정되어 있는 국민의 자유와 권리를 잠정적으로 정지하는 긴급조치를 할 수 있고, 정부나 법원의 권한에 관하여 긴급조치를 할 수 있다.③ 제1항과 제2항의 긴급조치를 한 때에는 지체없이 국회에 통고하여야 한다. ④ 제1항과 제2항의 긴급조치는 사법적(司法的) 심사의 대상이 되지 아니한다. ⑤ 긴급조치의 원인이 소멸한 때에는 대통령은 지체없이 이를 해제하여야 한다.⑥ 국회는 재적의원 과반수의 찬성으로 긴급조치의 해제를 대통령에게 건의할 수 있으며, 대통령은 특별한 사유가 없는 한 이에 응하여야 한다.

다. 즉, 기본권 제한은 필요한 최소한도에 그쳐야 한다(피해의 최소성). 박정희 정권의 긴급조치 1호는 '국가긴급권의 발동이 필요한 상황과는 전혀 무관하게 헌법과 관련하여 자신의 견해를 단순하게 표명하는 모든 행위까지 처벌하고, 표현자유 제한 한계를 일탈하여 국가형벌권을 자의적으로 행사하였고, 국민의 헌법개정 권력 행사와 관련한 참정권, 국민투표권, 영장주의 및 신체의 자유, 법관에 의한 재판을 받을 권리 등을 침해'하는 것으로 위헌 판결을 받았다. 입법목적이 정당하다하더라도 기본권 제한은 최소한에 그쳐야 한다는 최소성 원칙을 무시한 것이라 할 수 있다(2013.3.21. 2010헌바70·132·170(병합)).

보도자료 배포 직후 기자들의 취재 요청에 따라 경찰서 조사실에서 양손에 수갑을 찬 채 조사받는 모습을 촬영할 수 있도록 허용한 행위는 인격권 침해의 최소성 원칙을 준순한 것이라 볼 수 있는가? 사람은 자신의 의사에 반하여 얼굴을 비롯하여 일반적으로 특정인임을 식별할 수 있는 신체적 특징에 관하여 함부로 촬영당하지 않을 권리를 갖고 있다. 원칙적으로 '범죄사실' 자체가 아닌 그 범죄를 저지른 자에 관한 부분은 일반 국민에게 널리 알려야 할 공공성이 적다. 피의자의 얼굴을 공개하더라도 그로 인한 피해의 심각성을 고려하여 모자, 마스크 등으로 피의자의 얼굴을 가리는 등 피의자의 신원이 노출되지 않도록 침해를 최소화하기 위한 조치를 취하여야 하는데, 그런 조치를 전혀 취하지 않은 경우 침해의 최소성 원칙을 충족할 수 없다(2014.3.27. 2012헌마652).

넷째, 그 입법에 의하여 보호하려는 공익과 침해되는 사익을 비교형량할 때 보호되는 공익이 더 커야 한다(법익의 균형성)(헌법재판소 1990.9.3.

선고, 89헌가95 결정 참조). 수사사건에 대한 언론공개범위를 어떻게 정할 것인가도 중요하다. 이 경우 국민의 알권리와 피의자의 인격권 보호간의 충돌이 발생할 수 있다. 사회적 공익성이 낮은 범죄자의 이름, 나이 얼굴 등의 공개는 초상권을 비롯한 인격권을 침해 하고, 언론보도에 의한 범인으로서의 낙인과 그 파급효과는 매우 크다. 이런 피의자 촬영 공개행위는 공익과 사익 간의 법익균형성을 벗어난 인권침해다.

5) 비교형량의 원칙

1937년 '팔코 대 코넥티커트(Palko v. Connecticutt)사건 판결에서 경제적 자유와 정신적 자유를 구별하여 후자에게 우월적 지위를 인정하는 기준을 제시했다(강준만, 2001, p.34). 이에 따르면 언론 자유는 민주주의 필수 전제로서 헌법이 보호하는 권리들 중에서 가장 중요한 근본적인 권리(Fundamental right)로서 우월적 지위를 갖는다. 그러므로 언론 자유를 규제할 경우에는 다른 입법의 경우보다 엄격한 심사(strict scrutiny)를 통해 그 입법의 타당성을 심사해야 한다(강준만, 2001, p.35). 즉, 언론자유에 대한 규제로 인해 발생하는 공익이 필수불가결하거나, 압도적이어야 한다. 음란표현 규제 같은 것이 대표적이다. 우리 헌법재판소는 '인간존엄 내지 인간성을 왜곡하는 노골적이고 적나라한 성표현으로 오로지 성적 흥미에만 호소하는 음란물은 하등의 문학적, 예술적, 과학적 또는 정치적 가치를 지니지 않은 것으로서, 사상의 경쟁메커니즘에 의해서도 그 해악이 해소되기 어려워 언론·출판의 자유에 의한 보장받을 수 없다'(1998.4.30. 95헌가16 전원재판부)고 판결했다.

특정한 표현을 어떤 방법으로도 표현하지 못하게 하는 내용적 제한은 엄격한 심사를 하는 반면에 표현하는 시간, 장소, 방법만을 제한하는 방법 제한은 내용 제한보다 제한의 심도가 낮다. 예를 들어 옥외집회나 시위에 대한 견해차에 따른 차별은 위헌이지만, 주거지역 등 사생활의 평온을 뚜렷하게 해칠 우려가 있는 경우, 학교의 주변 지역 등은 집회나 시위의 금지 또는 제한, 확성기 등의 사용 중지 또는 제한, 교통질서 유지 등을 위한 제한을 할 수 있다(헌재 2009.9.24. 2008헌가25 참조).

표현의 자유에 대한 엄격심사를 적용할 경우 현실의 복잡한 인과관계를 따져 표현자유를 침해하는 경우에는 위헌이 될 수 있다. 미국 연방 대법원은 종이 쓰레기를 줄이기 위해 종이 값에 세금을 매긴 것에 대해 표현자유에 대한 제약이 될 수 있다고 보고 위헌이라고 판결했다(박경신, 2008, p.178). 우리 헌법재판소도 출판사 등록 요건으로 인쇄기 소유증명을 제출하도록 한 것에 대해 단순히 직업수행의 자유에 대한 제한으로 보지 않고, 언론·출판 자유에 대한 제한을 초래하는 것으로 보았다(박경신, 2008, p.179).

"대통령령이 정하는 해당시설을 갖추어야 한다는 것은 해당시설에 대한 소유임을 증명하는 서류를 등록하여야 한다는 등의 요구를 규정하도록 백지위임한 것이 아니다. 정기간행물을 발행하는데 필요한 적절한 시설에 대하여 대통령령으로 규정하도록 한 것이므로 반드시 자기의 소유권을 가지는 시설을 갖추도록 한정하여 제한하는 내용 법규로 볼 수 없다. 그런데 행정부는 본법을 잘못 이해하고 확대 해석하여 당해 해당시설은 자기 소유여야 하는 것으로 한정하고 등록요건을 엄격하게 제한하는 것은 위헌성이 있는 법률해석이다. · · · 간행물을 정기적으로 발행하는 경우 정기간행물의 지속성 및 대량성과 신속한 출간의 필요성에 따른 사회적 신뢰와 이익을 보호하고 그 기능을 보장하기 위한 수단으로 일정한 기술적인 물적 시설을 갖출 것을 요구하는데 불과한 등록의무사항이다. 이것을 잘못 이해하고 자기 소유 증명서를 갖추어 등록하도록 요건을 지나치게 엄격히 제한하는 것은 사회통념상 신문발행인의 자유를 직접 또는 간접적으로 간섭하기 위하여 행정부에서 자의적으로 본법을 확대 해석하여 시행하고 있다고 볼 수 있다. 헌법상 금지된 허가제 수단으로 남용될 수 있는 위헌적인 소지가 있다"(1992.6.26. 90헌가23 전원재판부).

비례성원칙의 또 하나의 요건으로 침해의 최소성 원칙을 언급하고 있다. 표현자유를 통해 실현하고자 하는 공익을 위하여 불필요하게 표현의 자유를 제한하지 않도록 가장 덜 제한적인 방법을 선택해야 한다. 표현자유 규제를 통해 공익을 달성하였다 하더라도 불필요하게 표현의 자유를 규제하는 것은 과잉입법이 된다. 또한 표현자유 행사로 다른 권리들을 침해하지 않을 방법이 있다면, 그 방법을 최우선으로 해야 할 뿐 아니라, 다른 권리들을 침해할 경우에도 그 침해가 최소가 되도록 노력해야 한다. 표현자유 규제를 통해 달성하고자 하는 공익목표가 고정된 것이라면 표현자유규제가 최소일 때, 그리고 표현자유가 다른 권리들을 침해하는 경우에는 다른 권리 침해가 최소가 될 수 있는 공분모를 찾아낼 때 최적화된 입법이 된다.

구 〈청소년 보호법〉에는 16세 미만의 청소년에게 오전 0시부터 오전 6시까지 인터넷게임 제공을 금지하고, 이를 위반하는 인터넷게임

제공자를 형사처벌하도록 한 규정[5]이 있었다. 이 조항의 입법목적은 청소년의 인터넷게임 과도한 몰입·중독 예방과 청소년의 건강한 성장과 발달을 위하여 제도적 차원에서 일률적으로 금지가 필요하다는 것이다. 이에 대해 헌법재판소 다수의견은 인터넷게임 이용률이 가장 높은 9세에서 19세의 청소년들의 인터넷 게임에 대한 이용시간규제는 침해 최소성 원칙에 반하지 않는다면서 합헌 결정을 내렸다.

"청소년의 건강한 성장과 발달 및 인터넷게임 중독을 예방하려는 것으로, 인터넷게임 자체는 오락 내지 여가활동의 일종으로 부정적이라고 볼 수 없으나, 우리나라 청소년의 높은 인터넷게임 이용률, 인터넷게임에 과몰입되거나 중독될 경우에 나타나는 부정적 결과 및 자발적 중단이 쉽지 않은 인터넷게임의 특성 등을 고려할 때, 16세 미만의 청소년에 한하여 오전 0시부터 오전 6시까지만 인터넷게임을 금지하는 것이 과도한 규제라고 보기 어렵다. 여성가족부장관으로 하여금 2년마다 적절성 여부를 평가하도록 하고, 시험용 또는 교육용 게임물에 대해서 그 적용을 배제하는 등 피해를 최소화하는 장치도 마련되어 있으며, 본인 또는 법정대리인의 자발적 요청을 전제로 하는 게임산업법상 선택적 셧다운제는 그 이용률이 지극히 저조한 점 등에 비

5) 구 청소년 보호법(2011.5.19. 법률 제10659호로 개정되고, 2011.9.15. 법률 제11048호로 전부개정되기 전의 것) 제23조의3(심야시간대의 인터넷게임 제공시간 제한 등) ①「게임산업진흥에관한법률」에 따른 게임물 중「정보통신망이용촉진및정보보호등에관한법률」제2조 제1항 제1호에 따른 정보통신망을 통하여 실시간으로 제공되는 게임물(이하 "인터넷게임"이라 한다)의 제공자(「전기통신사업법」제22조에 따라 부가통신사업자로 신고한 자를 말하며, 같은 조 제1항 후단 및 제4항에 따라 신고한 것으로 보는 경우를 포함한다. 이하 같다)는 16세 미만의 청소년에게 오전 0시부터 오전 6시까지 인터넷게임을 제공하여서는 아니 된다.

추어 대체수단이 되기에는 부족하므로 침해 최소성 요건도 충족한다"(2011헌마569).

그러나 반대의견을 낸 헌법재판소의 김창종과 조용호 재판관은 인터넷 게임 문제는 가정과 인터넷게임 제공자들의 자구노력에 의하여 자율적으로 해결해야 할 문제이지, 국가가 간섭하거나 개입할 문제가 아니라면서 침해 최소성을 위반한 위헌이라고 주장했다.

"청소년들이 인터넷게임에 과몰입·중독되는 현상의 주된 원인이 심야시간대에 인터넷게임을 하는 데 있다고 단정하기 어렵다. 인터넷 게임에 과몰입·중독은 인터넷게임의 오락적 요소도 일부 그 원인이겠지만 불안한 자기통제력 등 게임이용자의 기질적 요인, 사회적 소외감이나 외로움 증가로 인한 심리적 요인, 핵가족 증가 및 과도한 입시위주의 학업 스트레스, 놀이문화의 부재 등의 환경적 요인 등 다양한 요인이 복합적으로 작용한다고 봄이 타당하다. 이와 같이 인터넷 게임의 몰입·중독의 원인이 복잡, 다양함에도 그저 심야시간대에 인터넷게임을 일률적으로 금지하는 것은 근본적 해결책이라 보기 어렵다. · · · 이 금지조항은 이중적이고 과도한 입법적 조치로서 침해의 최소성 원칙을 위반한다. 먼저, 게임산업법상 등급분류제도로 청소년에게 유해성이 인정되는 청소년이용불가 등급을 받은 인터넷게임물 및 청소년보호법상 청소년유해매체물로 결정된 인터넷게임물은 16세 미만 청소년에게 이미 그 제공이 제한되고 있다. 또한 강제적 셧다운제가 적용되는 인터넷게임은 사실상 '전체이용가', '12세이용가', '15세이용가'로 등급 분류된 청소년들이 이용가능한 게임이다. 인터넷게임의 과몰입·중독 현상은 '게임을 얼마나 오래, 얼마나 지나치게 하느냐'의

문제이지, '게임을 낮에 하느냐, 심야시간에 하느냐'의 문제는 아니다. 그러므로 오히려 하루에 일정시간 이상 게임을 할 수 없도록 '게임 총 시간'을 규제하는 방법이 보다 적절하고 효과적이라 할 수 있다"(2011 헌마569).

표현의 자유가 다른 권리들에 대한 침해를 피할 수 있다면 그것이 우선원칙이다. 또한 다른 권리들과 상충한다면 최소 규제로 다른 권리를 최대한 보장할 수 있도록 해야 할 것이다. 언론자유는 다른 권리들에 우월적 지위를 갖고 있다.

미국에서 언론자유는 1950년대 냉전기간 동안 다른 권리들과 동등하게 취급되었다. 즉, 언론의 자유를 제한함에 있어 언론 자유를 보호하는 이익과 그것을 제약하는 데서 얻어지는 이익을 개개의 사건에 따라 구체적인 상황을 고려하여 결정하는 이익형량이론을 적용했다. 1951년 프레드 빈슨(Fred Vinson) 대법원장은 미국 공산당 간부를 국가보안법 위반으로 처벌하는 것이 수정헌법 제1조에 저촉되지 않는다고 판결하면서, 국가안보에 심각한 위험을 초래하는 공산당에게 적용될 기준은 '명백히 현존하는 위험'이 아니라 '명백히 가능한 위험'으로 바뀌어야 한다고 주장했다(장호순, 1998, p.33). 뉴욕타임즈와 워싱턴 포스트 등 많은 신문들이 연방대법원의 이 판결을 극찬한 반면, 〈세인트루이스 포스트디스패치〉 같은 신문은 이 판결에 대해 미국헌법사에 지울 수 없는 오점을 남겼으며, 전 세계에서 억압된 인류를 구하기 위해 공산주의와 싸워야 할 미국이 더 이상 자유민주주의 나라라고 스스로 내세울게 없다고 개탄했다(장호순, 1998, p.105).

팽원순 교수는 '이익형량의 원칙'에 대해서 "이 이론은 언론 자유의 절대성을 부정하고 그것을 다른 자유와 같은 상대적인 가치의 것으로만 인정한 것으로 '우월적 지위이론'에서 크게 후퇴한 것"이라고 평했다. 또한 그는 "국가안보 등을 내세워 언론의 자유를 제약하는 근거로서 이용 될 수도 있고, 국민의 입장에서는 최고재판소가 최종적인 판단을 내릴 때까지 과연 어느 이익이 우선할 것인지 확신할 수 없기 때문에 자기검열을 강제당하는 결과가 될 수 있다"고 평했다(팽원순, 1988, pp.115-116).

우리 헌법재판소는 언론자유의 우월적 지위를 허용하지 않고, 상호 충돌하는 기본권을 비교·형량하여 비례적 조화적으로 보장하거나, 아니면 이익형량의 방법을 사용하여 표현의 자유를 규제하고 있다. 예를 들어 개인의 명예를 보호하기 위하여 형법에 명예훼손죄를 규정하면서도 다른 한편 이와 상충되는 기본권인 표현자유를 보장하기 위하여 위법성 조각사유를 규정하고 있다. 표현의 자유는 국민주권을 실현하는 실질적인 수단이라는 점을 고려하여, 명예훼손행위가 진실한 사실로서 공공의 이익에 관한 것인 때는 처벌하지 않도록 함으로써, 개인의 명예와 표현의 자유라고 하는 상호 충돌하고 있는 기본권을 비교·형량하여 비례적·조화적으로 보장하고 있다(2014.3.27. 2010헌가13).

1997년 한 국회의원은 국가안전기획부 직원들이 삼성그룹회장 비서실장과 중앙일보 사장 간의 대화를 도청한 녹취록 등 소위 '안기부 X파일'을 입수했다. 이후 그 국회의원은 국회의원회관에서 그 내용을 포함한 보도자료를 기자들에게 배포하고 인터넷홈페이지에 개재함으로써 통신비밀보호법 위반으로 기소되었다. 우리나라 통신비밀보호법 제16조에는 공개되지 않은 타인간의 대화를 녹음 또는 청취하여 획득한 대화의 내용을 공개하거나 누설한자를 처벌하도록 되어 있었다. 이에 대해 청구인인 국회의원 측은 "이 사건 법률조항은 공개되는 타인간의 대화내용이 진실한 것인지, 공개하는 것이 중대한 공익상의 이유에 의한 것인지, 공개로 인하여 실현되는 공익이 침해되는 개인의 사생활의 비밀보다 큰 것인지 여부를 전혀 고려하지 아니하고 일률적으로 같은 법정형을 규정하고 있고, 명예훼손죄와 마찬가지로 진실한 사실로서 오로지 공공의 이익에 관한 때에는 위법성조각사유를 규정해야 함에도 불구하고 면책규정을 두지 않아 명예훼손죄와 차별하고 있다"고 주장했다(2011.8.30. 2009헌바42. 원고측 주장). 이에 대해 헌법재판소는 다음과 같이 판결했다.

"정당행위로 인정되려면, 첫째, 행위의 동기나 목적의 정당성, 둘째, 행위의 수단이나 방법의 상당성, 셋째, 보호이익과 침해이익과의 법익 균형성, 넷째, 긴급성, 다섯째, 그 행위 외에 다른 수단이나 방법이 없다는 보충성 등의 요건을 갖추어야 한다(대법원 2003. 9. 26. 선고 2003도3000 판결 참조). 따라서 불법 감청·녹음 등에 의하여 취득한 타인 간의 대화내용을 공개한 행위라 하더라도 대화내용의 공개가 중대한 공익을 위한 것으로서 그 목적의 정당성이 인정되고, 대화내용의 공개자가 불법 감청·녹음 등에 직접 관여하거나 그 밖의 위법한 방법에 의하여 대화내용을 취득한 경우에 해당하지 아니하며, 대화내용의 공개에 의하여 보호되는 공익이 그로 인해 침해되는 사익보다 월등히 우월하다는 등의 요건을 갖춘 경우에는 위법성이 조각된다. 그리고 개별 사안에서 이 사건 법률조항을 해석 적용하는 법원은 표현의 자유로 획득되는 이익 및 가치와 통신의 비밀 보호에 의하여 달성되는 이익 및 가치를 형량하여 그 규제의 폭과 방법을 정하고 통신비밀의 취득과정, 공개의 목적과 경위, 공개된 통신비밀의 내용, 공개 방법 등을 종합적으로 고려하여, 최종적으로 그 공개행위가 사회상규에 위배되지 아니하는 행위에 해당하는지 여부를 판단하게 될 것이다. · · · 이 사건 법률조항이 개인 간의 대화의 비밀을 보호하기 위하여 위법하게 취득한 대화내용을 누설·공개한 자를 처벌함으로써 대화내용을 누설·공개하는 자의 표현자유를 다소 제한한다고 하더라도, 중대한 공익을 위한 공개의 경우에는 형법상의 일반적 위법성 조각사유가 적용되어 처벌되지 않을 수 있다는 점 등을 감안하면, 이 사건 법률조항에 의한 표현의 자유의 제한 정도가 이 사건 법률조항에 의하여 보호되는 개인의 대화의 비밀에 비하여 월등하게 크다고 단정하기 어렵다" (2011.8.30. 2009헌바42).

헌법재판소의 다수의견은 명예훼손죄와 같은 위법성 조각사유가 제정되어 있지 않더라도 형사범죄 처벌에 관한 일반법인 형법의 일반적 위법성 조각사유에 관한 규정으로 충분하다고 보았다. 또한 대화내용 공개가 중대한 공익을 위한 것이면서, 위법한 방법에 의해 대화내용을 취득하지 않았다 하더라도 대화내용의 공개에 의하여 보호되는 공익이 그로 인해 침해되는 사익보다 월등히 우월한 경우에만 위법성이 조각된다는 보수적 판결을 내렸다. 이 판결에서는 언론 자유에 대한 우월적 지위를 찾아 볼 수 없다. 오히려 개인의 사생활 보호인 통신비밀보호를 더 우월적 보호권리로 보았다. 그러나 이 사건의 항소심은 이 사건의 도청자료 공개행위에 대해 정당행위에 해당한다고 판단한 반면, 대법원은 유죄취지로 파기 환송했다. 이 사건에 대해 한정위헌 의견을 낸 이강국 재판관은 "상충하는 기본권들 모두가 최대한으로 그 기능과 효력을 발휘할 수 있도록 조화로운 해석방법, 즉 규범죄적 해석을 모색해야 한다"고 주장했다. 또한 그는 "오늘날 민주국가에서 표현의 자유는 국민의 참여적 기능을 보장하기 위한 제도적 장치로서 우월적인 헌법상의 기본적 권리로 평가되고 있고, 특히 그 표현 내용이 진실하고 공익 사항에 관한 것인 경우에는 한층 더 두텁게 보장되어야 할 것이다"고 했다. 그의 한정 위헌 의견은 언론자유의 우월적 지위를 인정한 의견이라 할 수 있다.

"이 사건 법률조항은 불법 감청·녹음 등을 통하여 취득한 타인 간의 통신이나 대화내용 등을 공개·누설하는 경우 이를 처벌하는 규정으로서 헌법이 보장하는 사생활의 비밀과 자유 및 통신의 비밀(이하, '통신의 비밀 등'이라 한다)을 철저하게 보호하기 위한 것이지만, 다른 한편으로는 그 통신이나 대화내용 등을 공개하는 자의 표현자유를 제한하는 것이므로 관계되는 기본권이 상호 충돌하고 있는 것이다. 이와 같이 기본권이 충돌하는 경우에는 헌법의 통일성을 유지하기 위하여 성급한 법익형량이나 추상적 가치형량에 의하여 양자택일적으로 그 중 하나의 법익만을 실현하고 다른 법익들을 가볍게 포기하여서는 안 되고, 상충하는 기본권들 모두가 최대한으로 그 기능과 효력을 발휘할 수 있도록 조화로운 해석방법, 즉 규범조화적 해석이 모색되어야 하는 것이다"(2011.8.30. 2009헌바42).

5. 헌법에 금지된 사전허가와 검열

민주주의 사회에서 언론에 대한 사전검열은 금지하고 있다. 미국 수정헌법은 언론출판 자유를 제한하는 법률을 제정할 수 없도록 하였고, 우리 헌법도 언론·출판에 대한 허가나 검열을 금지하고 있다. 검열은 의사표현이 외부에 공개되기 이전에 국가기관이 그 내용을 심사하여 특정한 의사표현의 공개를 허가하거나 금지시키는 것을 말한다. 자신의 생각이나 사상, 의견 등을 공표하기 전에 국가가 미리 심사 선별하는 것은 자유로운 의사 표현을 원천적으로 저지·왜곡할 수 있어 언론자유의 본질을 침해한다.

헌법재판소도 "언론·출판에 대하여 사전검열이 허용될 경우 국민의 예술활동의 독창성과 창의성을 침해하여 정신생활에 미치는 위험이 크고, 행정기관이 집권자에게 불리한 내용의 표현을 사전에 억제함으로써 이른바 관제의견이나 지배자에게 무해한 여론만이 허용되는 결과를 초래할 염려가 있기 때문에 헌법이 절대적으로 금지하는 것이다"(2001.8.30. 2000헌가9 전원재판부)라고 밝히고 있다.

사전허가나 검열은 금지하고 있지만 헌법 제21조 ④항에는 "언론·출판은 타인의 명예나 권리 또는 공중도덕이나 사회윤리를 침해해서는 안 된다. 언론·출판이 타인의 명예나 권리를 침해한 때에는 피해자는 이에 대한 피해의 배상을 청구할 수 있다"고 규정하고 있다. 또한 헌법 제37조 ②항에도 "국민의 모든 자유와 권리는 국가안전보장·질서유지 또는 공공복리를 위하여 필요한 경우에 한하여 법률로써 제한할 수 있으며, 제한하는 경우에도 자유와 권리의 본질적인 내용을 침해할 수 없다"고 규정하고 있다.

사전허가·금지의 원칙은 먼저 언론·출판사 등의 설립자유도 포함한다. 국가가 표현수단의 선택 및 표현기관의 설립 여부를 결정하는 것 자체가 사전검열에 해당한다. 미네소타주의 한 신문은 한명의 배심원을 비롯한 수명의 시공무원들의 부패행위와 직무유기를 공격하는 기사를 실었다. 악의적이고 중상 모략적이면서 명예훼손 기사를 게재한 일간신문을 발행하거나 유포한 자는 영구히 신문발행 일을 할 수 없도록 규정한 미네소타주 주법인 '불법방해죄'로 신문사는 처벌받았다(임지봉, 2009, p.290).

이에 대해 연방대법원은 '불법방해죄' 판결을 받은 자에게 영구히 신문발행을 못하도록 하는 것은 언론자유의 사전억제금지 원칙을 어긴 것으로 판단했다. 사전억제가 가능한 경우는 국가안보에 대한 직접적인 위협이나 폭력행위 선동, 폭력에 의한 정부 전복에 한정되어야 한다고 본 연방법원은 이 사건은 이에 해당하지 않는다고 했다. 또한 이 법률은 '악의적' '중상모략적' 등 명확하지 않은 법률 규정으로 명확성이 떨어진다고 했다.

〈신문등의진흥에관한법률〉 제13조 제1항 제7호에는 미성년자는 신문 또는 인터넷 신문의 편집 또는 발행인으로 될 수 없다고 규정하고 있다. 미성년자로 하여금 원천적으로 신문발행인 될 수 없도록 하는 것은 언론·출판 사전금지 제한조치로 미성년자들의 언론자유를 침해할 수 있다. 이에 대해 위헌신청이 이루어졌다.

청구인은 "이 사건 법률 조항은 사이비 언론의 발생을 막기 위하여 규정한 것이다. 법정 대리인의 동의를 요구하거나 경영 또는 대표행위 부분만을 제한하거나, 일정한 규모 이상의 매체만 제한하는 등 덜 침해적인 방법을 고려하지 않은 채, 모든 미성년자로 하여금 어떠한 경우에도 모든 언론의 발행인 등이 될 수 없도록 규정한 것은 과도한 제한에 해당한다. 이 사건 법률조항이 달성하고자 하는 공익은 사이비 언론의 예방인데, 미성년자가 발행인이나 편집인이라고 해서 사이비 언론이 되거나 사이비 언론이 될 명백하고 현존하는 위험이 있다고 볼 수 없다"고 주장하면서 위헌 신청을 했다(2012.4.24. 2010헌마437).

이에 대해 헌법재판소는 "미성년자는 판단능력이나 결정능력, 언론의 사회적 책임을 완수할 능력이 부족할 개연성이 높고", "발행인 또는 편집인이 될 자격 자체를 박탈하는 것이 아니라 성년이 될 때까지의 기간 동안만 유예하는 취지일 뿐이므로 과도한 제한이라 할 수 없다"면서 합헌판결을 내렸다(2012.4.24. 2010헌마437).[1]

1) 반대 의견을 낸 이정미 재판관은 "기본권 제한을 최소화하기 위한 세밀한 규율을 시도하지 않은 채, 청소년 세대의 생각과 의견을 전할 목적으로 발간된 신문 및 인터넷 신문의 발행인 또는 편집인이 될 수 없도록 한 규정은 과잉금지원칙에 반하여 청구인의 언론·출판자유를 침해한다"는 의견을 제출했다.

1) 검열의 의미

헌법 제21조에는 언론·출판에 대한 허가나 검열은 인정되지 않는다고 규정하고 있다. 헌법재판소는 검열에 대한 정의를 다음과 같이 내리고 있다. 첫째, 헌법상 검열은 사전검열만 의미한다. 개인이 정보와 사상을 발표하기 이전에 국가기관이 미리 그 내용을 심사·선별하여 일정한 범위내에서 발표를 저지하는 것만 의미한다(89헌마88). 따라서 사후 검열은 이에 해당하지 않는다. 표현물을 발표한 이후에 명예훼손이나 음란물로 판정된 표현물에 대한 사후적인 사법적 조치는 이에 해당되지 않는다.

둘째, 행정권이 주체가 되어야 한다. 표현물에 대한 사전검열이라고 해서 모든 것이 헌법 위반인 것이 아니다. 오직 행정권이 주체가 된 경우에만 해당한다. 이것은 국가권력이 집권자에게 불리한 내용의 표현을 사전억제하거나 지배자에게 유리하거나 무해한 여론만 허용하지 못하도록 한 조치이기도 하다. 비록 검열기관을 민간인으로 구성하였더라도, 국가입법절차에 의하여 민간기관에 행정적 특권이 부여되고, 그 기관의 결정에 따라 형사적 처벌이 가능하면 행정권이 주체가 된 검열로 본다(2005헌가14 전원재판부). 그러나 행정권이 미치지 않는 민간자율기구에 의한 사전심사나 검열은 이에 해당되지 않는다.

셋째, 허가를 받기위한 표현물의 사전제출이 강제되어야 한다. 사전제출이 강제되지 않은 경우에는 이에 해당되지 않는다. 또한 사전제출 의무가 있어도 무조건 사전검열에 해당하는 것은 아니다. 표현물을 사전에 행정권에 제출하도록 강제하였다하더라도 그 표현내용을 심사하여 어떤 제재나 제한을 가하지 않은 경우에는 사전검열이라고 할 수 없다.

넷째, 허가를 받지 아니한 의사표현의 금지 및 심사절차를 관철할 수 있는 강제수단 등의 요건을 갖추어야 한다. 사전심의 규정을 위반한 경우 형사처벌을 하고, 위반자가 소유 또는 점유하는 표현물 및 그 제작기자재를 몰수 할 수 있는 규정이 있어야 한다.

결론적으로 사전검열은 행정권이 주체가 되어 사상이나 의견 등이 발표되기 이전에 예방적 조치로서 그 내용을 심사, 선별하여 발표를 사전에 억제하는, 즉 허가받지 않은 것의 발표를 금지하는 제도다(96헌가23 전원재판부).

2) 납본제도와 사전검열

1987년 말 언론기본법 대신 제정된 '정기간행물의등록등에관한법률'(정간법)[2]에는 정기간행물을 발행했을 때 그 정기간행물 2부를 즉시 공보처장관에게 납본하도록 규정했다. 만약 납본을 하지 않고 판매한 경우 과태료 처분을 내릴 수 있었다.

월간 "노동해방문학"은 1989년 9호부터 동년 12호까지 공보처(당시 문공부)에 납본하지 않아 과태료 오십만 원을 부과처분 받았다. 이에

---

2) 1987년 말 언론기본법 대신 제정된 '정기간행물의등록등에관한법률(정간법)'은 '신문등의자유와기능보장에관한법률'로 2005년 1월 27일 법률 제7369호로 전면 개정되었다.

대해 월간 노동문학 측은 납본제도가 행정편의주의에 입각한 것으로 사실상 정간물에 대한 사전·사후검열제로 운영되고 있고, 행정관청에 납본한 뒤 납본 필증을 교부받고 나서 이를 시판하였다 하더라도 그 내용에 대한 법적 책임이 면제되지도 않아, 행정편의 이외에는 아무 실효성이 없다고 주장했다. 또한 납본으로 인한 제한 또는 금지로 막대한 재산상의 손실을 볼 수 있어 재산권을 침해한다고 주장했다.

이에 대해 헌법재판소는 다음과 같이 판결했다.

"정기간행물을 발행한 후에 즉시 그 정간물 2부를 납본하도록 한 규정은 정간물이 외부에 공개 내지 배포되기 이전에 그 표현내용을 심사하여 그 발행금지 내지 어떤 제한이나 제재를 하는 것은 아니다. 따라서 납본은 정간물의 내용을 심사하여 이를 공개 내지 배포하는데 대한 허가나 금지와는 전혀 관계없는 것으로 사전검열이라 볼 수 없다. 다만 공보처가 위 법률을 집행함에 있어 실질적으로 사전검열의 효과를 초래하는 정도로 위 법률규정을 악용한다면 이는 위헌적인 공권력 행사가 될 것이다. 즉 공보처가 배포 "이전에" 또는 배포와 "동시에" 납본하도록 강제한다든가, 납본필증의 교부를 지연시키거나, 나아가 납본필증 없이 배포하였다는 이유로 그에 대한 제재를 가한다면 이는 사전검열에 해당되는 조치로 위헌적인 공권력 행사가 된다.

발행 즉시 2부를 공보처장관에게 납본하도록 한 것은 재산권 처분의 자유를 제한한 규정이다. 납본제도는 언론의 건전한 발전과 정간물 출판문화의 건전한 향상이라는 공익적 필요에서 정간물 2부를 납본하게 한 것으로 정당하다. 납본으로 인하여 그 발행 자체가 제한되거나 금지되는 것이 아니므로 납본으로 인한 발행 자체가 제한 내지 금지됨으로써 납본자의 재산권이 침해된다고 볼 수 없다. 결론적으로 납본제도는 언론·출판에 대한 사전검열이 아니어서 언론·출판의 자유를 침해하는 것이 아니고, 헌법이 보장하는 재산권을 침해하는 것도 아니어서 헌법에 위반되지 아니한다"(1992.6.26. 90헌바26 전원재판부).

3) 수입추천제도와 사전검열

1991년에 제정된 '음반및비디오물에관한법률'에는 외국 비디오물을 수입 또는 반입하거나 이를 국내에서 판매·배포·대여 등의 목적으로 복제하고자 할 때에는 문화부장관의 허가를 받도록 규정하고 있었다. 이것은 사전검열로서 위헌이라 할 수 있다. 이에 문화부장관에 의한 수입허가제도는 1995년 법 개정으로 공연윤리위원회에 의한 수입추천제도로 바뀌었고, 이후 1999년 수입추천 주체가 영상물 등급위원회로 바뀌었다. 이후 이 조항은 2001년 음반·비디오물및게임물에관한법률 개정시에 완전히 폐지되었다.

여기서 핵심 이슈는 수입추천제도[3]의 사전검열 여부다. 수입추천제도가 합헌이라고 주장하는 사람들은 헌법 제21조 4항의 '언론·출판

---

3) 외국 비디오물 수입추천제도는, 외국 비디오물을 수입하고자 하는 자는 외국 비디오물에 대하여 수입하기 전에 반드시 영상물등급위원회로부터 수입추천을 받도록 하고, 이 때 영상물등급위원회는 수입추천신청의 대상이 된 외국 비디오물이 음반·비디오물및게임물에관한법률 및 영상물등급위원회가 정하는 일정한 기준에 해당된다고 판단되는 경우에 수입추천을 하지 않을 수 있으며, 수입추천을 받지 아니한 자는 외국 비디오물을 수입하거나 유통시킬 수 없고, 이를 위반한 자에 대하여는 형사처벌을 부과하는 제도를 말한다.

은 공중도덕이나 사회윤리를 침해하여서는 안 된다'는 조항에 근거한다. 합헌 주장을 한 헌법 재판관 송인준은 음란표현은 사전에 검증하고 여과할 필요가 있다면서, 특히 '비디오의 보급이 일반화되면서 그 파급효과가 광범위하게 이루어질 수 있게 되었고, 일단 소비자에게 보급되고 난 뒤에는 이를 효율적으로 규제할 방법마저 없고, 특히 청소년이 음란, 폭력 등 영화에 접근하는 것을 미리 막아야 할 절실함도 크다'면서 수입추천제도가 합헌적이라 주장했다(2004헌가8 전원재판부, 송인준의 반대 의견 중).

비디오물은 영화와 달리 누구든지, 언제, 어디서라도 손쉽게 접근할 수 있다. 특히 외국 비디오물의 경우에는 내용과 관련하여 제작에 관한 형사책임을 물을 수 없다. 송인준은 최근 인터넷 문화의 발전으로 불법 비디오물이 인터넷을 통해 유포되어 사회적 물의를 일으키고 있고 그 해악이 매우 큼으로 사전 심사가 합당하다는 것이다.

또한 그는 외국 비디오물의 수입추천업무를 담당하고 있는 영상물등급위원회는 과거 공연윤리위원회나 한국공연예술진흥협의회와 달리 행정권과는 독립된 민간 자율기관으로 행정권이 주체가 된 검열이라고 볼 수 없다고 했다. 이런 근거들을 바탕으로 그는 외국 비디오물에 대한 영상물등급위원회의 수입추천제도는 영상물에 대한 필요하고도 적절한 사전검증절차로서 우리나라 헌법이 금지하고 있는 사전검열에 해당하지 않는다고 주장했다.

그러나 헌법재판소의 다수의견은 수입추천제도가 사전검열로서 위헌이라고 판결했다. 다수의견을 낸 재판관들은 "음반 및 비디오물도 의사형성적 작용을 하는 한, 의사 표현·전파 형식의 하나로 언론·출판의 자유에 의해서도 보호된다"고 했다.[4] 외국 비디오물의 수입·배포행위도 당연히 의사표현·전파 형식의 하나임으로 언론·출판의 자유의 보호범위 내에 있고, 이러한 영역에 대한 사전검열은 우리나라 헌법이 금지하는 것으로 허용되지 않는다는 것이다. 또한·허가를 받기 위한 표현물의 제출의무, 행정권이 주체가 된 사전심사절차, 허가를 받지 아니한 의사표현의 금지, 심사절차를 관철할 수 있는 강제수단이라는 요소를 모두 갖추고 있으므로, 우리나라 헌법이 절대적으로 금지하고 있는 사전검열에 해당한다는 것이다. 비록 그 외형적인 형태가 '수입추천'이라고는 하지만, 영상물등급위원회의 추천을 받지 않은 외국 비디오물을 통한 의사표현이 금지되는 것을 의미하므로, 수입추천제도는 실질적으로 허가를 받지 아니한 의사표현의 금지에 해당한다는 것이다(2004헌가8 전원재판부).

A씨는 자신이 운영하는 사무실에서 미국 LA에 있는 INC와 '당신의 결혼식에 갔어요(I went to your wedding)' 등 108곡에 대한 음원사용계약을 체결한 뒤, 위 음원을 사용하여 CD 10,000세트(1세트 6장)를 제작해 그 중 일부를 유통시킨 혐의로 소송을 당했다. 이에 해당 법원은 위헌법률심판을 제청했다. 이에 헌법재판소는 외국음반의 국내제작도 의사의 표현·전파 형식의 하나에 해당함으로 역시 언론·출판 자유의 보호범위 안에 있음으로, 행정기관의 성격을 갖는 영상물등급위원회에 사전 제출하여 심의를 받도록 한 것은 헌법에 보장된 사전검열금지조항 위반으로 위헌이다(2006.10.26. 2005헌가14 전원재판부).

4) 헌재 1993.5.13. 91헌바17, 판례집 5-1, 275, 284; 1996.10.31. 94헌가6, 판례집 8-2, 395, 401 참조.

4) 사전심의제도와 사전검열

단순히 어떤 표현이 가치없거나 유해하다는 주장만으로 그 표현에 대한 규제를 정당화시킬 수는 없지만, 어떤 표현은 일단 표출되면 심대한 해악을 끼칠 수 있다. 이런 표현은 헌법상 언론·출판 자유에 의하여 보호되지 않는다(헌재 1998.4.30. 95헌가16). 헌법 제21조 제4항은 "언론·출판은 타인의 명예나 권리 또는 공중도덕이나 사회윤리를 침해하여서는 아니된다"라고 규정하고 있다. 이것은 표현의 자유에 대한 한계를 설정한 것으로서 헌법상 보호되지 않는 표현을 예시한 것이다(헌재 1998.4.30. 95헌가16, 판례집 10-1, 327, 340).

'인간존엄 내지 인간성을 왜곡하는 노골적이고 적나라한 성 표현으로서 오로지 성적 흥미에만 호소할 뿐 전체적으로 보아 하등의 문학적, 예술적, 과학적 또는 정치적 가치를 지니지 않은 것'이라고 정의되는 음란표현은 사회의 건전한 성도덕을 크게 해칠 뿐 아니라 사상의 경쟁메커니즘에 의해서도 그 해악이 해소되기 어려우므로 언론·출판의 자유에 의하여 보호할 수 없는 표현의 일례라 할 수 있다(헌재 1998.4.30. 95헌가16).

이와 같이 언론·출판자유에 의해 보호될 수 없는 표현물을 사전에 적절한 방식으로 검증하고 여과할 수 있는 제도인 영상물 및 음반에 대한 사전심의는 사전검열에 해당하지 않는 것일까?

1995년 제정 공포되고 1996년 영화진흥법에 의해 폐기된 영화법(映畵法)에는 심의기관인 공연윤리위원회가 영화 상영에 앞서 그 내용을 심사하고 심의기준에 적합하지 않은 영화는 상영을 금지할 수 있고,

심의를 받지 않고 영화를 상영할 경우에는 형사처벌까지 가능하도록 했다.[5] 이에 대해 그 당시 문화관광부는 "선진 외국에서도 영상매체에 대한 사전심의나 제약을 법률로써 제도화하고 있으며, 판례도 이를 합헌이라고 하고 있다. 특히, 영상매체는 신문·잡지 등 출판매체와는 달리 일반대중에게 영상이라는 생동감 있고 충격적인 방법으로 동시에 광역적으로 전달되기 때문에 파급되는 영향력이나 충격이 엄청나다는 특수성이 있다. 영화의 폭력, 음란화로 인한 청소년에 대한 폐해를 시정하기 위한 노력이 현재에도 세계적으로 행해지고 있는 추세에 있다"면서 합헌이라고 주장했다(93헌가13 사건 및 91헌바10 사건에 대한 문화체육부장관의 의견). 이에 대해 헌법재판소는 이 규정을 위헌이라고 판시했다.

"영화도 의사표현의 한 수단이므로 영화의 제작 및 상영은 다른 의사표현수단과 마찬가지로 언론·출판 자유에 의한 보장을 받음은 물론, 영화는 학문적 연구결과를 발표하는 수단이 되기도 하고 예술표현의 수단이 되기도 하므로 그 제작 및 상영은 학문·예술의 자유에

---

5) 현재의 〈영화 및 비디오물의 진흥에 관한법률〉 제71조에는 "영화 및 비디오물과 그 광고·선전물(이하 "영상물등"이라 한다)의 윤리성 및 공공성을 확보하고 청소년을 보호하기 위하여 영상물등급위원회를 둔다"고 규정하고 있다. 등급에 대한 구체적인 분류기준은 다음 각 호의 사항을 고려하여 대통령령으로 정한다. 1.「대한민국헌법」의 민주적 기본질서의 유지와 인권존중에 관한 사항 2. 건전한 가정생활과 아동 및 청소년 보호에 관한 사항 3. 사회윤리의 존중에 관한 사항 4. 국가정체성 및 외교관계의 유지에 관한 사항 5. 주제 및 내용의 폭력성·선정성·반사회적 행위 등에 관한 사항 6. 인간의 보편적 존엄과 사회적 가치, 선량한 풍속 및 국민정서에 관한 사항 등이다. 현재 1. 전체관람가, 2. 12세 이상 관람가, 3. 15세 이상 관람가, 4. 청소년관람불가, 5. 제한관람가로 등급을 나누고 있다.

의하여도 보장을 받는다.

검열금지의 원칙은 모든 형태의 사전적인 규제를 금지하는 것이 아니라, 단지 의사표현의 발표 여부가 오로지 행정권의 허가에 달려있는 사전심사만을 금지하는 것을 뜻한다. 따라서 심의기관에서 허가절차를 통하여 영화의 상영 여부를 종국적으로 결정할 수 있도록 하는 것은 검열에 해당한다.

검열을 행정기관이 아닌 독립적인 위원회에서 행한다고 하더라도 행정권이 주체가 되어 검열절차를 형성하고 검열기관의 구성에 지속적인 영향을 미칠 수 있는 경우라면 실질적으로 검열기관은 행정기관이라고 보아야 한다. 그러므로 공연윤리위원회가 민간인으로 구성된 자율적인 기관이라고 할지라도 영화법(映畵法)에서 영화에 대한 사전허가 제도를 채택하고, 공연법에 의하여 공연윤리위원회를 설치토록 하여 행정권이 공연윤리위원회의 구성에 지속적인 영향을 미칠 수 있게 하였으므로 공연윤리위원회는 검열기관으로 볼 수밖에 없다" (1996.10.4. 93헌가13. 91헌바10 전원재판부).

헌법재판소는 음반 또는 비디오물의 제작·판매에 앞서 사전심의를 받을 의무를 부과하고, 사전심의를 받지 않거나 심의기준에 적합하지 않은 음반 또는 비디오물에 관하여 판매·배포·대여·시청제공 등을 금지하고 이것을 위반할 때 형사처벌을 할 수 있도록 한 법 규정도 사전검열에 해당한다고 보았다. 또한 사전심의를 받지 않고 음반 및 비디오물을 판매·배포 또는 대여할 목적으로 보관하는 행위를 처벌하는 것도 사전검열이라고 판시했다(1996.10.31. 94헌가6 전원재판부, 1998.12.24. 96헌가23 전원재판부). 뿐만 아니라 사전심의를 받지 않고 복제한 비디오물의 대여·상영·보관 등을 금지·처벌하고, 그 비디오물을 몰수·추징하도록 한 것도 위헌이라고 판시했다.

건어물상을 경영하는 사람이 방송광고를 청약하였으나 방송광고에 대한 사전심의를 받지 않았다는 이유로 방송청약이 거절당했다면 이것은 사전검열에 해당하는 것일까? 광고물에 대한 규제를 방송사업자의 자율적 규제나 사후심사 제도를 채택하지 않고 법률로서 사전심사를 강제하는 것은 타당한가 문제다.

사전심사를 주장하는 사람들은 '방송의 특수성으로 인해 일단 방송되고 난 후에는 이를 효율적으로 규제할 방법이 없고, 사실과 다르거나 소비자를 오인케 할 우려가 있는 표현으로 소비자에게 직접적인 피해를 줄 수 있음'으로 사전심의를 해야 한다고 주장한다(2008.6.26. 2005헌마506 전원재판부, 문화관공부 의견).

또한 헌법에 규정된 언론은 '인간의 정신적 활동을 표현하고 전파하는 모든 행위와 수단을 의미하는 것이 아니라 토론 및 여론형성에 기여하기 위하여 다수에게 공표하거나 전파하는 행위·수단'을 말하기 때문에 광고는 여기에 해당하지 않는다는 것이다. 광고는 민주사회의 토론과 여론형성에 이바지하기 위한 것이 아니라 영업이나 상품의 홍보와 판매 촉진을 주된 목적으로 하는 영리적 활동으로 영업활동의 자유(헌법 제15조)에 포섭된다는 것이다(2008.6.26. 2005헌마506 전원재판부, 재판관 조대현의 별개의견).

그러나 방송광고의 사전심의규정을 위헌이라고 주장하는 사람들은 광고도 사상·지식·정보 등을 불특정 다수에게 전파하는 것으로 헌법 제21조 언론·출판자유의 보호대상이 된다고 주장한다. 또한 민간이 주도가 되어 설립된 자율심의기구라 할지라도 그 구성이나 운영에 행정권이 개입할 수 있는 한 사전심의는 행정권에 의한 검열이라는 것이다. 우리 헌법재판소도 위와 같은 이유로 방송광고의 사전심의를 위헌 판결했다(2008.6.26. 2005헌마506 전원재판부).

비디오물·음반·게임물 등은 유통하거나 시청 또는 제공 목적으로 제작 또는 수입하고자 할 때, 상영 전에 미리 영상물등급위원회에 등급분류를 신청하여 등급분류를 받아야 한다. 〈영화및비디오물의진흥에관한법률〉 제29조에는 ①영화업자는 제작 또는 수입한 영화(예고편 및 광고영화를 포함한다)에 대하여 그 상영 전까지 영상물등급위원회(이하 "영상물등급위원회"라 한다)로부터 상영등급을 분류 받아야 한다고 정하고 있다. 또한 이법 제50조에는 ①비디오물을 제작 또는 배급(수입을 포함한다. 이하 같다)하는 자는 당해 비디오물을 공급하기 전에 당해 비디오물의 내용에 관하여 영상물등급위원회로부터 등급분류를 받아야 한다고 규정하고 있다. 이런 등급분류는 헌법의 언론·출판 사전검열금지조항 위반에 해당하는가?

헌법재판소는 영상물 이용으로 인한 실정법 위반의 가능성을 사전에 막고, 청소년 등에 대한 부적절한 영상물을 유통단계에서 효과적으로 관리할 수 있도록 미리 등급을 심사하는 것은 사전검열에 해당되지 않는다고 판결하고 있다(2001.8.30. 2000헌가9 전원재판부). 그러나 어떤 영상물 및 음반·게임물이 이용되기 전에 등급분류 보류판정을 받는 경우, 등급분류 판정에 대한 횟수제한이 없어 등급분류 보류기간의 상한선이 없는 것과 만찬가지가 되어 무한정 등급분류가 보류되어 사전검열 효과가 나타날 수 있다. 이에 대해 헌법 재판소는 등급분류 보류제도는 사전검열에 해당하는 것으로 헌법에 위반한다고 판결했다(2001.8.30. 2000헌가9 전원재판부).

그러나 헌법재판관 송인준은 반대의견을 통해 헌법상 보호되지 않는 표현을 여과하는 장치로서 그것도 절대적 금지나 일방적 삭제가 아니라 당사자의 자율적 재편집에 의한 등급분류 재신청을 상정한 등급분류보류제도는 위헌이 될 수 없다고 주장했다. 형법상 보호되지 않는 표현인 음란, 폭력 등 청소년에게 유해한 영상물에 대한 차단은 위헌이 될 수 없다는 것이다. 영상매체는 일단 상영되고 나면 그 자극이나 충격이 매우강하고 비디오 및 인터넷 보급이 일반화 되면서 그 파급효과가 광범위하기 때문에 상영 또는 보급 전에 심사·규제할 필요가 있다는 것이다(2001.8.30. 2000헌가9 전원재판부).

5) 등록제도와 사전검열

현재 게임제작업 또는 게임배급업자가 되고자 하는 사람은 관할 시장·군수·구청장에게 등록하여야 한다. 이와 같이 등록을 강제하는 것은 사전검열이라고 볼 수 없는가? 이것 또한 사전검열이 될 수 있다고 생각하는 사람들이 위헌 소송을 제기했다.

A씨는 자기 집에서 컴퓨터를 이용하여 '다크스톤' 등 5종류의 컴퓨터 CD게임물 약 50개 정도를 복제·제작하여 컴퓨터통신 나우누리 판매망 장터를 이용하여 개당 6천원에 판매한 혐의로 기소되었다. (구) 음반·비디오물및게임물에관한법률에는 게임물의 유통관련업자가 되

고자 하는 자는 소관청에 등록을 하여야 하고 이를 위반하면 형사처벌할 수 있도록 되어 있었다. A씨는 이것이 헌법에 위반된다고 주장하면서 헌법소원심판을 청구했다.

A씨는 "이 사건 법률조항은 형사처벌을 배경으로 하여 등록을 강제함으로 헌법상 보장된 신체의 자유를 침해하고, 자유롭게 게임물을 유통시키는 것을 막아 행복추구권을 침해하며, 게임물의 표현 자체를 제약할 위험이 있어 표현자유를 침해하고, 게임물의 자유로운 수시처분을 제약하므로 재산권보장조항에 위배된다"고 주장했다. 또한 그는 "영화진흥법에 의하면 영화업자의 경우 신고로서 족하고, 신고하지 아니하고 영화를 제작·수입·배급 또는 상영한 자는 과태료에 처하도록 하고 있는 데, 게임물이 이와 다르게 취급되는 것은 평등원칙에 위배된다"고 주장했다.

이에 대해 헌법 재판소는 "이 사건 법률조항에 따른 등록사항을 살펴보면, "유통관련업자의 성명·주민등록번호·주소·본적, 상호(법인명), 영업소 소재지, 업종"을 기재 내지 표시하도록 되어 있고, 게임물의 내용을 심사·선별하여 게임물을 사전에 통제하기 위한 규정이 아니다. 또한 이 법률조항 중 등록규정은 통계를 통한 정책 자료의 활용, 행정대상의 실태파악을 통한 효율적인 법집행을 위한 것이고, 허가제가 아니라 등록제로 규정하여 게임물의 판매에 관하여 단지 형식적 심사에 그치도록 함으로써 그 규제수단도 최소한에 그치고 있다. 그리고 게임물판매업자에게 단지 그 등록의무만을 규정하고 있고 이에 위반하는 경우의 처벌규정일 뿐이어서, 국민 개개인은 각자 개인의 기호와 취향에 따라 다른 사람과 영업적 차원이 아닌 개별적, 사적 차원에서 게임물의 교환 기타 처분이 가능하고, 그 범위 내에서는 수익도 가능하므로 이 사건 법률조항이 행복추구권이나 신체의 자유 및 재산권을 침해한다고 볼 수 없다"면서 위헌이 아니라고 판시했다(2002.2.28. 99헌바117 전원재판부).[6]

노동조합내 임의단체가 조합원들에게 단체의 활동을 홍보할 목적으로 공보처장관에게 등록하지 않고 매월1회 정기간행물을 발행하였다는 이유로 기소되었다면 이것은 사전검열에 해당한다고 볼 수 있을까?

사전검열이 될 수 있다고 주장하는 사람들은 등록은 신고만으로 끝나는 것이 아니고 등록관청이 수리하지 않으면 정기간행물을 발행할 수 없음으로 사전검열로 악용될 수 있다고 주장한다. 이에 대해 헌법재판소는 이 경우 등록규정 자체의 위헌문제가 아니라 등록관청의 집행상 위법문제로 보았다. 또한 헌법재판소는 등록규정은 정기간행물의 내용을 심사·선별하여 정기간행물을 사전에 통제하기 위한 규정이 아니라 정기간행물의 실태를 파악하여, 이를 바탕으로 언론·출판의 건전한 발전을 위한 정책을 수립하고 시행하는 데 필요한 참고자료를 획득하기 위한 것으로 합헌이라고 결론 내렸다(1997.8.21. 93헌바51 전원재판부).

6) '신문등의진흥에관한법률'에도 이 법이 정하는 일정사항을 주사무소 소재지를 관할하는 행정관청에 등록하도록 되어 있었다. 이에 대해 헌법재판소는 '신문산업의 육성발전과 질적 향상을 도모하고, 공공의 이익과 질서유지에 합당하게 지속적으로 유지·발전하도록 하기 위한 것으로, 주무행정관청의 기본업무인 행정상의 절차와 행정업무상 필요한 사항을 등록하게 하는 것으로 사전억제라고 할 수 없다'고 판시했다(헌재, 1996.8.29. 94헌바15).

6. 표현자유와 집회 및 시위의 자유

1) 민주사회에서의 집회·시위의 자유

헌법 21조에는 모든 국민은 언론·출판의 자유와 집회·결사의 자유를 가지고, 언론·출판에 대한 허가나 검열과 집회·결사에 대한 허가는 인정되지 않는다고 규정하고 있다. 집회 및 시위[1]의 자유도 표현의 자유의 하나로서, 언론·출판의 자유와 같은 기능 및 성질을 갖는다. 또한 집회의 자유는 국가에 대한 방어권으로서 집회의 주체, 주관, 진행, 참가 등에 관하여 국가권력의 간섭이나 방해를 배제할 수 있는 권리다. 동시에 자유민주주의를 실현하려는 사회공동체에 있어서 불가결한 객관적 가치질서다(2016.9.29. 2014헌가3·12(병합)). 집회 및 시위 자유는 언론·출판의 자유와 함께 국민 기본권으로 대의제 자유민주 국가에서는 필수 구성요소다. 헌법이 집회의 자유를 보장한 것은 관용과

1) 집회및시위에관한법률 제2조에 집회와 시위에 대한 개념 정의를 하고 있다. 1) "옥외집회"란 천장이 없거나 사방이 폐쇄되지 아니한 장소에서 여는 집회를 말한다. 2) "시위"란 여러 사람이 공동의 목적을 가지고 도로, 광장, 공원 등 일반인이 자유로이 통행할 수 있는 장소를 행진하거나 위력(威力) 또는 기세(氣勢)를 보여, 불특정한 여러 사람의 의견에 영향을 주거나 제압(制壓)을 가하는 행위를 말한다.

다양한 견해가 공존하는 다원적인 '열린사회'에 대한 헌법적 결단이다(2016.9.29. 2015헌바309-332(병합)).

헌법재판소는 "집회의 자유는 집회를 통하여 형성된 의사를 집단적으로 표현하고 이를 통하여 불특정 다수인의 의사에 영향을 줄 자유를 포함하므로 이를 내용으로 하는 시위의 자유 또한 집회의 자유를 규정한 헌법 제21조 제1항에 의하여 보호되는 기본권"이라고 말하고 있다(2005.11.24. 2004헌가17, 전원재판부). 헌법재판소는 집회·시위의 자유에 대해 다음과 정리하고 있다. 첫째, 집회의 자유는 국민들이 타인과 접촉하고 정보와 의견을 교환하며 공동의 목적을 위하여 집단적으로 의사표현을 할 수 있게 함으로써 개성의 신장에 기여한다. 둘째, 정치·사회현상에 대한 불만과 비판을 공개적으로 표출케 함으로써 정치적 불만세력을 헌법질서 안으로 받아들여 정치적 안정에 기여한다. 셋째, 선거와 선거 사이의 기간에 유권자와 그 대표 사이의 의사를 연결하고, 대의기능이 약화된 경우 직접민주주의의 수단으로서 기능한다. 넷째, 현대사회에서 의사표현의 통로가 봉쇄되거나 제한된 소수집단에게 의사표현의 수단을 제공한다(헌재 2009.9.24. 2008헌가25; 헌재 2014.3.27. 2010헌가2 등 참조).

일본의 판례에도 독점화된 언론상황에서 일반 대중이 집회 및 시위를 통해 의견을 표현하는 것은 대의제 민주정의 활성화에 기여한다면서 다음과 같은 의견을 제시하고 있다.

"집회는 국민이 다양한 의견이나 정보 등에 접함으로써 자기의 사상이나 인격을 형성·발전시키고 또 상호간 의견이나 정보 등을 전달·교류하는 장으로서 필요하고, 나아가 대외적으로 의견을 표명하기 위해 유효한 수단이므로 일본 헌법 제21조 제1항이 보장하는 집회의 자유는 민주주의 사회에서 중요한 기본적 인권의 하나로서 특히 존중되지 않으면 안 된다"(最大判 平成. 43.7.1. 민집 46권 5호, 437면, 박용상, 2002, p.526 재인용).

독일에서도 '집회의 자유가 방어권적 내용을 넘어 정치적 의견형성에 참여하는 민주적 참여권'으로서, '민주국가의 여론형성 수단 및 미디어 질서에서 소외되는 소수파의 표현수단'으로 보고 있다(박용상, 2002, p.526).

"헌법재판소는 의견표현의 자유를 민주적 공동체에 불가결한 기본적 요소로 보았다. 의견표현의 자유는 인격의 가장 직접적인 표현이고, 자유민주주의 국가질서를 구성하는 가장 중요한 인권의 하나로 간주된다. · · · 집회의 자유는 집단의견의 표현자유로서 표현자유와 같은 원칙으로 적용된다. 시위자는 완전히 공개된 상태에서 자신의 신체적 참여에 의해 자신의 의견을 표명함으로써 직접적인 방법으로 자기의 인격을 발현하는 것이다. · · · 집회는 민주주의적 공개성의 본질적 요소로 다원적 주도성과 대안 전개 또는 비판과 항의에 대해 정치 과정에 대한 공개적 영향력 행사 가능성을 제공한다. · · · 대의제도에서 집회 자유는 불만자에게 불평과 비판을 공개적으로 제시하게 하여 이를 해소하며, 정치에 대한 조기경보의 필수 조건으로 기능하여 잠재적 장애를 예고하고, 통합의 결핍을 가시화하며, 공식적인 정책과 과정에 대한 시정책을 가능하게 한다"(독일연방헌법재판소 1985.5.14. 결정 BVerfGe 69, 315. 박용상, 2002, pp.527-528).

기본권으로서 집회·시위 자유는 표현자유 체계에서 중요한 역할을 한다. 다양한 나라의 판례를 중심으로 살펴보아도 그 기능과 성격은 매우 중요하고 본질적이다. 첫째, 집회·시위 자유는 집단으로 의사표현을 할 수 있음으로 공동체 의식과 개성 신장에 기여한다. 각 개인들은 국가권력이나 자본권력 등 막강한 권력과 권리투쟁을 하는 경우 권력에 대한 두려움으로 자기 검열을 하거나 위축될 수밖에 없다. 집회·시위를 통하여 자기와 동일한 의견을 가진 사람들이 있다는 것 자체가 자신의 의견을 공개적으로 표출할 수 있는 동기부여가 될 수 있다. 또한 이런 시위와 집회를 통해 사회 공동체 의식 뿐 아니라 사회에 대한 연대 및 책임의식을 가질 수 있다. 상호 대면 접촉을 통한 의사소통은 상호 연대의식과 협동심을 느끼게 하고, 그들과 접하는 청중에 대하여는 그들이 표현하는 주장이 강력하며 헌신적으로 이를 추구한다는 인상을 준다(박용상, 2002, p.529). 집회와 시위는 다른 어떤 커뮤니케이션 형태보다 동적으로 사회정치 의제를 제시함으로써 상호토론을 활성화하고 각자의 의견형성과 개성신장에 기여한다.

둘째, 집회 및 시위 자유는 사회의 다양한 구성원들이 그들 의사와 주장을 집단으로 표명함으로써 국민전체 여론을 형성하는 직접 민주주의 수단으로 기능한다. 집회·시위 자유는 민주정치의 불가결한 조건으로 대의 민주정치 활성화에 기여한다. 또한 집권정치세력에 대한 정치적 반대의사를 집단으로 표명하는 효과적 수단이다. 언론·출판의 수단인 신문·방송 등의 매스미디어가 국가권력과 소수의 대자본에 독점된 오늘 날은 사회의 여러 이해관계 집단이 자신들의 의사를 충분히 표출하기 어렵다. 이런 상황에서 집회 및 시위 자유가 가지는 역할과 기능은 더 중요해지고 있다.

셋째, 집회 및 시위의 자유는 현대사회에서 소외되고 있는 소수집단이 자신들의 권익과 주장을 옹호하기 위한 적절한 수단을 제공한다. 특히 기존지배체제 내지 집권 정치세력에 대한 비판적 입장을 취하는 소수자의 표현행위를 국가권력의 부당한 간섭이나 제약으로부터 보호하기 위해서는 집회 및 시위 자유가 충분한 보장되어야 한다. 집회 및 시위의 자유는 소수자 보호를 목적으로 하는 민주정치의 기본원리에 부합한다(1992.1.28. 89헌가8 전원재판부, 재판관 변정수의 반대 의견 중에서 인용). 집회 시위는 다수와 다른 소수파의 생각, 태도 및 가치를 광범위한 대중에게 호소할 수 있는 유용한 표현수단이다. 노예폐지, 여성참정권 및 노동운동은 여러 형태의 공개집회를 통해 대중적 지지를 이끌어 냈다.

넷째, 헌법상 집회 자유는 민주주의 실현에 불가결한 객관적 가치질서로서의 성격을 갖는다. 또한 집회의 자유는 집회의 주체, 주관, 진행, 참가 등에 관하여 국가권력의 간섭이나 방해를 배제할 수 있는 국가에 대한 방어권적 성격이 있다(이승우, 2009, p.790). 집회방법과 목적, 집회 준비 및 조직, 지휘, 참가, 집회장소·시간 선택은 법률에 의해 보호된다. 그러므로 국가는 개인의 집회 참가를 방해하거나 집회에 참가할 것을 강요해서는 안 된다. 예컨대 집회장소로 여행하는 것을 방해하거나, 집회장소로부터 귀가하는 것을 방해하거나, 집회 참가자에 대한 검문의 방법으로 시간을 지연시킴으로써 집회 장소에 접근하는 것을 방해하는 등 집회의 자유 행사에 영향을 미치는 모든 조치는 금지된다(헌재 2003.10.30. 2000헌바67 등 참조).

다섯째, 집회·시위 자유는 사회·정치·경제 불만과 비판 등을 공개적으로 표출케 함으로써 오히려 사회·정치적 안정에 기여할 수 있다. 사회적 불만이 억압되거나 표출 될 수 없다면 불만의 원인과 그 정도를 파악 할 수 없다. 결국 그 불만들이 표출되지 않고 억압되어 누적되면 사회 폭력이나 폭동으로 들어나 더 큰 사회 혼란을 일으킬 수 있다. 변화를 추구하는 세력이나 사회 불만세력들의 의견이 공론장에서 논의될 수 있도록 평화적 집회와 시위를 허용해야 한다. 그렇게 되면 사회적 불만이나 사회변혁운동이 소요나 폭동으로 발전하지 않고 제도개혁을 통한 점진적 문제해결이 가능해질 것이다. 장기적으로 볼 때 집회 자유를 억압하는 것보다 평화 시위와 집회를 허용하는 것이 국내질서를 더 잘 성취할 수 있다. 안정과 질서에 대한 위협은 불만과 비판 의견을 억압하거나 제거하는 것으로 달성되지 않는다. 그것은 더 큰 위험을 축적해 가는 과정일 뿐이고 더 큰 사회 혼란을 초래할 뿐이다. 표현자유와 집회·시위 자유의 기본적인 기능은 평화적 과정을 통한 사회 변화를 촉진하는 데 있다.

2) 표현자유로서 집회·시위의 자유

집회 자유는 공동의 목적을 가진 사람들이 누구의 간섭없이 평화적으로 일시적인 모임을 가질 수 있는 자유다. 즉 집회의 자유는 주최자가 집회를 주최·주관·진행하고 기타의 사람은 그 집회에 참여할 수 있는 적극적 자유를 말하며, 그 집회에 불참할 수 있는 소극자유도 포함한다(이승우, 2009, p.791). 또한 집회 자유는 공권력이나 타인의 강제에 의해서 참가 또는 불참가를 강제 받지 않는 다는 점에서 자유권이다. 독일의 판례도 "헌법상 보장되는 집회 자유는 생각이 다른 소수자에게 개최 장소, 때, 내용 등에 관한 자기 결정권을 보장하고 동시에 국가가 공개집회에의 참가 또는 불참가를 강제할 수도 없도록 하는 것"이라면서 집회·시위의 자유를 자유권으로 보고 있다(BVerfGE 69, 135. 박용상 2002, p.532 재인용).

집회 자유는 국가 이외의 방해세력으로부터 집회의 보호를 구하는 집회 보호 및 집회방해배제청구권적 요소도 갖고 있다(박용상, 2002, p.532). 현행 집회및시위에관한법률에 의하면 누구든지 폭행·협박 기타 방법으로 평화 집회 또는 시위를 방해하거나 질서를 문란하게 해서는 안 되며, 집회 또는 시위 주최자 및 질서유지인의 임무 수행을 방해해서도 안 된다(집회및시위에관한법률 제3조 제1항 및 제2항).

한편, 집회 자유는 집회를 통하여 형성된 의사를 집단적으로 표현하고 이를 통하여 불특정 다수인의 의사에 영향을 줄 자유를 포함한다. 다만, 비록 헌법이 명시적으로 밝히고 있는 것은 아니지만, 집회 자유의 보장 대상은 평화적, 비폭력적 집회에 한정된다. 민주국가에서 평화적 수단을 이용한 의견의 표명은 헌법적으로 보호되나 폭력을 사용한 의견의 강요는 헌법적으로 보호되지 않는다.

최근에는 1인 릴레이 시위나 인간띠 잇기 시위 등이 논란이 되고 있다. 집회자유에서 말하는 집회가 성립되기 위해서는 3인 이상의 다수인이 모여야 한다. 1인 단독시위는 의사표현의 자유로 보장될 수 있을 뿐 집회 자유로서 보장되는 것은 아니다. 다만 여기서 문제 되는 것은 동일 장소에서 사람을 바꾸어 가면서 하는 1인 릴레이 시위와 각각의 사람들이 일정한 간격을 두고 동일한 내용으로 시위를 하는 경우다. 이것을 시위로 볼 수 있는가 문제다. 이런 형태 시위는 폭력성이 없고, 여럿이 번갈아 시위하면서 그 효과도 만만치 않아 시민단체나 노동조합이 자주 시도한다(박용상, 2002, p.533).

당국에서는 릴레이 시위나 인간띠 잇기 등 변질된 1인 시위는 실제로 행동하는 자는 1인이지만, 다수인의 공동목적을 갖고 의사 연락이 용이한 시간에 지리적으로 인접한 장소에서 릴레이식 또는 띠를 두르는 방식으로 행하는 것이어서 집회및시위에관한법률상의 집회에 해당하고, 동법에 의해 규제될 수 있다는 입장이었다(박용상, 2002, p.533). 이에 대해 시민단체 측에서는 1인 시위는 교통 흐름을 방해하지 않고, 외국공관의 업무수행에 영향을 주지 않으며, 다수의 집단행동도 아니고 공공질서를 방해하지도 않는다면서 1인 시위를 막겠다는 것은 정부에 대한 비판적인 목소리를 무조건 봉쇄하겠다는 의도라고 비난했다(박용상, 2002, p.533).

박용상은 1인 릴레이 시위는 집회라고 할 수 없으나 20미터 간격의 인간띠 잇기식 시위는 집회및시위에관한법률(이하 집시법) 위반이라고 보았다. 그러나 표현의 자유에 대한 규제는 엄격하고도 명확해야 할 뿐 아니라 그 규제도 최소한이어야 한다면서, 공공질서나 공익 침해 여지가 적은 적당한 간격의 인간띠 잇기의 침묵시위 또는 피켓시위는 신고 없이 가능해야 된다는 의견 역시 만만치 않다.

헌법재판소는 사전신고 이유로 "당해 집회 시위가 방해받지 않고 개최될 수 있도록 개최 전 단계에서 집회·시위 개최자와 제3자, 일반 공중 사이의 이익을 조정하여 상호간 이익충돌을 사전에 예방하고,

행정관청과 주최자가 상호 정보를 교환하고 협력함으로써 집회·시위가 평화롭게 구현되도록 하는 한편, 옥외 집회 시위로 인하여 침해될 수 있는 공공의 안녕질서를 보호하고 그 위험을 최소화하고자 하는 것이다"(헌재 2009.5.28. 2007헌바22: 헌재 2013.12.26. 2013헌바 참조)라고 명시하고 있다. 일정한 간격의 인간띠잇기 시위는 일반 공중과의 이익충돌이 일어날 가능성이 낮고, 공공의 안녕질서를 해칠 가능성도 낮아 사전신고 사유가 없다고 보여진다. 따라서 1인 시위와 같이 사전신고 없이 가능하도록 해야 할 것이다.

3) 집회·시위 자유에 대한 제한과 한계

(1) 명백하고 임박한 위험과 집회·시위 자유

헌법상 집회는 평화적인 것만 보호되고, 집회의 시간 및 장소는 법률로 제한될 수 있다. 현재 집시법에도 "집단적인 폭행, 협박, 손괴(損壞), 방화 등으로 공공의 안녕 질서에 직접적인 위협을 끼칠 것이 명백한 집회"는 금지된다. 집회 및 시위의 자유도 원칙상 표현자유의 집단적 형태로 보기 때문에 표현의 자유와 같이 보호 받는다. 그럼에도 불구하고 집단행동인 집회 및 시위는 개인의 의사표현보다 공공의 안녕질서 및 법적 평화와 마찰을 빚을 가능성이 크다. 따라서 집회 시간 및 장소에 대한 제한을 할 수 있고, 평화적인 집회·시위만 보호된다.

표현의 자유는 타인의 명예나 권리 또는 사회 공중도덕이나 사회윤리를 침해해서도 안 된다. 또한 국가안전보장·질서유지와 공공복리를 위해 필요한 경우에 한하여 법률로써 제한할 수 있다. 이런 제한은 표현행위로 인한 타인의 권리나 공익보호를 위한 것이다. 반면 집회 자유에 대한 제한은 표현되는 의견 때문이기 보다는 다수가 참여한 집회로 인한 공공과 제3자에게 미칠 수 있는 물리적이고 대중심리적 위험에 대처하려는 데 중점이 있다(박용상, 2002, p.536).

미국의 판례도 집회에서 표현 내용 때문이 아니라 표현이 일으킨 반응 때문에 집회 연설자가 처벌받는 경우가 있다. 이때 적용되는 것이 '명백하고 임박한 위험' 원리다. 1949년 뉴욕 흑인 거주지역에서 흑인과 백인 80여명이 몰려든 가운데 Feiner씨는 대통령과 미국군대, 시장을 비난하면서 흑인들에게 권리를 위해 무기를 들고 싸워야 한다면서 폭력투쟁을 선동했다. 이에 대해 연방대법원은 그의 연설이 명백하고 임박한 위험기준을 충족하였다면서 유죄판결을 지지했다. 연방대법원은 폭동, 무질서, 교통방해의 명백하고도 임박한 위험, 기타 공공의 안전, 평화 또는 질서에 대한 즉각적인 위협이 발생한 경우 주정부가 이를 방지하거나 처벌하는 것은 정당하다고 판결했다. 덧붙여 피고인이 연설한 사실이나 연설내용 때문이 아니라 연설이 일으킨 반응 때문에 처벌 받는 것이라고 했다(박용상, 2002, p.541).

그러나 연방대법원은 군중 속에서 행한 자극적이고 도발적인 표현행위가 공공불편, 짜증 또는 불안을 훨씬 상회하는 중대한 실질적 해악을 야기할 가능성이 있는 명백하고 임박한 위험이 제시되지 않는 한 규제될 수 없다는 입장을 유지했다.

시카고의 한 강당에는 800여 명, 밖에는 100여 명이 모여 그 집회에 대해 항의하고 있었다. 이런 상황에서 한 연설자는 인종차별주의 연설을 하였고, 밖에서는 인종차별주의 연설에 항의하면서 악취탄을 투척하고 강당에 입장하려는 사람들의 옷을 찢고, 유리창을 파손했다. 경찰은 공공을 분노하게 하여 흥분케 하거나, 논란을 불러오거나, 불안한 상황을 야기케 하는 평화교란행위를 처벌하는 조례에 근거해 연설자를 기소했다. 이에 연방대법원은 공공의 불편, 짜증 또는 불안을 훨씬 상회하는 중대한 실질적 해악을 야기할 가능성이 있는 명백하고 임박한 위험이 제시되지 않는 한 처벌할 수 없다고 판결했다(Terminiello v. New York, 337 U.S 1, 1949, 박용상, 2002, p.540 재인용 요약).

물리적 폭력의 대부분은 공개집회에서 반대집단의 적대 행동이나 집회를 막으려는 정부 행동, 집회 참가자 흥분에 의해 발생한다. 명백하고 임박한 위험원리는 집회에서 표출된 표현에 대한 적대적인 반응으로 발생하는 폭력행위 정도가 어느 정도인가가 가장 중요한 변수다. 그에 따라 미국연방대법원은 1960년대 이후 집회에서의 표현행위를 그것으로 인한 영향과 분리하여 취급하는 경향을 보이고 있다. 경찰은 혼란과 긴장을 유발하는 시위나 집회의 표현을 규제하기 보다는 합리적으로 군중을 통제하고, 폭동예상자를 진압하고 있다(박용상, 2002, p.542).

(2) 사전 허가제

많은 나라에서 집회와 시위에 대한 사전 허가제를 실시해 왔다. 1940년대에 미국에서도 '교차로에서 행진을 하는 경우 허가를 요하게 하고 특별요금을 부과'한 맨체스터시의 조례를 합헌이라고 판시했다. 연방대법원은 행진이 부당하게 공공의 편의를 저해하지 않는 한 허가해야 한다고 했지만, 시위보호를 위한 경찰력 배치, 동일한 장소에서의 시위 경합 조정 등을 위해 허가제가 필요하다고 보았다(박용상, 2002, pp.562-563).

이 판결 후 허가제의 합헌성에 대한 학계의 논란이 있었다. 찬성론자들은 도로를 독점적으로 점거하고 통상적인 교통규칙을 어길 수 있는 특혜를 주는 것이기 때문에 사전신고 내지 허가신청 의무를 부과하거나, 시위경로, 시위자의 숫자 및 시간에 관한 조건을 준수하도록 해야 한다고 주장했다. 또한 다수인의 이용신청이 경합하는 경우 이 중에 우선권을 부여하는 시스템이 필요하다고 주장했다. 이런 허가제는 첫째, 교통통제와 경찰 배치를 통하여 질서유지 및 교통을 원활하게 할 수 있고, 둘째, 경합하는 이용자 간 충돌을 조정할 수 있으며, 셋째 시민과 당국 간의 타협과정을 가능하게 하는 이점이 있다(박용상, 2002, p.563).

그러나 허가제 반대론자들은 허가 여부의 판단을 행정공무원이나 경찰공무원에게 위임할 수밖에 없고, 이 경우 소수파나 정부비판자들에 대한 집회 및 시위를 억압하기 위한 수단으로 악용될 수 있다고 주장했다. 특히 이들은 우월 권리인 표현행위는 운송을 위한 목적보다 우월적이라면서 운송목적은 표현의 자유를 위해 일정정도 양보되어야 한다고 주장했다. 이들은 도로 규칙의 정상적이고 정당한 기능은 도로교통의 통제에 있을 뿐, 집회나 시위의 제한을 위해 적용될 수 없다면서 표현자유를 위해 교통법규를 어기는 것은 혜택이 아닌 권리라고 보았다(박용상, 2002, pp.565-566).

우리나라를 비롯한 대부분 민주주의 국가에서는 경찰의 교통계획과 경찰력 배분, 시위자 및 관중에 의한 위법행위 방지, 경합 이용자간의 상호 조정을 위하여 사전 신고제를 실시하고 있다. 옥외집회는 외부에 영향을 줄 수 있고, 집회자체의 원활한 실시와 제3자나 공동체의 이익보호를 위해 사전 신고하도록 한 것은 표현의 자유에 대한 사소한 제한에 불과하고 본질적인 내용을 침해하지 않는다고 본다.

집시법상 집회와 시위는 대부분 사전신고로서 가능하지만 금지된 집회와 시위도 있다. 집시법 제5조(집회 및 시위의 금지)에는 1. 헌법재판소의 결정에 따라 해산된 정당의 목적을 달성하기 위한 집회 또는 시위, 2. 집단적인 폭행, 협박, 손괴(損壞), 방화 등으로 공공의 안녕 질서에 직접적인 위협을 끼칠 것이 명백한 집회 또는 시위는 누구든지 주최해서서는 안 된다고 규정하고 있다. 이에 대해 헌법재판소는 "집단적인 폭행·협박 등이 발생한 집회 또는 시위를 해산하고 질서를 회복시키는 데는 일반적으로 상당한 시간과 경찰력이 동원되고, 그 과정에서 공공의 안녕질서, 참가자나 제3자의 신체와 재산의 안전 등이 중대하게 침해되거나 위협받을 수밖에 없으므로, 그와 같은 집회 또는 시위 주최를 절대적으로 금지하는 것은 공공의 안녕질서를 유지하고, 집회 또는 시위의 참가자나 이에 참가하지 않은 제3자의 생명·신체·재산의 안전 등 기본권을 보호하기 위한 것으로서 정당한 목적달성을 위한 적합한 수단이며, 목적달성에 필요한 정도를 넘은 과도한 제한이 된다고 보기 어렵다"는 의견을 제시하고 있다(2010.4.29. 2008헌바118).

독일은 집회 또는 시위의 목적, 개최장소, 참가인원, 주최자 또는 참가자의 신분, 화염병, 돌 등 위험한 물건의 소지 또는 사용 여부, 주위

도로 및 건물의 상황, 행사일정 및 내용 등 제반사정을 고려하여 결정한다(박용상, 2002, p.604). 우리 헌법재판소는 "헌법이 예상하는 평화로운 수단이 아닌 집단적인 폭행·협박·손괴·방화 등으로 공공의 안녕질서를 직접 위협할 것이 명백한 집회 또는 시위의 주최를 금지하고, 이에 위반한 집회 또는 시위에 그 정을 알면서 참가한 자를 형사 처벌하는 것은 적합하다"고 판결했다(2010.10.28. 2010헌마111).

또한 헌법재소는 "집회 또는 시위의 주최자나 참가자 대다수가 과거에 폭력적인 집회 또는 시위를 여러 차례에 걸쳐 주최하거나 이에 참가하였고, 문제가 된 집회 또는 시위가 이번 시위의 목적이나 방법 등에 있어 상당한 관련성이 있다고 인정되는 때에는 그 집회 또는 시위가 공공질서를 위협할 가능성이 높다고 판단할 수 있다"고 보았다(2015.1.13. 2014헌마1171 지정재판부).

미군기지의 평택 이전을 반대하는 단체 회원 및 그 편입 예정지 주민 1,100여 명은 예정지 내에 있는 ○○분교와 그 부속건물에 대한 행정집행과 압수수색 영장 집행을 저지하기 위해, 2006년 5월 4일 차량과 농기계 등으로 진입로를 막았다. 그리고 죽봉과 쇠파이프를 휘두르는 등 집단적인 폭행·협박·손괴 등으로 공공의 안녕질서에 직접적인 위협을 가할 것이 명백한 집회에 참석하였다는 등의 이유로 A씨 등은 법원에서 유죄를 선고받았다. 이에 헌법재판소도 위헌이 아니라고 판결했다(수원지방법원 평택지원 2010.4.29. 2007고합17, 2008헌바118).

집회·시위 시간과 장소가 경합되고, 집회시위 신고자들의 목적이 서로 상반되거나 상호 방해가 될 수 있는 경우 신고순서에 따라 허용된다. 이 점을 악용하여 위장 집회신고를 하고 반대세력의 집회를 사전에 막으려는 시도들이 종종 발견된다. 반대집회가 열릴 것으로 예상되는 기간과 장소를 장기간에 걸쳐 사전 신고하여 반대집회를 무산시키려는 의도가 명백한 경우 신고를 무효처리하고 반대 이해관계자의 집회를 허용하는 것은 타당하다고 본다(박용상, 2002, p.605).

(3) 사전신고제

우리나라 집시법에는 사전신고제를 의무화하고 있다. 집시법 제6조(옥외집회 및 시위의 신고 등)에는 옥외집회나 시위를 주최하려는 자는 목적, 일시, 장소, 주최자, 참가 예정인 단체와 인원, 그 방법(진로와 약도를 포함한다) 등을 적은 신고서를 옥외집회나 시위를 시작하기 720시간 전부터 48시간 전에 관할 경찰서장에게 제출하도록 하고 있다. 이런 사전신고제에 대해 헌법재판소는 헌법에 금지된 사전허가제에 해당하지 않는다고 판결했다.

집회의 자유를 보장하기 위하여 헌법 제21조 제2항은 '집회에 대한 허가는 인정되지 아니한다'고 규정함으로써 다른 기본권 조항과는 달리 기본권을 제한하는 특정 국가행위를 명시적으로 배제하고 있다. 그런데 집회 자유의 행사는 다수인의 집단적인 행동을 수반하기 때문에 집단행동 속성상 의사표현수단으로서 개인 행동의 경우보다 공공의 안녕질서나 법적 평화와 마찰을 빚을 가능성이 크다(헌재 1994.4.28. 91헌바14). 특히 옥외집회·시위는 일정한 옥외장소나 도로의 사용을 전제로 하므로 그런 가능성이 더 높고, 이에 따라 사전에 집회의 자유와 다른 법익을 조화시킬 수 있는 제도적 장치가 요청된다. 사전신고는 경찰관청 등 행정관청으로 하여금 집회의 순조로운 개최와 공공의 안전보호를 위해 필요한 준비를 할 수 있는 시간적 여유를 주기 위한 협력의무로서 신고다. 법은 일정한 신고절차만 밟으면 일반적·원칙적으로 옥외집회 및 시위를 할 수 있도록 보장하고 있다(91헌바14, 2011헌바174·282·285, 2012헌바39·64·240).

집회법 규정에 있는 신고의무 위반이 자동적으로 집회 금지와 해산을 정당화하는 것은 아니다. 독일 등에서는 우발적 집회(자연발생적)는 사전신고가 불가능하기 때문에 사전신고를 요구하지 않는다. 우발적 집회는 자유민주 기본질서와 조화될 수 있는 것이고, 그 집회 방법이 허용된 범위내의 것이며, 집회의 목적과 방법이 합리적인 한 비록 사전신고가 없더라도 신고된 경우와 마찬가지로 보호되어야 한다고 본다. 이 경우 48시간 전이라는 요건이 충족되지 못해도 집회개최 공표와 동시에 신고하면 된다(박용상, 2002, p.572).

그러나 우리 집시법에는 이에 대한 규정이 명확하지 않다. 2010년 4월 커트 캠벨 미국 국무부 동아시아태평양 담당 차관보가 이틀이 안 되는 짧은 일정으로 방한했을 때 이 일정에 맞춰 미신고 옥외집회를 개최한 사건에 대한 처벌을 헌법재판소는 정당하다고 판결했다. 또한 공직자들의 관광성 외유계획을 알게 된 것이 2010년 10월 14일이고, 그들의 출국예정일이 10월 17일이라 10월 15일 긴급하게 기자회견을 한 것에 대한 처벌도 합헌이라고 판결했다. 이에 대해 반대의견을 제출한 재판관 이정미, 김이수, 이진성, 강일원의 의견은 주목해 볼만하다.

“우리 헌법은 집회에 대한 허가제를 금지하고 있고, 사전에 미리 계획된 집회만을 보호대상으로 하고 있지 않기 때문에, 사전에 신고가 불가능한 옥외집회도 보호되어야 한다. 집회시위법은 긴급집회를 포함한 모든 집회에 대하여 신고의무를 부과하고 있는데, 긴급집회의 경우에는 성질상 집회시위법이 정한 시간 내에 신고가 불가능하므로 옥외집회 계획과 동시에 또는 옥외집회 개최 즉시 신고를 요하는 것으로 보아야 할 것이다. 그런데도 집회시위법은 사전신고 요건을 충족시키기 어려운 긴급집회의 경우에 그 신고를 유예하거나 즉시 신고로서 옥외집회를 가능하게 하는 조치를 전혀 취하고 있지 않다" (2014.1.28. 2011헌바174·282·285, 2012헌바39·64·240(병합)).

집회 및 시위에 대한 신고서에 미비점이 있거나 신고 범위를 일탈하였다는 이유로 곧바로 집회 또는 시위 자체를 해산하거나 저지해서는 안 된다. 민주화실천가족운동협의회가 1996년 8월 5일 양심수를 시민들에게 알리기 위한 목적으로 100여 명이 왼쪽 가슴 부분에 죄수번호가 부착된 죄수복 형태의 옷을 착용하고 형사절차에서 실제로 사용하는 것과 동일한 외양을 띤 포승으로 몸을 묶은 채 시위행진을 했다. 이에 대해 서울중부경찰서는 신고된 내용과 다르다면서 죄수복을 벗고 평상복을 착용할 것을 요청하며 경찰력을 동원하여 시위행진을 막았다.

이에 대해 대법원은 "원고들을 포함한 시위자들이 신고되지 않은 죄수복 형태의 옷을 집단적으로 착용하고 포승으로 신체를 결박까지 한 채 행진하였다고 하더라도 이 표현방법은 신고된 시위의 목적과 상당한 관련성이 있다. 시위가 평화적으로 진행된 점 등 기록상 나타난 시위 당시 구체적 상황에 비추어 볼 때 이 표현방법으로 인하여 다른 사람들과의 충돌 등 공공의 안녕질서에 대한 직접적 위험이 초래되었다고 보이지 않는다. 이 시위주장의 표현방법이 다른 사람들을 자극하여 충돌을 일으킬 단순한 가능성이나 의심이 있다는 이유만으로 시위를 저지할 수는 없다. · · · 시위주장의 방법이 신고된 시위방법과 다르다는 이유로 경찰력을 동원하여 곧바로 시위대의 진로 앞 도로의 차도뿐만 아니라 인도까지 막아버린 것은 공공의 안녕질서의 유지에 필요한 한도를 초과하여 시위의 자유를 과도하게 제한한 조치다. 결국 이 시위의 저지행위는 어느 모로 보나 위법하다. · · · 나아가 신고사항에 미비점이 있었다고 하더라도 이를 이유로 곧바로 당해 집회나 시위를 저지하여서는 안 된다. 신고사항의 미비점으로 인한 타인의 법익 기타 공공의 안녕질서에 대하여 직접적인 위험이 초래된 경우에 비로소 그 위험의 방지나 제거에 적합한 제한조치를 할 수 있다. 당시 경찰공무원은 관계 법규의 해석을 잘못하여 그와 같이 해석하지 않고, 신고사항에 미비점이 있는 경우 바로 시위를 저지할 수 있는 것으로 판단하여 시위를 저지한 잘못을 저질렀다"(대법원 2001.10.9. 선고98다20929).

48시간 전에 예측할 수 없는 우발적 집회나 긴급한 집회에 대하여 신고를 요구하는 것은 집회 자유를 침해하는 것으로 볼 수 있다. 또한 사회질서 침해 여부도 따져 보지 않고 협조의무인 옥외집회 신고의무를 이행하지 않았다고 형벌을 부과하는 것은 문제가 있다. 집회에 대한 신고의무는 단순한 행정절차적 협조의무에 불과하다고 보아야 한다. 그런 협조의무를 이행하지 않은 경우 과태료 등 행정상 제재로도 충분하다. 형벌로 신고의무 이행을 강제하는 것은 헌법상 집회의 자유를 전체적으로 위축시키는 결과를 가져올 수 있다.

집시법은 옥외집회나 시위가 사전신고한 범위를 뚜렷이 벗어나 질서를 유지할 수 없게 된 경우 공공의 안녕질서 유지 및 회복을 위해 해산명령을 할 수 있도록 하고 있다. 해산명령은 신고범위를 뚜렷이 벗어난 집회·시위로 인하여 질서를 유지할 수 없을 때 할 수 있고, 해산명령에도 불구하고 불응한 경우에만 처벌하도록 하고 있어 집회의 자유에 대한 제한을 최소화하고 있다.

4) 집회 장소의 사용과 공적 포럼

집회·시위는 다수 군중이 집회에 참여하거나 볼 수 있고, 잠재적인 청중의 접근 및 참가가 가능한 장소와 지역이 있어야 한다. 따라서 집회와 시위를 위해서는 장소이용에 대한 자유가 허용되어야 한다. 집시법에는 집회와 시위를 할 수 없는 장소를 규정하고 있다. 집시법 제8조에는 집회 또는 시위 시간과 장소가 중복되는 2개 이상의 신고가 있는 경우 각 옥외집회 또는 시위 간에 시간을 나누거나 장소를 분할하여 개최하도록 권유할 수 있고, 주거지역이나 이와 유사한 장소, 학교 및 군사시설 주변은 거주자나 관리자가 시설이나 장소의 보호를 요청할 수 있도록 하고 있다. 또한 교통의 원활한 소통을 위해 금지하거나 교통질서 유지를 위한 조건을 붙여 제한할 수 있고, 공공의 질서 유지를 위하여 필요하다고 인정하면 최소한의 범위를 정하여 질서유지선을 설정할 수 있다.

제11조(옥외집회와 시위의 금지장소)에는 누구든지 국회의사당, 각급 법원, 헌법재판소, 대통령 관저(官邸), 국회의장 공관, 대법원장 공관, 헌

법재판소장 공관, 국무총리 공관(다만, 행진의 경우에는 해당하지 아니한다), 국내 주재 외국의 외교기관이나 외교사절의 숙소(해당 외교기관 또는 외교사절의 숙소를 대상으로 하지 아니하는 경우, 대규모 집회 또는 시위로 확산될 우려가 없는 경우, 외교기관의 업무가 없는 휴일에 개최하는 경우에는 제외)의 경계 지점으로부터 100미터 이내 장소에서는 옥외집회 또는 시위를 할 수 없도록 규정하고 있다.

헌법재판소 권성 재판관은 100미터 집회장소 이격에 대해 집회는 행위자와 그 상대자 사이 긴장관계가 있음으로 공간적으로 떼어 놓는 것이 정당하다고 주장한다. 긴장관계가 있는 두 당사자 집단을 공간적으로 떼어 놓음으로써 평화를 유지할 수 있고, 이 원칙을 준수할 때 평화적 집회가 될 가능성이 높아진다는 것이다. 집회는 자칫 격렬한 적대감으로 변할 수 있다. 그러므로 적대감으로 발전할 가능성이 큰 집회일수록 장소이격의 필요가 커진다는 것이다(2005.11.24. 2004헌가17, 전원재판부, 권성 재판관의 별개의견 중에서).

거리, 공원, 보도 등은 옛날부터 집회, 시민들 간 생각의 소통, 공적 문제 등의 소통공간으로 사용되어 왔다. 1939년 이후 미국 연방대법원은 정부를 거리, 공원, 보도 등의 공적자산 수탁자로 보고, 시민은 국가적 문제에 관한 견해와 소통을 위해 거리와 공원을 사용할 수 있는 특권을 가지고 있다고 보았다. 그러나 이 특권은 절대적인 것이 아니라 공공의 안녕과 편의, 평화와 선량한 질서에 부합되게 행사되어야 한다고 보았다(박승호, 2013, pp.290-291).

1939년 쓰레기를 줄여 거리를 깨끗하고 아름답게 유지하기 위해, 유인물 배포를 금지한 시조례에 대해 연방대법원은 위헌 선언했다. 즉, 거리는 정보와 의견을 전파하기에 자연스럽고 적절한 장소이며, 다른 장소가 이용가능하다는 이유로 표현의 자유 행사가 금지되어서는 안 된다고 하였다(Schneider v. State of New Jersey, 308 U.S 147, 162-63(1939); 박승호, 2013, 291 재인용). 또한 미국연방대법원은 시립극장의 공연내용에 근거한 극장사용허가 거부행위, 학교 주위 거리에서 노동조합의 피케팅만 허용하고 다른 피케팅을 금지한 행위, 대학교 건물 사용을 다른 학생 동아리에게는 허용하면서 종교동아리에게는 허용하지 않은 대학교 규정 등은 모두 위헌이라고 선언했다. 시립극장이나 대학교 건물은 옛날부터 사용되어온 장소는 아닐지라도 제한된 목적을 위해 설정된 공적 공간으로 내용에만 의거하거나 내용만을 문제삼아 선별적 배제를 해서는 안 된다는 것이다(박승호, 2013, pp.291-230).

1961년 미국 사우스 캐롤라이나에서 흑인학생 187명이 흑백분리교육에 항의하여 시민에게 공개된 주청사 구내 마당으로 행진해 들어갔다. 이에 경찰당국은 해산을 명령했고, 학생들은 이를 거부하며 발을 구르거나 손뼉을 치면서 국가와 찬송가를 불렀다. 경찰은 평화교란죄로 그들을 체포했다. 이에 연방대법원은 주청사 구내는 공공에게 공개된 장소이고, 시위자나 군중들 사이에도 폭력이나 폭력 위협이 없었으며, 사회의 다수파에 반대되는 견해를 표현한 것만으로 처벌하는 것은 위헌이라고 판시했다(박용상, 2002, p.576).

집회와 시위의 자유는 공익과의 조화를 위해 제한될 수 있다. 공항, 군사기지, 교도소 구내, 정부청사 내, 공관 등 공적 시설의 사용은 제한된다. 미국연방대법원은 구치소 구내는 그 본래 용도에 적합지 않게 쓰일 수 없는 공적 장소로서, 구치소 구내에서 시위를 벌인 대학생들 체포는 정당하다고 판시했다(박용상, 2002, p.577).

'우리마당 독도지킴이'라는 시민단체는 주한 일본대사관 홈페이지에 있는 "다케시마는 역사적, 국제법적으로 일본 고유의 영토이며, 한국에 의한 다케시마 점거는 불법점거다"라는 내용 삭제를 요구하기 위해 2009년 12월 말경 주한 일본대사관 앞에서 항의 집회를 개최하려고 했다. 그러나 외교기관으로부터 100미터 이내(집회및시위에관한법률' 제11조 제4호)라는 이유로 허용되지 않았다. 이에 헌법소원심판을 청구했고 헌법재판소는 다음과 같은 이유로 합헌 결정을 내렸다.

"이는 외교기관에서 근무하는 외교관과 일반직원 그리고 외교기관에 출입하고자 하는 내·외국인 등이 생명·신체에 대한 어떠한 위협 없이 자유롭게 외교기관에 출입하고, 외교기관 시설 내에서의 안전이 보장될 수 있도록 하며, 나아가 외교관의 신체적 안전을 보호하고 원활한 업무를 보장함으로써 외교기관의 기능보장과 안전보호를 달성하고자 하는 데 그 주요한 입법목적이 있다. 또한, 외교기관을 대상으로 하는 외교기관 인근에서의 옥외집회나 시위는 당사자들 사이의 갈등이 극단으로 치닫거나, 물리적 충돌로 발전할 개연성이 높고, 고도의 법익충돌 상황을 야기할 수 있기 때문에 집시법의 일반적인 규제조치 외에 외교기관 인근을 집회금지 구역으로 설정한 것 자체는 외교기관의 기능과 안전을 보호하려는 이 사건 법률조항의 입법목적을 보다 충실히 달성하기 위하여 적절한 수단이 될 수 있다"(2010.10.28. 2010헌마111).

이에 대한 반대의견을 제출한 재판관 송두환은 "폭력적 집회는 집회의 자유에 의하여 보호되지 않는다. 또한 일반적인 집회가 폭력집회로 변질될 것이라고 미리 예단할 수 없음으로 외교기관 인근에서의 집회나 시위가 외교기관과 외교관들에게 물리적인 압력이나 위해를 가할 실질적이고 구체적인 위험성이 인정된다고 보기 어렵다. 집시법의 일반적인 규제에 의하여도 외교기관 인근의 집회로 인한 외교기관의 기능 저해의 우려 등은 상당 부분 해소될 수 있다. 또한 공공의 안녕질서를 침해하는 행위가 발생하지 않는 때에도 금지를 원칙으로 삼는 것은 헌법이 보장한 국민의 기본권 행사를 지나치게 제한하는 것으로 헌법에 위반된다"는 의견을 제시했다(2010.10.28. 2010헌마111).

2003년 7월 범인을 검거하는 과정에서 총기사용수칙을 위반하여 총기를 발사함으로써 범인을 사망케 한 경찰관에게 지방법원 진주지원은 벌금 1,000만 원을 선고했다. A씨는 이 판결에 항의하여 진주지원 정문 앞에서 플래카드 1장을 내걸고, 재판에 대한 항의와 함께 검찰 재수사와 항소를 요구하는 미신고 집회에 참가했다. 이에 법원은 법원 경계지점으로부터 1백 미터 이내 장소에서의 옥외집회 금지 위반으로 A씨에게 벌금 30만 원의 약식명령을 내렸다.

이에 A씨는 사법기능의 독립성과 공정성을 보호하기 위해 각급법원의 경계지점으로부터 1백 미터 이내 장소에서의 집회를 금지할 수는 있다 하더라도, 사법기능의 독립성과 공정성을 해칠 위험이 구체적으로 존재하지 않는 경우에 대해서까지 예외 없이 금지하는 것은 위헌이라고 주장하면서 위헌 신청을 했다. 이에 대해 헌법재판소는 "사법기능의 보호라는 이 사건 법률조항이 추구하는 공익은 우리 헌법의 기본원리인 법치주의의 초석과 관련된 것이므로, 이 사건 법률조항으로 인한 집회·시위의 효과 감소 및 이에 관련된 자유의 제한은 감수할 만한 정도의 것으로 평가된다"면서 합헌 결정 했다(2005.11.24. 2004헌가17, 전원재판부).

그러나 재판관 윤영철, 송인준, 전효숙, 이공현은 이에 대한 반대 의견을 제출했다. 이들은 대규모 집회 또는 시위로 확산될 우려가 없는 집회·시위, 각급법원의 업무가 없는 휴일에 개최되는 집회·시위 등의 경우에는 옥외집회나 시위가 허용될 수 있도록 그 가능성을 열어두어야 한다고 주장했다. 보호법익에 대한 위험성 여부에 관계없이 집회금지장소에서의 모든 옥외집회와 시위를 전면적으로 금지하는 것은 공익에 비하여 불필요하게 과도하게 국민의 집회·시위 자유를 제한하는 것으로 보았다. 특히 민주주의 구성요소로서 집회·시위의 자유가 갖는 중요성을 고려할 때, 이 사건에서 집회·시위의 자유를 과잉 제한하는 정도는 더욱 크다면서 헌법에 위반된다고 주장했다(2005.11.24. 2004헌가17, 전원재판부, 윤영철, 송인준, 전효숙, 이공현 반대의견).

5) 집회·시위 규제에 대한 입법 조건

집회에 대한 규제입법을 제정할 때에는 입법 목적의 정당성 및 수단의 적합성, 침해의 최소성 및 법익균형성을 갖추어야 한다. 집시법 제10조(옥외집회와 시위의 금지시간)에는 "누구든지 해가 뜨기 전이나 해가 진 후에는 옥외집회 또는 시위를 하여서는 아니된다"고 규정 한 후 이를 위반할 때에는 형사처벌 할 수 있도록 규정했다. 이에 대해 헌법재판소는 다음과 같은 이유로 위헌 판결을 내렸다.

(1) 목적의 정당성 및 수단의 적합성

집시법상의 시위는 개인적인 의사표현의 경우보다 공공의 안녕질서 등과 마찰을 빚을 가능성이 크다. 시위는 도로 등 공공장소를 행진하거나, 위력 또는 기세를 보이는 방법을 사용하기 때문에, 집시법상의 집회나 옥외집회보다 공공의 안녕질서, 법적 평화 및 타인의 평온에 미치는 영향이 크다(헌재 1994.4.28. 91헌바14 참조).

야간은 시위 장소 인근에서 거주하거나 통행하는 시민들의 평온이 강하게 요청되는 시간대다. 시위 참가자는 주간보다 감성적으로 민감해지거나 심리적으로 위축되어 합리적 판단력이나 자제력이 낮아질 가능성이 있다. 또한 시위 참가자들 상호간이나 제3자 사이의 식별이 어려워 예기치 못한 돌발 상황이 발생하기 쉽다. 사소한 자극에도 과잉반응으로 이어져 물리적 충돌을 일으키거나 과격 시위, 폭력 시위로 변화할 가능성이 커진다.

행정관서의 입장에서도 야간 시위는 주간 시위보다 질서를 유지시키기가 어렵고, 어둠 때문에 행위자 및 행위의 식별이 어려워 이를 진압하거나 채증하기가 쉽지 않다. 야간 시위의 위와 같은 특징과 차별성을 고려하여 야간의 시위를 금지한 것은 사회의 안녕질서를 유지하고 시위 참가자 등의 안전과 제3자인 시민들의 주거 및 사생활의 평온을 보호하기 위한 것으로서 정당한 목적 달성을 위한 적합한 수단이 된다고 볼 수 있다.

(2) 침해의 최소성 및 법익균형성

집회 자유는 집회 시간, 장소, 방법과 목적을 스스로 결정할 권리, 즉 집회를 하루 중 언제 개최할지 등 시간 선택에 대한 자유와 어느 장소에서 개최할지 등 장소 선택에 대한 자유를 내포하고 있다(헌재 2003.10.30. 2000헌바67). 따라서 야간 시위 주최 및 참가 역시 집회의 자유로 보호됨이 원칙이고, 이를 사회의 안녕질서 또는 국민의 주거 및 사생활의 평온 등을 위하여 제한함에는 목적 달성에 필요한 최소한의 범위로 한정되어야 한다(헌재 2009.9.24. 2008헌가25).

그런데 오늘날 우리 사회 대다수의 직장과 학교는 그 근무 및 학업 시간대를 오전 8~9시부터 오후 5~6시까지로 하고 있어 평일의 위 시간대에는 개인 활동을 하기 어렵다. 시위를 주최하거나 참가하려는 직장인이나 학생은 특별한 사정이 없는 한 퇴근 또는 하교 후인 오후 5~6시 이후에나 시위의 주최 또는 참여가 가능한 경우가 많다. 그 결과 낮 시간이 짧은 동절기 평일의 경우, 직장인이나 학생은 사실상 시위를 주최하거나 참가할 수 없다. 이는 헌법이 모든 국민에게 보장하는 집회 자유를 실질적으로 박탈하거나 명목상의 것으로 만드는 결과를 초래한다(2009.9.24. 2008헌가25 전원재판부).

도시화·산업화가 진행된 현대 사회는 도심지의 경우 심야에 이르기까지 주변의 조명이 충분하여 일상생활에 지장이 없다. 이 사건 법률조항은 '해가 뜨기 전이나 해가 진 후'라는 광범위하고 가변적인 시간대의 시위를 금지하고 있으므로, 이는 목적달성을 위해 필요한 정도를 넘는 지나친 제한이다. 나아가 집시법은 국민의 주거 및 사생활의 평온과 사회의 공공질서가 보호될 수 있도록 여러 보완장치를 마련하고 있다. 즉 공공의 안녕질서에 직접적인 위협을 끼칠 것이 명백한 집회 또는 시위 등의 주최 금지 또는 해산, 주거지역 등 사생활의 평온을 뚜렷하게 해칠 우려가 있는 경우, 학교의 주변 지역 등은 집회나 시위의 금지 또는 제한, 확성기 등의 사용 중지 또는 제한, 교통질서 유지 등을 위한 제한을 할 수 있다(2009.9.24. 2008헌가25 전원재판부).

한편, 우리 헌법상 집회의 자유에 의하여 보호되는 것은 오로지 '평화적' 또는 '비폭력적' 집회에 한정되는 것이므로(헌재 2003.10.30. 2000헌바67 등 참조) 집회 자유를 빙자한 폭력행위나 불법행위 등은 헌법적 보호범위를 벗어난 것인 만큼, 형법, '폭력행위등처벌에관한법률', 도로교통법 등에 의하여 형사 처벌되거나 민사상의 손해배상책임 등에 의하여 제재될 수 있다(헌재 2009.9.24. 2008헌가25 참조).

이러한 규정들을 종합하여 보면, 시위가 금지되는 시간대를 이 사건 법률조항과 같이 광범위하게 정하여 절대적으로 금지한 것은 목적 달성에 필요한 기본권의 제한을 최소화할 수 있는 방법을 강구하지 않은 것으로서 침해최소성의 원칙에 반한다. 소수의견을 피력하고자 하는 국민들에게 있어 시위는 광범위한 대중에게 호소할 수 있는 수단이다. 표현행위자와 수용자 사이에 대면 접촉을 통하여 의사소통의 유연성과 호소력이 높은 시위를 광범위한 야간 시간대에 절대적으로 금지하는 것은 집회의 자유에 대한 중대한 제한이다(2009.9.24. 2008헌가25 전원재판부).

이 사건 법률조항에 의하여 달성되는 사회의 안녕질서 유지의 공익, 시위 참가자 등의 안전, 제3자인 시민들의 평온 보호 등의 공익 역시 중요하다. 그러나 현대 대의민주국가에서 민주적 공동체의 필수적 구성요소인 집회 자유의 평화적인 행사로 인하여 필연적으로 발생하고, 회피되기 어려운 일부 혼란은 일정한 범위에서 받아들여야 한다. 야간이라는 광범위한 시간 동안 절대적으로 시위를 하지 못하게 하는 것은 공공의 안녕질서 보호라는 공익에 비해 집회의 자유를 과도하게 제한하는 것으로 법익 균형성원칙도 위반한다(2009.9.24. 2008헌가25 전원재판부).

헌법재판소는 위와 같이 판결하면서 만약 야간 집회 전체를 위헌 판결하는 경우 야간의 옥외집회와 시위 전부가 주간과 마찬가지로 규율됨에 따라 공공의 질서 내지 법적 평화를 침해할 위험이 크다고 보았다. 따라서 해가진 후부터 같은 날 24시까지 시위를 허용해야 한다면서 위헌 부분을 특정해서 판결했다.

6) 집회및시위에관한법률

제1조 (목적) 이 법은 적법한 집회(集會) 및 시위(示威)를 최대한 보장하고 위법한 시위로부터 국민을 보호함으로써 집회 및 시위의 권리 보장과 공공의 안녕질서가 적절히 조화를 이루도록 하는 것을 목적으로 한다.

제2조 (정의) 이 법에서 사용하는 용어의 뜻은 다음과 같다.

1. "옥외집회"란 천장이 없거나 사방이 폐쇄되지 아니한 장소에서 여는 집회를 말한다.
2. "시위"란 여러 사람이 공동의 목적을 가지고 도로, 광장, 공원 등 일반인이 자유로이 통행할 수 있는 장소를 행진하거나 위력(威力) 또는 기세(氣勢)를 보여, 불특정한 여러 사람의 의견에 영향을 주거나 제압(制壓)을 가하는 행

위를 말한다.

3. "주최자(主催者)"란 자기 이름으로 자기 책임 아래 집회나 시위를 여는 사람이나 단체를 말한다. 주최자는 주관자(主管者)를 따로 두어 집회 또는 시위의 실행을 맡아 관리하도록 위임할 수 있다. 이 경우 주관자는 그 위임의 범위 안에서 주최자로 본다.

4. "질서유지인"이란 주최자가 자신을 보좌하여 집회 또는 시위의 질서를 유지하게 할 목적으로 임명한 자를 말한다.

5. "질서유지선"이란 관할 경찰서장이나 지방경찰청장이 적법한 집회 및 시위를 보호하고 질서유지나 원활한 교통 소통을 위하여 집회 또는 시위의 장소나 행진 구간을 일정하게 구획하여 설정한 띠, 방책(防柵), 차선(車線) 등의 경계 표지(標識)를 말한다.

6. "경찰관서"란 국가경찰관서를 말한다.

제3조 (집회 및 시위에 대한 방해 금지) ①누구든지 폭행, 협박, 그 밖의 방법으로 평화적인 집회 또는 시위를 방해하거나 질서를 문란하게 하여서는 아니 된다.

②누구든지 폭행, 협박, 그 밖의 방법으로 집회 또는 시위의 주최자나 질서유지인의 이 법의 규정에 따른 임무 수행을 방해하여서는 아니 된다.

③집회 또는 시위의 주최자는 평화적인 집회 또는 시위가 방해받을 염려가 있다고 인정되면 관할 경찰관서에 그 사실을 알려 보호를 요청할 수 있다. 이 경우 관할 경찰관서의 장은 정당한 사유 없이 보호 요청을 거절하여서는 아니된다.

제4조 (특정인 참가의 배제) 집회 또는 시위의 주최자 및 질서유지인은 특정한 사람이나 단체가 집회나 시위에 참가하는 것을 막을 수 있다. 다만, 언론사의 기자는 출입이 보장되어야 하며, 이 경우 기자는 신분증을 제시하고 기자임을 표시한 완장(腕章)을 착용하여야 한다.

제5조 (집회 및 시위의 금지) ①누구든지 다음 각 호의 어느 하나에 해당하는 집회나 시위를 주최하여서는 아니 된다.

1. 헌법재판소의 결정에 따라 해산된 정당의 목적을 달성하기 위한 집회 또는 시위

2. 집단적인 폭행, 협박, 손괴(損壞), 방화 등으로 공공의 안녕 질서에 직접적인 위협을 끼칠 것이 명백한 집회 또는 시위

②누구든지 제1항에 따라 금지된 집회 또는 시위를 할 것을 선전하거나 선동하여서는 아니 된다.

제6조 (옥외집회 및 시위의 신고 등) ①옥외집회나 시위를 주최하려는 자는 그에 관한 다음 각 호의 사항 모두를 적은 신고서를 옥외집회나 시위를 시작하기 720시간 전부터 48시간 전에 관할 경찰서장에게 제출하여야 한다. 다만, 옥외집회 또는 시위 장소가 두 곳 이상의 경찰서의 관할에 속하는 경우에는 관할 지방경찰청장에게 제출하여야 하고, 두 곳 이상의 지방경찰청 관할에 속하는 경우에는 주최지를 관할하는 지방경찰청장에게 제출하여야 한다.

1. 목적

2. 일시(필요한 시간을 포함한다)

3. 장소

4. 주최자(단체인 경우에는 그 대표자를 포함한다), 연락책임자, 질서유지인에 관한 다음 각 목의 사항

가. 주소 나. 성명 다. 직업 라. 연락처

5. 참가 예정인 단체와 인원

6. 시위의 경우 그 방법(진로와 약도를 포함한다)

②관할 경찰서장 또는 지방경찰청장(이하 "관할경찰관서장"이라 한다)은 제1항에 따른 신고서를 접수하면 신고자에게 접수 일시를 적은 접수증을 즉시 내주어야 한다.

③주최자는 제1항에 따라 신고한 옥외집회 또는 시위를 하지 아니하게 된 경우에는 신고서에 적힌 집회 일시 24시간 전에 그 철회사유 등을 적은 철회신고서를 관할경찰관서장에게 제출하여야 한다. [개정 2016.1.27] [[시행일 2016.2.28]]

④제3항에 따라 철회신고서를 받은 관할경찰관서장은 제8조제3항에 따라 금지 통고를 한 집회나 시위가 있는 경우에는 그 금지 통고를 받은 주최자에게 제3항에 따른 사실을 즉시 알려야 한다. [개정 2016.1.27] [[시행일 2016.2.28]]

⑤제4항에 따라 통지를 받은 주최자는 그 금지 통고된 집회 또는 시위를 최초에 신고한 대로 개최할 수 있다. 다만, 금지 통고 등으로 시기를 놓친 경우에는 일시를 새로 정하여 집회 또는 시위를 시작하기 24시간 전에 관할경찰관서장에게 신고서를 제출하고 집회 또는 시위를 개최할 수 있다.

제7조 (신고서의 보완 등) ①관할경찰관서장은 제6조제1항에 따른 신고서의 기재 사항에 미비한 점을 발견하면 접수증을 교부한 때부터 12시간 이내에 주최자에게 24시간을 기한으로 그 기재 사항을 보완할 것을 통고할 수 있다.

②제1항에 따른 보완 통고는 보완할 사항을 분명히 밝혀 서면으로 주최자 또는 연락책임자에게 송달하여야 한다.

제8조 (집회 및 시위의 금지 또는 제한 통고) ①제6조제1항에 따른 신고서를 접수한 관할경찰관서장은 신고된 옥외집회 또는 시위가 다음 각 호의 어느 하나에 해당하는 때에는 신고서를 접수한 때부터 48시간 이내에 집회 또는 시위를 금지할 것을 주최자에게 통고할 수 있다. 다만, 집회 또는 시위가 집단적인 폭행, 협박, 손괴, 방화 등으로 공공의 안녕 질서에 직접적인 위험을 초래한 경우에는 남은 기간의 해당 집회 또는 시위에 대하여 신고서를 접수한 때부터 48시간이 지난 경우에도 금지 통고를 할 수 있다.

1. 제5조제1항, 제10조 본문 또는 제11조에 위반된다고 인정될 때
2. 제7조제1항에 따른 신고서 기재 사항을 보완하지 아니한 때
3. 제12조에 따라 금지할 집회 또는 시위라고 인정될 때

②관할경찰관서장은 집회 또는 시위의 시간과 장소가 중복되는 2개 이상의 신고가 있는 경우 그 목적으로 보아 서로 상반되거나 방해가 된다고 인정되면 각 옥외집회 또는 시위 간에 시간을 나누거나 장소를 분할하여 개최하도록 권유하는 등 각 옥외집회 또는 시위가 서로 방해되지 아니하고 평화적으로 개최·진행될 수 있도록 노력하여야 한다. [개정 2016.1.27] [[시행일 2016.2.28]]

③관할경찰관서장은 제2항에 따른 권유가 받아들여지지 아니하면 뒤에 접수된 옥외집회 또는 시위에 대하여 제1항에 준하여 그 집회 또는 시위의 금지를 통고할 수 있다. [신설 2016.1.27] [[시행일 2016.2.28]]

④제3항에 따라 뒤에 접수된 옥외집회 또는 시위가 금지 통고된 경우 먼저

신고를 접수하여 옥외집회 또는 시위를 개최할 수 있는 자는 집회 시작 1시간 전에 관할경찰관서장에게 집회 개최 사실을 통지하여야 한다. [신설 2016.1.27] [[시행일 2016.2.28]]

⑤다음 각 호의 어느 하나에 해당하는 경우로서 그 거주자나 관리자가 시설이나 장소의 보호를 요청하는 경우에는 집회나 시위의 금지 또는 제한을 통고할 수 있다. 이 경우 집회나 시위의 금지 통고에 대하여는 제1항을 준용한다. [개정 2007.12.21 제8733호(군사기지 및 군사시설 보호법), 2016.1.27] [[시행일 2016.2.28]]

1. 제6조제1항의 신고서에 적힌 장소(이하 이 항에서 "신고장소"라 한다)가 다른 사람의 주거지역이나 이와 유사한 장소로서 집회나 시위로 재산 또는 시설에 심각한 피해가 발생하거나 사생활의 평온(平穩)을 뚜렷하게 해칠 우려가 있는 경우
2. 신고장소가 「초·중등교육법」 제2조에 따른 학교의 주변 지역으로서 집회 또는 시위로 학습권을 뚜렷이 침해할 우려가 있는 경우
3. 신고장소가 「군사기지 및 군사시설 보호법」 제2조제2호에 따른 군사시설의 주변 지역으로서 집회 또는 시위로 시설이나 군 작전의 수행에 심각한 피해가 발생할 우려가 있는 경우

⑥집회 또는 시위의 금지 또는 제한 통고는 그 이유를 분명하게 밝혀 서면으로 주최자 또는 연락책임자에게 송달하여야 한다. [개정 2016.1.27] [[시행일 2016.2.28]]

제9조 (집회 및 시위의 금지 통고에 대한 이의 신청 등) ①집회 또는 시위의 주최자는 제8조에 따른 금지 통고를 받은 날부터 10일 이내에 해당 경찰관서의 바로 위의 상급경찰관서의 장에게 이의를 신청할 수 있다.

②제1항에 따른 이의 신청을 받은 경찰관서의 장은 접수 일시를 적은 접수증을 이의 신청인에게 즉시 내주고 접수한 때부터 24시간 이내에 재결(裁決)을 하여야 한다. 이 경우 접수한 때부터 24시간 이내에 재결서를 발송하지 아니하면 관할경찰관서장의 금지 통고는 소급하여 그 효력을 잃는다.

③이의 신청인은 제2항에 따라 금지 통고가 위법하거나 부당한 것으로 재결되거나 그 효력을 잃게 된 경우 처음 신고한 대로 집회 또는 시위를 개최할

수 있다. 다만, 금지 통고 등으로 시기를 놓친 경우에는 일시를 새로 정하여 집회 또는 시위를 시작하기 24시간 전에 관할경찰관서장에게 신고함으로써 집회 또는 시위를 개최할 수 있다.

제10조 (옥외집회와 시위의 금지 시간) 누구든지 해가 뜨기 전이나 해가 진 후에는 옥외집회 또는 시위를 하여서는 아니 된다. 다만, 집회의 성격상 부득이하여 주최자가 질서유지인을 두고 미리 신고한 경우에는 관할경찰관서장은 질서 유지를 위한 조건을 붙여 해가 뜨기 전이나 해가 진 후에도 옥외집회를 허용할 수 있다.

제11조 (옥외집회와 시위의 금지 장소) 누구든지 다음 각 호의 어느 하나에 해당하는 청사 또는 저택의 경계 지점으로부터 100미터 이내의 장소에서는 옥외집회 또는 시위를 하여서는 아니 된다.

1. 국회의사당, 각급 법원, 헌법재판소
2. 대통령 관저(官邸), 국회의장 공관, 대법원장 공관, 헌법재판소장 공관
3. 국무총리 공관. 다만, 행진의 경우에는 해당하지 아니한다.
4. 국내 주재 외국의 외교기관이나 외교사절의 숙소. 다만, 다음 각 목의 어느 하나에 해당하는 경우로서 외교기관 또는 외교사절 숙소의 기능이나 안녕을 침해할 우려가 없다고 인정되는 때에는 해당하지 아니한다.

가. 해당 외교기관 또는 외교사절의 숙소를 대상으로 하지 아니하는 경우

나. 대규모 집회 또는 시위로 확산될 우려가 없는 경우

다. 외교기관의 업무가 없는 휴일에 개최하는 경우

제12조 (교통 소통을 위한 제한) ①관할경찰관서장은 대통령령으로 정하는 주요 도시의 주요 도로에서의 집회 또는 시위에 대하여 교통 소통을 위하여 필요하다고 인정하면 이를 금지하거나 교통질서 유지를 위한 조건을 붙여 제한할 수 있다.

②집회 또는 시위의 주최자가 질서유지인을 두고 도로를 행진하는 경우에는 제1항에 따른 금지를 할 수 없다. 다만, 해당 도로와 주변 도로의 교통 소통에 장애를 발생시켜 심각한 교통 불편을 줄 우려가 있으면 제1항에 따른 금지를 할 수 있다.

제13조 (질서유지선의 설정) ①제6조제1항에 따른 신고를 받은 관할경찰관서

장은 집회 및 시위의 보호와 공공의 질서 유지를 위하여 필요하다고 인정하면 최소한의 범위를 정하여 질서유지선을 설정할 수 있다.

②제1항에 따라 경찰관서장이 질서유지선을 설정할 때에는 주최자 또는 연락책임자에게 이를 알려야 한다.

제14조 (확성기등 사용의 제한) ①집회 또는 시위의 주최자는 확성기, 북, 징, 꽹과리 등의 기계·기구(이하 이 조에서 "확성기 등"이라 한다)를 사용하여 타인에게 심각한 피해를 주는 소음으로서 대통령령으로 정하는 기준을 위반하는 소음을 발생시켜서는 아니 된다.

②관할경찰관서장은 집회 또는 시위의 주최자가 제1항에 따른 기준을 초과하는 소음을 발생시켜 타인에게 피해를 주는 경우에는 그 기준 이하의 소음 유지 또는 확성기 등의 사용 중지를 명하거나 확성기 등의 일시보관 등 필요한 조치를 할 수 있다.

제15조 (적용의 배제) 학문, 예술, 체육, 종교, 의식, 친목, 오락, 관혼상제(冠婚喪祭) 및 국경행사(國慶行事)에 관한 집회에는 제6조부터 제12조까지의 규정을 적용하지 아니한다.

제16조 (주최자의 준수 사항) ①집회 또는 시위의 주최자는 집회 또는 시위에 있어서의 질서를 유지하여야 한다.

②집회 또는 시위의 주최자는 집회 또는 시위의 질서 유지에 관하여 자신을 보좌하도록 18세 이상의 사람을 질서유지인으로 임명할 수 있다.

③집회 또는 시위의 주최자는 제1항에 따른 질서를 유지할 수 없으면 그 집회 또는 시위의 종결(終結)을 선언하여야 한다.

④집회 또는 시위의 주최자는 다음 각 호의 어느 하나에 해당하는 행위를 하여서는 아니 된다.

1. 총포, 폭발물, 도검(刀劍), 철봉, 곤봉, 돌덩이 등 다른 사람의 생명을 위협하거나 신체에 해를 끼칠 수 있는 기구(器具)를 휴대하거나 사용하는 행위 또는 다른 사람에게 이를 휴대하게 하거나 사용하게 하는 행위
2. 폭행, 협박, 손괴, 방화 등으로 질서를 문란하게 하는 행위
3. 신고한 목적, 일시, 장소, 방법 등의 범위를 뚜렷이 벗어나는 행위

⑤옥내집회의 주최자는 확성기를 설치하는 등 주변에서의 옥외 참가를 유발

하는 행위를 하여서는 아니 된다.

제17조 (질서유지인의 준수 사항 등) ①질서유지인은 주최자의 지시에 따라 집회 또는 시위 질서가 유지되도록 하여야 한다.

②질서유지인은 제16조제4항 각 호의 어느 하나에 해당하는 행위를 하여서는 아니 된다.

③질서유지인은 참가자 등이 질서유지인임을 쉽게 알아볼 수 있도록 완장, 모자, 어깨띠, 상의 등을 착용하여야 한다.

④관할경찰관서장은 집회 또는 시위의 주최자와 협의하여 질서유지인의 수(數)를 적절하게 조정할 수 있다.

⑤집회나 시위의 주최자는 제4항에 따라 질서유지인의 수를 조정한 경우 집회 또는 시위를 개최하기 전에 조정된 질서유지인의 명단을 관할경찰관서장에게 알려야 한다.

제18조 (참가자의 준수 사항) ①집회나 시위에 참가하는 자는 주최자 및 질서유지인의 질서 유지를 위한 지시에 따라야 한다.

②집회나 시위에 참가하는 자는 제16조제4항제1호 및 제2호에 해당하는 행위를 하여서는 아니 된다.

제19조 (경찰관의 출입) ①경찰관은 집회 또는 시위의 주최자에게 알리고 그 집회 또는 시위의 장소에 정복(正服)을 입고 출입할 수 있다. 다만, 옥내집회 장소에 출입하는 것은 직무 집행을 위하여 긴급한 경우에만 할 수 있다.

②집회나 시위의 주최자, 질서유지인 또는 장소관리자는 질서를 유지하기 위한 경찰관의 직무집행에 협조하여야 한다.

제20조 (집회 또는 시위의 해산) ①관할경찰관서장은 다음 각 호의 어느 하나에 해당하는 집회 또는 시위에 대하여는 상당한 시간 이내에 자진(自進) 해산할 것을 요청하고 이에 따르지 아니하면 해산(解散)을 명할 수 있다. [개정 2016.1.27] [[시행일 2016.2.28]]

1. 제5조제1항, 제10조 본문 또는 제11조를 위반한 집회 또는 시위
2. 제6조제1항에 따른 신고를 하지 아니하거나 제8조 또는 제12조에 따라 금지된 집회 또는 시위
3. 제8조제5항에 따른 제한, 제10조 단서 또는 제12조에 따른 조건을 위반하

여 교통 소통 등 질서 유지에 직접적인 위험을 명백하게 초래한 집회 또는 시위

4. 제16조제3항에 따른 종결 선언을 한 집회 또는 시위

5. 제16조제4항 각 호의 어느 하나에 해당하는 행위로 질서를 유지할 수 없는 집회 또는 시위

②집회 또는 시위가 제1항에 따른 해산 명령을 받았을 때에는 모든 참가자는 지체 없이 해산하여야 한다.

③제1항에 따른 자진 해산의 요청과 해산 명령의 고지(告知) 등에 필요한 사항은 대통령령으로 정한다.

제21조 (집회·시위자문위원회) ①집회 및 시위의 자유와 공공의 안녕 질서가 조화를 이루도록 하기 위하여 각급 경찰관서에 다음 각 호의 사항에 관하여 각급 경찰관서장의 자문 등에 응하는 집회·시위자문위원회(이하 이 조에서 "위원회"라 한다)를 둘 수 있다.

1. 제8조에 따른 집회 또는 시위의 금지 또는 제한 통고

2. 제9조제2항에 따른 이의 신청에 관한 재결

3. 집회 또는 시위에 대한 사례 검토

4. 집회 또는 시위 업무의 처리와 관련하여 필요한 사항

②위원회에는 위원장 1명을 두되, 위원장을 포함한 5명 이상 7명 이하의 위원으로 구성된다.

③위원장과 위원은 각급 경찰관서장이 전문성과 공정성 등을 고려하여 다음 각 호의 사람 중에서 위촉한다.

1. 변호사 2. 교수 3. 시민단체에서 추천하는 사람

4. 관할 지역의 주민대표

④위원회의 구성·운영 등에 필요한 사항은 대통령령으로 정한다.

제22조 (벌칙) ①제3조제1항 또는 제2항을 위반한 자는 3년 이하의 징역 또는 300만원 이하의 벌금에 처한다. 다만, 군인·검사 또는 경찰관이 제3조제1항 또는 제2항을 위반한 경우에는 5년 이하의 징역에 처한다.

②제5조제1항 또는 제6조제1항을 위반하거나 제8조에 따라 금지를 통고한 집회 또는 시위를 주최한 자는 2년 이하의 징역 또는 200만원 이하의 벌금에 처한다.

③제5조제2항 또는 제16조제4항을 위반한 자는 1년 이하의 징역 또는 100만원 이하의 벌금에 처한다.

④그 사실을 알면서 제5조제1항을 위반한 집회 또는 시위에 참가한 자는 6개월 이하의 징역 또는 50만원 이하의 벌금·구류 또는 과료에 처한다.

제23조 (벌칙) 제10조 본문 또는 제11조를 위반한 자, 제12조에 따른 금지를 위반한 자는 다음 각 호의 구분에 따라 처벌한다.

1. 주최자는 1년 이하의 징역 또는 100만원 이하의 벌금
2. 질서유지인은 6개월 이하의 징역 또는 50만원 이하의 벌금·구류 또는 과료
3. 그 사실을 알면서 참가한 자는 50만원 이하의 벌금·구류 또는 과료

제24조 (벌칙) 다음 각 호의 어느 하나에 해당하는 자는 6개월 이하의 징역 또는 50만원 이하의 벌금·구류 또는 과료에 처한다.

1. 제4조에 따라 주최자 또는 질서유지인이 참가를 배제했는데도 그 집회 또는 시위에 참가한 자
2. 제6조제1항에 따른 신고를 거짓으로 하고 집회 또는 시위를 개최한 자
3. 제13조에 따라 설정한 질서유지선을 경찰관의 경고에도 불구하고 정당한 사유 없이 상당 시간 침범하거나 손괴·은닉·이동 또는 제거하거나 그 밖의 방법으로 그 효용을 해친 자
4. 제14조제2항에 따른 명령을 위반하거나 필요한 조치를 거부·방해한 자
5. 제16조제5항, 제17조제2항, 제18조제2항 또는 제20조제2항을 위반한 자

제25조 (단체의 대표자에 대한 벌칙 적용) 단체가 집회 또는 시위를 주최하는 경우에는 이 법의 벌칙 적용에서 그 대표자를 주최자로 본다.

제26조 (과태료) ①제8조제4항에 해당하는 먼저 신고된 옥외집회 또는 시위의 주최자가 정당한 사유 없이 제6조제3항을 위반한 경우에는 100만원 이하의 과태료를 부과한다.

②제1항에 따른 과태료는 대통령령으로 정하는 바에 따라 지방경찰청장 또는 경찰서장이 부과·징수한다. [본조신설 2016.1.27] [[시행일 2017.1.28]]

7. 표현자유와 음란표현

1) 음란이란 무엇인가?

헌법재판소는 음란에 대해 '인간의 존엄성과 가치를 심각하게 훼손·왜곡할 정도로 노골적으로 성적부위나 행위를 표현하고, 사회통념에 비추어 오직 성적 흥미에만 호소하여, 하등의 문학적·예술적·사상적 가치를 갖지 않은 표현물'이라고 규정하고 있다.

"표현물을 전체적으로 관찰·평가해 볼 때 단순히 저속하다거나 문란한 느낌을 준다는 정도를 넘어서서 존중·보호되어야 할 인격을 갖춘 존재인 사람의 존엄성과 가치를 심각하게 훼손·왜곡하였다고 평가할 수 있을 정도로 노골적인 방법에 의하여 성적 부위나 행위를 적나라하게 표현 또는 묘사한 것으로서, 사회통념에 비추어 전적으로 또는 지배적으로 성적 흥미에만 호소하고 하등의 문학적·예술적·사상적 가치 등을 지니지 아니하는 것을 뜻한다"(2013.8.29. 2011헌바176).

2000년 이전까지 대법원은 음란물에 대한 판단기준으로 '보통인의 정상적인 성적 수치심을 해하고 선량한 도의관념에 반하는 정도'를 핵심 기준으로 삼았다. 그리고 작품 전체의 예술성 보다는 그 작품에 묘사된 음란관련 부분을 중심으로 판단했다. 즉 '성적묘사 서술이 문서전체에서 차지하는 비중, 예술성·사상성 등에 의한 성적 자극의 완화 정도를 중심으로 보통인의 정상적인 성적 수치심을 유발하는지 여부를 판단했다.

“음란한 문서라 함은 일반 보통인의 성욕을 자극하여 성적 흥분을 유발하고 정상적인 성적 수치심을 해하여 성적 도의관념에 반하는 것을 가리킨다. 문서의 음란성 판단에 있어서는 당해 문서의 성에 관한 노골적이고 상세한 묘사서술 정도와 그 수법, 묘사서술이 문서 전체에서 차지하는 비중, 문서에 표현된 사상 등과 묘사서술과의 관련성, 문서 구성이나 전개 또는 예술성·사상성 등에 의한 성적 자극의 완화 정도, 이들 관점으로 부터 당해 문서를 전체로서 보았을 때 주로 독자의 호색적 흥미를 돋우는 것으로 인정되느냐 여부 등을 검토하는 것이 필요하다. 이들 사정을 종합하여 그 시대의 건전한 사회통념에 비추어 그것이 ‘공연히 성욕을 흥분 또는 자극시키고 또한, 보통인의 정상적인 성적 수치심을 해하고, 선량한 성적 도의관념에 반하는 것’이라고 할 수 있는가 여부를 결정하여야 할 것이다”(대법원 1995.6.16. 선고 94도2413 판결 ; 대법원 1997.8.27. 선고 97도937 판결 ; 대법원 2000.10.27. 선고 98도679 판결 등 참조).

그러나 2000년 이후 음란에 대한 판결은 더 엄격하고 명확해 졌다. 음란 판단기준이 보통인의 정상적인 성적 수치심보다는 음란 표현이 ‘문학적·예술적·사상적·과학적·의학적·교육적 가치’가 있느냐 여부가 가장 중요한 판단기준이 되었다. 음란 개념 자체가 다양한 개인들 사이의 역사·문화·종교 요소에 따라 다르게 정의될 수밖에 없는 성격 때문에 좀 더 명확하게 규정해야 할 필요성이 증대되었다고 보았다.

따라서 헌법재판소는 1) 사회통념상 일반 보통인의 성욕을 자극하여 성적 흥분을 유발하고 정상적인 성적 수치심을 해하여 성적 도의관념에 반할 것, 2) 표현물을 전체적으로 관찰·평가해 볼 때 단순히 저속하다거나 문란한 느낌을 준다는 정도를 넘어서서 존중·보호되어야 할 인격을 갖춘 존재인 사람의 존엄성과 가치를 심각하게 훼손·왜곡할 것, 3) 노골적인 방법에 의하여 성적 부위나 행위를 적나라하게 표현 또는 묘사한 것으로서, 사회통념에 비추어 전적으로 또는 지배적으로 성적 흥미에만 호소하고 있을 것, 4) 하등의 문학적·예술적·사상적·과학적·의학적·교육적 가치를 지니지 아니할 것(대법원 2008.3.13. 선고 2006도3558 판결 ; 대법원 2008.3.27. 선고 2006도6317 판결 ; 대법원 2008.5.8. 선고 2007도47129 판결 ; 대법원 2008.7.10. 선고 2008도244 판결)으로 변경했다.

대법원의 이런 입장변화는 음란표현을 헌법상 언론·출판 자유의 보호 영역 밖에 있는 것으로 보다가, 2000년 이후 음란표현도 헌법상 언론출판 자유의 보호영역 안에 있는 것으로 본 입장변화를 반영한 것으로 보인다. 음란표현을 언론·출판의 자유영역으로 보느냐 보지 않느냐는 매우 중요하다. 헌법상 언론출판자유는 사전검열 금지, 언론자유의 본질적 내용 침해금지, 국가안전보장·질서유지·공공복리를 위하여 오직 법률로서만 제한됨으로 그만큼 음란표현의 보장 범위가 넓어진다.

표현자유를 규제하는 법률은 세밀하고도 명확하게 규정해야 한다. 그렇지 않은 불명확한 법률은 표현의 자유를 위축시킬 수 있다. 법률이 명확하지 않은 경우 사법기관이나 행정기관의 자의적 판단이 개입될 여지가 많아진다. 이 경우 국민들은 자기검열을 강화할 수밖에 없어 표현자유가 위축될 수 있다. 대법원과 헌법재판소의 판결을 중심으로 음란물 판단기준을 정리하면 다음과 같이 정리할 수 있다. 1) 사회통념상 보통인의 성적 수치심을 해하여 성적 도의 관념에 반한다. 2) 인간 존엄성과 가치를 심각하게 훼손할 정도로 성적 표현이 적나라하다. 3) 사회통념에 비추어 전적으로 또는 지배적으로 성적 흥미에만 호소하고 있다. 4) 하등의 문학적·예술적·사상적·과학적·의학적·교육적 가치가 없다.

김일수는 이것을 좀 더 세분화 하여 음란성 판단기준을 다음과 같이 제시하고 있다. 1) 사회통념에 따라 객관적으로 판단해야 한다. 2) 평균인(보통인) 표준주의에 입각해야 한다. 3) 작품 전체를 평가하는 전체적 고찰방법에 따라야 한다. 4) 전문가적 의견을 존중해야 한다. 김일수는 음란성 유무에 대한 판단은 사실판단이 아니라 법적 가치판단으로 그 적용 및 판단에는 법적·윤리적 평가를 필요로 한다고 말하고 있다. 또한 그는 음란문서인지 예술작품인지를 판단하자면 평균인 기준만으로 부족하다면서 전문가의 판단 및 감정도 중시해야 한다고 주장하고 있다(김일수, 2000, pp.646-649).

미국에서 음란을 판별하는 방법도 음란표현을 더 명확하게 규정하는 방식으로 발전해 왔다. 1868년의 Hicklin Rule은 '음란물에 영향을 받기 쉬운 사람의 손에 음란표현이 들어갔을 때 그 사람들을 타락 부패시킬 만한 경향을 갖고 있는 것으로 판단되면 음란표현이라고 규정했다. 이에 대해 강준만은 단순히 부도덕적 영향을 줄 수 있는 경향성과 어린이를 기준으로 '영향을 받기 쉬운'의 기준으로 삼아 너무 광범위한 규정이라고 비판했다. 또한 책의 음란성 여부를 판단할 때에도 그 책의 일부분만이라도 음란 내용이 있으면 음란으로 판단하였다고 비판했다(강준만, 2001, p.286).

1933년 제임스 조이스의 소설 〈율리시스〉를 음란물이 아니라고 판결한 존 울시 판사는 음란성을 판단할 때 1) 책을 서술할 때 집필자의 의도를 고려 할 것 2) 부분적인 음란성 표현을 거부하고 책 전체를 고려 할 것, 3) 책은 어린이나 또는 비정상인이 아니라 정상인에게 끼치는 효과를 중심으로 판단할 것, 4) 문학적 또는 예술적 공헌도는 책의 어떤 부수적인 음란성보다 더욱 고려되어야 할 것 등을 제시하고 있다(한병구, 2000, p.202, 강준만, 2001, p.287).

1957년의 로스 판결에서 음란 표현은 보상할 만한 사회적 중요성이 없고, 이런 표현은 사상표현에 필요불가결하지 않음으로 수정헌법 제1조에 의한 헌법상 보호대상이 아니며, 음란표현물 규제는 '명백하고 임박한 위험 원칙'을 적용할 수 없다고 했다. 또한 음란물 여부를 판단할 때, 현 사회적 기준에서 전체 주제가 평균인의 호색적 흥미에 호소하는가를 기준으로 결정해야 한다고 했다. 그러나 이에 대해 소수의견을 낸 더글라스 대법관과 블랙 대법관은 어떤 문서가 전혀 사회적 의의가 없다고 하는 재판소의 판단으로 표현자유 가치를 희생해서는 안 된다고 주장했다(한병구 편, 1990, pp.301-302, 강준만 2001, p.288).

1966년의 Memoirs판결에서는 사회적 가치가 있다면 음란물로 판정할 수 없다고 선언함으로써 음란물의 범위를 대폭 축소시켰다. 여기서는 음란물을 판정할 때 평균인을 기준으로, 그리고 문서의 부분이 아니라 전체로 판정했다. 또한 소수의 사람이라도 가치가 있다고 생각하면 음란물로 판정하지 않았다(강준만, 2001, p.288).

1973년 Miller라는 사람이 포로노 서적을 소개하는 광고지를 레스토랑에 보냈다가 고발되어 유죄판결을 받았다. 이 재판에서는 1) 작품이 전체적으로 보아 동시대의 사회 가치를 지닌 일반사람들에게 관심을 유발시키는 경우, 2) 작품이 주정부의 법에 의해 구체적으로 명시된 성적행위를 명백하게 도발적인 방식으로 묘사한 경우, 3) 작품이 진지한 문학적, 예술적, 정치적, 또는 과학적 가치를 갖지 못한 경우 음란물로 판정했다(강준만, 2001, p.290).

미국의 음란물 판결은 한국의 대법원 및 헌법재판소의 판결에 많은 영향을 미쳤고 한국의 헌법 재판소도 미국의 음란 판정 기준을 수용하면서 음란에 대한 판정 기준을 변화시켜 왔다는 것을 알 수 있다.

2) 표현자유와 음란표현

1998년 헌법재판소는 음란표현을 언론·출판 자유의 보호영역 안에 있는 것으로 보지 않았다(헌재 1998.4.30. 95헌가16). 이 경우 음란표현은 언론자유 보호 원칙인 검열 금지의 원칙과 기본권 제한에 대한 헌법상의 기본원칙인 법률에 의한 제한, 언론자유의 본질적 내용의 침해 금지 원칙 등에 의해 보호 받을 수 없다. 이 경우 음란표현에 대한 사전검열을 받도록 하고 이를 받지 않은 경우의 형사처벌, 유통목적이 없는 음란물의 단순소지 금지, 법률에 의하지 아니하고 음란물출판에 대한 불이익 부과행위 등이 가능하여 음란표현에 대한 최소한의 헌법상 보호를 받기 어렵다.

2009년 헌법재판소는 기존의 헌법재판소 의견을 변경하여 음란표현도 헌법 제21조가 규정하는 언론·출판 자유의 보호영역 내에 있다고 판결했다. 헌법재판소는 2009년 〈정보통신망이용촉진및정보보호등에관한법률 제65조 제1항 제2호 위헌소원〉에서 "음란표현은 헌법 제21조가 규정하는 언론·출판 자유의 보호영역 내에 있다고 볼 것인 바, 종전에 이와 견해를 달리하여 음란표현은 헌법 제21조가 규정하는 언론·출판 자유의 보호영역에 해당하지 아니한다는 취지로 판시한 우리 재판소의 의견(헌재 1998.4.30. 95헌가16, 판례집 10-1, 327, pp.340-341)을 변경한다"고 선언했다(2009.5.28. 2006헌바109, 2007헌바49·57·83·129(병합)).

음란표현을 표현자유 영역으로 보지 않는 경우 음란으로 판단된 표현은 표현자유의 보호 영역이 될 수 없다. 따라서 음란물로 판단된 표현물 규제가 표현의 자유 침해인지 따질 수 없게 된다. 그러나 음란표현을 표현의 자유 보호영역으로 인정하는 경우 음란물에 대한 규제가 표현의 자유 침해인지 아닌지 합헌성 심사를 할 수 있다.

헌법 제21조 제4항은 언론·출판 자유의 헌법적 한계를 명시하고 있다. 헌법 제21조 제4항은 "언론·출판은 타인의 명예나 권리 또는 공중도덕이나 사회윤리를 침해해서는 안 된다"고 규정하고 있다. 이는 언론·출판의 자유에 따른 책임과 의무를 강조한 동시에 언론·출판 자유에 대한 제한 요건을 규정한 것으로, 헌법상 표현자유의 한계를 설정한 것이다. 따라서 음란표현도 헌법 제21조가 규정하는 언론·출판 자유의 보호영역에는 해당되지만, 헌법 제37조 제2항에 따라 국가 안전보장·질서유지 또는 공공복리를 위하여 제한할 수 있다. 이에 따라 헌법재판소도 표현의 해악을 시정하는 1차적 기능은 사상의 경쟁메카니즘에 맡겨야 하지만, 그 표현의 해악이 처음부터 해소될 수 없는 것은 국가가 내용 규제할 수 있다고 보았다.

법률조항에서 정한 '음란' 개념은 "인간존엄 내지 인간성을 왜곡하는 노골적이고 적나라한 성 표현으로서 오로지 성적 흥미에만 호소할 뿐 전체적으로 보아 하등의 문학적, 예술적, 과학적 또는 정치적 가치를 지니지 않은 것"을 뜻한다. 이 정의에 의하면 예술의 자유나 학문의 자유 등 정신적 자유의 보호영역에 포함될 수 있는 진지한 문학적, 예술적 가치를 지닌 성적 표현은 '음란' 표현에 해당하지 않는다. 미국 수정헌법 제1조의 보호영역에 속하지 않는다고 보는 음란물(obscenity) 또는 독일 형법에 규정된 '하드코어 포르노그래피'와 유사하거나 그 이상의 해악을 지닌 성적 표현만 음란표현에 해당된다. 이른바 엄격한 의미의 '음란' 표현은 헌법 제21조 제4항의 헌법적 한계를 벗어난 것이어서, 언론·출판의 자유에 의해서 보호되지 않는다(2009.5.28. 2006헌바109, 2007헌바49·57·83·129(병합)).

3) 음란표현과 헌법재판소 판결

A씨는 2010년 자신이 운영하는 성인용품판매점에서 음란물건인 여성 음부 모양의 남성용 자위기구를 판매하고, 남성용 자위기구를 판매할 목적으로 소지하였다는 이유로 벌금 500만 원의 판결을 선고받았다. 이에 A씨는 위헌소원을 냈다.

헌법재판소는 이 사건에 대한 판결에서 "인간의 존엄과 가치를 왜곡하는 음란한 물건이 판매되어 유통된다면 우리 사회의 성도덕이 더욱 문란하게 되거나 파괴될 가능성이 크고, 이로 인한 사회적 혐오감과 불쾌감 또한 유발될 것이다. 따라서 이러한 음란한 물건으로부터 사회 일반의 건전한 성 풍속 내지 성도덕을 보호하고 사회적 혐오감과 불쾌감 유발을 방지하기 위하여 음란한 물건의 판매 및 판매 목적 소지행위를 금지시킬 필요성이 있다"고 보았다(2013.8.29. 2011헌바176).

하지만 헌법재판소는 '영리'를 위한 음란한 물건 판매 행위 및 판매 목적 소지행위만을 규율하고 있을 뿐 판매 목적이 없는 음란한 물건의 단순 소지 등을 금지하는 것이 아니라고 했다(2013.8.29. 2011헌바176). 성 기구는 그 자체로는 대외적으로 성적인 표현을 하는 것이 아니고, 성 기구 자체가 성욕을 자극, 흥분 또는 만족시키게 하는 물건으로 볼 수 없다는 것이다. 그러나 "그 형상이나 색깔, 재질 등을 살펴 형상 자체의 자극과 표현의 노골성을 이유로 사람의 존엄성과 가치를 심각하게 훼손·왜곡함으로써 음란한 물건으로 인정되는 예외적인 경우에만 판매가 금지된다"고 밝히고 있다. 헌법재판소는 이 규제로 인한 사익의 실질적 침해는 크지 않은 반면, 인간성을 왜곡하는 음란물로부터 사회의 건전한 성도덕을 보호하고 공공의 혐오감과 불쾌감을 방지하기 위한 공익은 크다면서 합헌 판결했다[1](2013.8.29. 2011헌바176).

---

1) 재판관 박한철, 재판관 이정미는 위헌이 아니라는 데 동의하면서도 다음과 같은 보충의견을 제시했다. "성 기구는 단순한 성적인 만족이나 쾌락을 위한 경우 뿐만 아니라 그 사용자가 육체적·심리적 성기능 장애를 가지고 있는 경우나 일시적 혹은 상시적으로 성행위 상대가 없는 경우에도 중요한 역할을 한다. 특히 성 기구는 인간이 은밀하게 행하기 마련인 성적 행위에 사용된다는 점에서 매우 사적인 공간에서 이용되는데, 이러한 사적이고도 은밀한 영역에서의 개인적 활동

스포츠, 연예, 레저, 사진, 예술을 출판분야로 하는 한 출판사는 음란·저속한 간행물을 발간하였다는 이유로 출판사 등록을 취소당했다. 이에 출판사측은 등록청이 아무런 사법심사 없이 "음란 또는 저속한 간행물"인지 여부를 독자적으로 판단하여 출판사 등록을 취소한 것은 위헌이라고 주장했다. 담당 법원도 "음란", "저속", "공중도덕", "사회윤리" 등의 개념이 막연하고 추상적이어서 법집행자의 주관이나 자의적인 판단에 맡겨질 위험성이 크다면서 위헌신청을 했다.

이에 헌법재판소는 "음란"은 언론·출판의 자유의 헌법적 한계를 벗어난 것으로 판단한 반면에 "저속"은 헌법적 보호 영역 안에 있다면서 위헌 판결했다. 헌법 재판소는 "저속 개념은 그 적용범위가 매우 광범위하고 그 의미내용을 확정하기 어려울 정도로 매우 추상적이다. 저속 개념에는 출판사등록이 취소되는 성적 표현의 하한이 열려 있어 · · · 출판을 하고자 하는 자는 어느 정도로 자신의 표현내용을 조절해야 되는지를 도저히 알 수 없다"고 판결했다. 그리고 "청소년의 건전한 심성을 보호하기 위해서 퇴폐적인 성 표현이나 지나치게 폭력적이고 잔인한 표현 등을 규제할 필요성은 분명 존재하지만, 이들 저속한 표현을 규제하더라도 그 보호대상은 청소년에 한정되어야 함에도 · · · 청소년 보호라는 명목으로 성인이 볼 수 있는 것까지 전면 금지시킨다면 이는 성인의 알권리 수준을 청소년 수준으로 맞출 것을

에는 국가가 되도록 간섭하지 않는 것이 개별적 인격체로서의 인간의 존엄성과 자유를 실현하는 길이 된다. 따라서 음란한 물건의 판매가 원칙상 규제할 필요성이 인정된다 하더라도, 성 기구를 일반적인 성적 표현물인 음란물과 동일하게 취급하여 규제하는 것은 자제할 필요가 있다"(2013.8.29. 2011헌바176).

국가가 강요하는 것이어서 성인의 알권리까지 침해한다"고 판결했다 (1998. 4. 30. 95헌가16 전원재판부).

카메라 등을 이용하여 성적 욕망 또는 수치심을 유발할 수 있는 다른 사람의 신체를 촬영하여 허락 없이 반포한 경우 처벌하도록 한 성폭력처벌법 제14조 제2항에 대한 위헌 신청이 있었다. 이에 대해 신청인은 '카메라나 그 밖에 이와 유사한 기능을 갖춘 기계장치' 및 '성적 욕망 또는 수치심을 유발할 수 있는 다른 사람의 신체' 부분은 그 개념이 지나치게 개방적·추상적이고 그 의미가 불명확하여 명확성원칙에 위반된다고 주장했다. 이에 헌법재판소는 '성적 욕망 또는 수치심을 유발할 수 있는 타인의 신체'에 해당하는지 여부는 촬영된 신체 부위 외에 당해 피해자의 옷차림, 촬영 경위, 촬영 장소, 촬영 거리, 촬영 방식 등을 종합적으로 고려하여 판단하여야 한다"면서 명확성 원칙에 위반하지 않는다고 판단했다(2016.12.29. 2016헌바153).

그러나 재판관 강일원, 재판관 조용호는 "성적 욕망이나 수치심은 주관적 감정이 개입되는 상대적 개념이므로, '성적 욕망 또는 성적 수치심을 유발'한다는 것이 성적 호기심을 발동시키거나 단순한 부끄러움 또는 불쾌감을 불러일으키면 충분한지, 아니면 더 나아가 '음란'의 경우처럼 사람의 존엄성과 가치를 훼손하거나 왜곡하는 정도에 이르러야 하는지 분명하지 않다. 또한, '성적 욕망 또는 수치심을 유발할 수 있는 다른 사람의 신체'가 성적 상징성이 확실히 나타나는 특정 신체 부위에 국한되는 것인지, 그렇지 않은 다른 신체 부위까지 포함하는 것인지 알기 어렵다"면서, 법관에 따라 유무죄의 판단이 달라지거나 법집행기관이 이 사건 처벌조항을 자의적으로 해석할 가능성을 배제할 수 없다면서 위헌이라고 주장했다(2016.12.29. 2016헌바153).

A씨는 '2012. 6. 30.경 인터넷 파일공유 사이트인 ○○드라이브에 교복을 입은 여학생과 남학생 주인공들이 옷을 벗고 노골적인 성관계를 하는 내용의 음란 애니메이션 동영상 파일을 업로드하여 불특정 다수인으로 하여금 다운받아 볼 수 있도록 유포'한 행위로 기소되었다. 이에 A씨는 무엇이 아동·청소년 이용 음란물에 해당하는지가 명확하지 않고, 성인이 교복을 입고 등장하는 경우 또는 아동·청소년 캐릭터가 등장하는 애니메이션 표현물 등 '가상 아동포르노'까지도 광범위하게 처벌 대상 표현물에 포함하는 것은 표현자유에 대한 중대한 제한이라면서 위헌 신청 했다.

이에 헌법재판소는 "가상의 아동·청소년 이용 음란물이라 하더라도 아동·청소년을 성적 대상으로 하는 표현물의 지속적 유포 및 접촉은 아동·청소년의 성에 대한 왜곡된 인식과 비정상적 태도를 형성하게 할 수 있고, 아동·청소년을 잠재적 성범죄로부터 보호하고 이에 대해 사회적 경고를 하기 위해서는 가상의 아동·청소년 이용 음란물의 배포 등에 대해 중한 형벌로 다스릴 필요가 있다"면서 합헌 결정했다(2015.6.25. 2013헌가17·24, 2013헌바85(병합)).[2]

그러나 재판관 박한철 등 4명의 재판관은 "가상의 아동·청소년 이

2) 헌법재판소는 다른 판결에서도 '언론·출판 등 표현의 자유가 다소 제한된다 하더라도 청소년의 성을 보호한다는 입법목적과 청소년이용음란물의 성격과 그 제작행위 등 범죄의 죄질과 그 제작 유통에 따른 파급효과 등을 감안하면, 일반 음란물에 대한 동종의 행위보다 다소 무겁게 처벌하는 것은 합리적 근거에 의한 것으로서 그 처벌의 정도가 지나치게 가혹하다고 할 수 없다'고 판결했다(2002.4.25. 2001헌가27 전원재판부).

용 음란물 접촉과 아동·청소년을 상대로 하는 성범죄 발생 사이에 인과관계가 명확히 입증된 바 없음에도 이를 이유로 가상의 아동·청소년 이용 음란물의 경우를 실제 아동·청소년이 등장하는 경우와 동일하게 중한 법정형으로 규율하는 것은 유해성에 대한 막연한 의심이나 유해의 가능성만으로 표현물의 내용을 광범위하게 규제하는 것으로 허용되지 않는다"면서 반대 의견을 제시했다(2015.6.25. 2013헌가17·24, 2013헌바85(병합)).

김모씨는 2015년 5월 양산시에 있는 아파트 앞 공원에서 일광욕을 하기 위해 상의를 탈의하는 방법으로 과다 노출행위를 하였다는 범죄사실로 통고처분 받았다. 이에 법원은 2016년 1월 직권으로 위 조항에 대하여 위헌법률 심판제청을 했다.

경범죄처벌법 제3조 제1항에는 '여러 사람의 눈에 뜨이는 곳에서 공공연하게 알몸을 지나치게 내놓거나 가려야 할 곳을 내놓아 다른 사람에게 부끄러운 느낌이나 불쾌감을 준 사람'을 처벌하도록 되어 있다. 이에 대해 헌법재판소는 무엇이 지나친 알몸노출행위인지 판단하기 쉽지 않고, '가려야 할 곳'의 의미도 알기 어렵다면서 위헌이라고 판결했다. 헌법재판소는 '노출이 허용되지 않는 신체부위를 예시적으로 열거하거나 구체적으로 특정하여 분명하게 할 필요가 있다면서, 이른바 '바바리맨'의 성기노출행위를 규제할 필요가 있다면 노출이 금지되는 신체부위를 '성기'로 명확히 특정하면 될 것이라고 제안했다(2016.11.24. 2016헌가3).

이에 대해 반대의견을 낸 김창종 재판관과 안창호 재판관은 지나친 신체노출 행위로 '부끄러운 느낌이나 불쾌감'을 주는 행위인지 여부는 보통사람을 기준으로 판단할 수 있다면서 합헌이라고 주장했다. 이들은 여러 사람이 모일 수 있는 공원에서 성기를 노출하는 행위, 외투로 몸을 감싸고 기다리다가 사람들이 지나갈 때 외투를 벗고 알몸을 드러내는 행위 등은 '지나친 신체노출 행위'지만, 모유수유를 위한 유방 노출은 잠깐 동안의 부득이한 노출로 용인할 수 있다는 것이다(2016.11.24. 2016헌가3).

4) 음란표현과 법원 판결

한국의 음란 관련 판결은 일본의 영향을 많이 받았다. 특히 일본에서의 〈채털레이 부인의 사랑〉[3]에 대한 일본 최고재판소 판결내용이 한동안 한국에 적용되었다(강준만, 2001, p.272). 일본 최고 재판소는 예술적 측면에서 아무리 훌륭한 작품일지라도 도덕적·법적으로 외설문제가 될 수 있다면서 예술가는 공중에게 외설한 것을 제공할 특권이 없다고 했다(한병구 편, pp.302-303, 강준만, 2001, p.272).

일본의 〈채텔레이 부인의 사랑〉판결을 원용한 사건이 1967년 유현목 감독의 〈춘몽〉이다. 주인공 여인의 앞가슴 일부에 살색 나일론 천을 두른 채 음부를 노출시킨 나체로 변태성욕자에게 쫓기는 장면을 약 6초 정도 보여준 것이 문제가 되었다. 이에 재판관은 우리 사회의

---

3) 영국 작가 D.H로렌스가 1927년 자비 출간한 이 책은 부분 삭제된 상태로 영국에서 1932년 처음 출판되었지만 곧 금서가 되었다. 미국과 영국에서 약 30년간 법정공방을 거쳐 1960년에 영국에서 무삭제 출간되었다(강준만, 2001, p.272).

건전한 양식에 비추어 정상인의 이상적 성적 자극을 주고 수치 혐오와 감정을 일으킨 것이 인정된다면서 유죄 판결했다. 또한 재판관은 예술작품이라 하더라도 작품이 갖는 음란성은 도덕적 법적 측면에서 별개의 평가대상으로 법적 가치판단 기준에서 그 내용의 일부가 음란성을 띠고 있는 한 예술성 유무와 관련없이 유죄라고 판결했다(팽원순, 1989, pp.182-183, 강준만, 2001, p.273).

1969년 7월 검찰은 첫째, 성욕을 흥분 또는 자극하고 정상적인 수치심을 해하거나 성도덕 관념에 위해 되는지 여부가 사회 통념, 즉 건전한 양식에 의해 판단되어야 하고, 둘째 예술작품이라도 차원을 달리하는 법적인 면에서 음란성이 있다면 외설로 인정되어야 하며, 셋째 작품이 발표되는 때와 장소에 따라 음란성이 판별되어야 한다는 단속 3대원칙을 발표했다(한병구, 1987, pp.45-46).

이 3대원칙에 따라 처벌된 사건이 1970년 스페인 화가 고야의 명화 "나체의 마야"를 성냥갑에 부착 판매한 사람의 유죄판결이다. 과학이나 예술작품은 본래 음란물은 아니지만 음란적인 부분만 따로 떼어서 상업적으로 이용한 경우, 보는 자에게 성욕을 자극하고 일반인의 정상적인 성적 정서와 선량한 사회적 풍기를 해칠 가능성이 있는 경우 음화라고 본다는 것이다(임병국, 1999, p.275, 강준만, 2001, p.274).

반면 1975년 염재만의 소설 〈반노〉는 정상적인 성적 정서를 크게 해칠 정도로 노골적이고 구체적인 묘사라 볼 수 없고, 전체적인 내용의 흐름이 인간에 내재하는 향락적인 성교에 반항하고 새로운 자아를 발견해 가는 과정으로 묘사하고 있어 음란한 작품으로 볼 수 없다고 대법원은 판결했다(대법원 1975.12.9. 선고 74도976).

대법원은 "공연윤리위원회의 심의를 마친 영화작품이라 하더라도 이것을 영화관에서 상영하는 것이 아니고 관람객을 유치하기 위하여 영화장면의 일부를 포스타나 스틸사진 등으로 제작하였고, 제작된 포스타 등 도화가 그 영화의 예술적 측면이 아닌 선정적 측면을 특히 강조하여 그 표현이 과도하게 성감을 자극시키고 일반인의 정상적인 성적 정서를 해치는 것이어서 건전한 성풍속이나 성도덕 관념에 반하는 것이라면 그 포스타 등 광고물은 음화에 해당한다"고 보았다(대법원 1990.10.16. 선고 90도1485).

(1) 영화 〈사방지〉의 광고 포스트와 월간지의 누드 사진

대법원은 공연윤리위원회의 심의를 거친 영화 〈사방지〉의 광고 포스터, 스틸 사진은 음화라는 판결을 내렸다. 법원의 1심 재판은 '광고 포스터 및 스틸 사진이 영화에 나오는 장면을 편집, 제작한 것으로서 여성 상호간에 애무장면 등이 있기는 하나 여성 간의 성교장면을 노골적으로 묘사하거나 성기 등에 의하여 음란감을 고의로 과장시킨 장면이 없고, 우리사회 통상의 성인이 갖는 건전한 사회통념상 공연히 성욕을 흥분 또는 자극시키거나 보통인의 정상적인 성적 수치심을 해하거나 또는 선량한 성적 도의관념에 반하는 것이라고 할 수 없다'면서 무죄를 선고했다(대법원 1990.10.16. 선고 90도1485).

그러나 대법원은 '공연윤리위원회 심의를 마친 영화작품이라도 제작된 포스타 등 도화가 그 영화의 예술적 측면이 아닌 선정적 측면을 특히 강조하여 그 표현이 과도하게 성욕을 자극시키고 일반인의 정상적인 성적 정서를 해치는 것이어서 건전한 성풍속이나 성도덕관념에 반하는 것이라면 그 포스타 등 광고물은 음화에 해당한다'고 판결했다(대법원 1990.10.16. 선고 90도1485).

문제가 된 포스타 및 스틸 사진에는 상반신을 드러낸 여자들이 서로 껴안은 채 한 여자가 다른 여자의 뺨이나 가슴부분을 입술로 애무하는 장면으로서 여자의 얼굴표정이 성적 감정에 도취된 듯이 노골적으로 묘사되어 있고, 스틸사진에는 한 여자가 다리를 벌리고 있었다. 포스타 등에는 '그들에겐 남자가 필요 없었다', '여자인가 · · · 남자인가 · · · 하늘이 인간을 내시매 남자와 여자, 그리고 사방지가 있었다'라는 문구가 선명하게 기재되어 있어 천연색 포스타 등의 내용을 더욱 선정적으로 돋보이게 했다.

영화 〈사방지〉의 광고 포스트
http://blog.naver.com/charlizelove

대법원은 형법 제243조에 규정된 음란한 문서 또는 도화에 대해 "성욕을 자극하여 흥분시키고 일반인의 정상적인 성적정서와 선량한 사회풍속을 해칠 가능성이 있는 도서를 말하며 그 음란성의 존부는 작성자의 주관적 의도가 아니라 객관적으로 도서 자체에 의하여 판단되어야 한다"고 했다(대법원 1991.9.10. 선고 91도1550).

1989년 10월부터 1990년 11월까지 발행된 월간 〈부부라이프〉, 월간 〈명랑〉, 월간 〈러브다이제스〉 등에 게재된 "성교체위 10선"이란 글과 함께 전라 또는 반라의 여자가 성교장면을 연상케 하는 여러가지 자세를 취하고 있는 사진, "부부여 충만한 섹스데이트를"이란 글과 함께 남자가 여자의 유두를 빨고 있는 장면과 남녀의 성행위 장면의 사진 등을 게재하고 "아들 낳는 성교 체위법", "화려한 성관계를 위한 콘트롤", "당신도 대물이 될 수 있다", "사랑을 위해 성의 노예가 되자", "흔들의자에서 즐기는 일본인들의 현란한 색정놀이" 등 제하의 각종 외설기사를 게재하는 등 전반적으로 성관계를 노골적으로 묘사한 것이 문제가 되어 유죄판결을 받았다.

대법원도 "대중매체가 민주화와 개방의 바람을 타고 자극적이고 선정적인 방향으로 흐르고 있는 것이 일반적인 추세라고 하여도 정상적인 성적정서와 선량한 사회풍속을 침해하고 타락시키는 정도의 음란물까지 허용될 수 없는 것이어서 그 한계는 분명하게 그어져야 하고 오늘날의 개방된 추세에 비추어 보아도 위 각 간행물은 한계를 벗어난 것이다"라고 판결했다(대법원 1991.9.10. 선고91도1550).

(2) 마광수의 〈즐거운 사라〉

연세대 국문과 마광수 교수는 1992년 자신의 소설 〈즐거운 사라〉가 외설 시비에 휘말리면서 검찰에 의해 구속되었다. 특히 이 소설에서 문제가 된 일부를 인용하면 다음과 같다(이하 마광수 사건에 인용된 모든 내용은 서울 형사지법 1992.12.28. 선고 92고단10092).

"안주로 가져온 것은 껍질을 깐 땅콩이었다. 그냥 집어 먹으려는데, 문득 어떤 에로틱한 그림 하나가 머릿 속에 떠올라 왔다. 그래서 나는 땅콩 서너 알을 질 속에다 집어넣고 손가락으로 휘휘 저어 보았다. · · · 나는 불두덩 근처가 차츰 달아오르는 것을 느낀다. 다시금 한 주먹의 땅콩을 질 속에다가 쑤셔 넣어 본다. 꽉 찬 만복감, 아니 만질감 같은 느낌이 항문에서부터 머리 끝까지 올라오는 것이 거 참 기분이 상당히 괜찮다. 근사하다. 나는 다시 질 속에 꼭꼭 숨어 있는 땅콩 알갱이들을 뾰족한 손톱 끝으로 한 알 한 알 빼내어 입에다 넣고 먹어 본다. 처음에는 빼내기가 쉬웠지만 나중에는 어려웠다. 하지만 깊숙이 박혀 있는 땅콩 알갱이를 빼내려고 손가락들을 집어넣고 휘저어 대다 보니 정말로 저릿저릿 하면서도 그윽한 쾌감이 뼈 속 깊숙이 밀려 왔다. 그래서 나는 일부러 손가락 동작을 아주 천천히 하여 질 속의 땅콩을 우아한 방법으로 수색해 내기 시작했다. 얼큰한 취기와 함께, 남자의 페니스에 의해서 이루어지는 싱거운 오르가즘보다 훨씬 더 유연하고 지속적인 오르가슴이 찾아왔다"(30쪽).

마광수 교수는 '음란'의 개념은 시대의 흐름과 변천에 따라서 그 내용이 달라질 수밖에 없으며, 특히 문학작품에 대한 '음란'의 판단에 있어서는 엄격하게 해석하여 창작활동을 위축시키지 않도록 하여야 할 것이므로, 그러한 관점에 서서 오늘날의 개방된 성윤리나 성문화 및 소설의 전체 주제 등을 검토해 볼 때 이 소설은 음란성이 있는 것으로 볼 수 없다고 주장했다.

그러나 항소법원은 "소설 '즐거운 사라'는 미대생인 여주인공 '사라'가 벌이는 자유분방하고 괴벽스러운 섹스행각 묘사가 대부분을 차지하고 있는데, 그 성희의 대상도 미술학도, 처음 만난 남자, 여중시절 동창생 및 그의 기둥서방, 동료 대학생 및 스승 등으로 여러 유형의 남녀를 포괄하고 있고, 그 성애의 장면도 자위행위에서 오럴섹스, 동성연애, 그룹섹스, 카섹스, 비디오섹스, 에이널섹스 등으로 아주 다양하며, 그 묘사방법도 매우 적나라하고 장황하게 구체적, 사실적으로, 또한 자극적, 선동적으로 묘사하고 있어서 위 소설은 위와 같이 때와 장소, 상대방을 가리지 않는 각종의 난잡하고 변태적인 성행위를 선동적인 필치로 노골, 상세, 구체적으로 묘사하고 있는데다가 나아가 그러한 묘사부분이 양적, 질적으로 문서의 중추를 차지하고 있을 뿐만 아니라 그 구성이나 전개에 있어서도 문예성, 예술성, 사상성 등에 의한 성적 자극 완화의 정도가 별로 크지 아니하여 주로 독자의 호색적 흥미를 돋우는 것으로 인정되며, · · · 오늘날의 개방된 성문화 및 작가가 주장하는 '성 논의의 해방'이라는 전체적인 주제를 고려한다 하더라도 형법 제243조, 제244조에서 말하는 음란한 문서에 해당되는 것으로 봄에 의심의 여지가 없다"고 판결했다.

이 판결에서 항소법원은 "그 시대의 건전한 사회통념에 비추어서 그것이 공연히 성욕을 흥분 또는 자극시키고 또한 보통인의 성적 수치심을 해하는 것이어서 건전한 성풍속이나 선량한 성적 도의 관념에 반하는 것"을 음란이라고 개념정의하면서 음란성 판단 기준을 제시했다. 첫째, 성문화관은 시대에 따라 변천하고 사회에 따라 다르므로 현재 이 사회에 있어서의 건전한 사회통념에 따른 지배적인 성문화관에 의거하여 판단한다. 둘째, 문서 자체로서 객관적으로 판단하여야 하고 제조자나 판매자의 주관적인 의도에 따라 좌우되어서는 안 된다. 셋째, 성적 수치감정이 지나치게 민감 또는 둔감한 자나 미성년자가 아닌 그 시대의 통상적인 성안을 기준으로 하여야 한다. 넷째, 형법에서 음란문서 제조, 판매죄(제243조, 제244조)를 규정하고 있는 이상 문학작품이라는 이유만으로 당연히 음란성이 부정되는 것으로 볼 수 없다. 다섯째, 다만 문학작품의 음란성 여부는 그 작품 중 어느 일부분만을 따로 떼어 논할 수 없고 그 작품 전체와 관련시켜 전체적인 내용의 흐름에 비추어 이를 판단하여야 한다(서울 형사지법 1992.12.28. 선고 92고단10092).

또한 이 재판에서 항소법원은 음란물을 판단하는 방법으로 1) 성에 관한 노골적이고 상세한 묘사서술의 정도와 수법, 2) 성에 대한 묘사서술이 문서전체에 차지하는 비중, 3) 문서에 표현된 사상 등과 묘사서술의 관련성, 4) 문서의 구성이나 전개 더 나아가 예술성 사상성 등에 의한 성적 자극의 완화와 정도, 5) 이들 관점으로부터 당해 문서를 전체로서 보았을 때 주로 독자의 호색적 흥미를 돋우는 것으로 인정되느냐의 여부 등 여러 관점을 종합 검토하여 음란에 해당하는지 여부를 판단할 수 있다고 했다(서울 형사지법 1992.12.28. 선고 92고단10092).

(3) 〈산타페Santa Fe〉, 〈엘르ELLE〉, 〈이브의 초상〉, 〈에이스〉 등의 누드 화보

1995년 대법원은 〈산타페Santa Fe〉, 〈엘르ELLE〉, 〈이브의 초상〉, 〈에이스〉 등의 누드 화보집 판결에서 "도화의 음란성 판단은 도화의 성에 관한 노골적이고 상세한 표현의 정도와 그 수법, 도화의 구성 또는 예술성·사상성 등에 의한 성적 자극의 완화 정도, 이들의 관점으로부터 당해 도화를 전체로서 보았을 때 주로 독자의 호색적 흥미를 돋우는 것으로 인정되느냐의 여부 등을 검토하는 것이 필요하고 이들의 사정을 종합하여 그 시대의 건전한 사회통념에 비추어 그것이 공연히 성욕을 흥분 또는 자극시키고 또한 보통인의 정상적인 성적 수치심을 해하고 선량한 성적 도의관념에 반하는 것이라고 할 수 있는가의 여부를 결정하여야 한다"했다(대법원 1995.6.16. 선고 95도1758).

이런 기준에 따라 대법원은 이 사건 사진첩 중 〈산타페〉와 〈엘르〉 〈이브의 초상〉 사집첩은 음란으로 판단하지 않은 반면, 〈에이스〉는 음란한 도화에 해단한다고 판결했다. 일본의 여배우 미야자와 리에(궁택りえ)를 모델로 한 사진작가 시노야마 기신의 사진 60여 장을 모아 발간한 〈산타페〉의 경우, 대법원은 '가슴이 노출되어 있음은 물론 전라이고 드물게는 음모부분까지 드러난 사진도 있지만, 난잡스레 유방이나 국소 부위를 강조하거나 성교 장면을 연상케 하지 않을 뿐더러 선정성보다는 예술성이 강조된 것'으로 판단했다. 산타페의 60여 장의 사진 중 주요 부분 20여 장을 발췌 수록한 〈엘르〉역시 위와 같은 이유로 음란도화로 판단하지 않았다. 〈이브의 초상〉도 그 전체로

보아 오늘날 사회통념에 비추어 볼 때 공연히 성욕을 흥분 또는 자극시키고 또한 보통인의 정상적인 성적 수치심을 해하고 선량한 성적 도의관념에 반하는 것이라고 인정하기 어렵다면서 음란도화로 보지 않았다(대법원 1995.6.16. 선고 95도1758).

그러나 에이스(원제목 : SEXY STAR NUDE PROFESSIONAL PHOTO SENSUALITY ACE)는 "전라로 말등(마상)에 눈을 감고 누워 가슴부위를 강조하고 얼굴에 성적 감정에 도취한 듯한 표정을 짓고 있는 사진, 전라로 양다리를 벌리고 누워 성적 감정에 도취되어 있는 듯한 모습을 머리 부분에서부터 찍은 사진, 전라로 다리를 벌리고 양손을 국부에 대고 머리를 뒤로 젖히고 성적 감정에 도취한 듯이 눈을 감고 있는 사진 등등의 사진들을 살펴볼 때, 예술성 등 성적 자극을 감소·완화시키는 요소를 발견할 수 없고 그 사진 전체로 보아 선정적 측면을 특히 강조하여 주로 독자의 호색적 흥미를 돋우는 것으로 인정되므로 위 사진첩은 오늘날의 사회통념상 공연히 성욕을 흥분 또는 자극시키고 또한 보통인의 정상적인 성적 수치심을 해하고 선량한 성적 도의관념에 반하는 것이라고 인정된다"고 보았다(대법원 1995.6.16. 선고 95도1758).

(4) 번역소설 〈아마티스타〉와 〈플레이보이〉 등록 취소

외국에서 작품성을 인정받은 소설도 음란물로 판정받은 경우도 있다. 중남미 에로티시즘 문학의 대표작의 하나인 "아마티스타"가 1996년에 번역출판되었다. 이 소설에 대해 대법원은 "'음란'이란 개념 자체가 사회와 시대적 변화에 따라 변동하는 상대적이고도 유동적인 것이고 그 시대에 있어서 사회의 풍속, 윤리, 종교 등과도 밀접한 관계를 가지는 것이므로 중남미의 애정선정물에 대한 긍정적 평가를 그대로 우리 사회에 적용할 수 없음은 물론, 위 소설은 · · · 예술성 등의 사회적 가치로 인하여 성적 자극의 정도가 완화되었다고 보이지 아니하며, · · · 위 소설은 우리 시대의 건전한 사회통념에 비추어 공연히 성욕을 흥분 또는 자극시키고 또한 보통인의 정상적인 성적 수치심을 해하고 선량한 성적 도의관념에 반하는 '음란한 간행물'에 해당한다"고 판결했다(대법원 1997.12.26. 선고 97누11287).

97년 〈플레이보이〉의 한국어판 정기간행물 등록이 취소된 출판사는 문화관광부 장관을 상대로 정기간행물 등록신청 반려처분 취소청구 소송을 했다. 하지만 서울고등법원은 이유 없다며 원고 패소 판결했다. 재판부는 "정기간행물의 제호는 당해 간행물의 수록내용을 압축하여 표현하는 것인데, '플레이보이'지 원판이 성에 관한 표현이나 독자의 호색적인 흥미를 돋우는 내용이 간행물 전체에서 차지하는 비중이 매우 큰 정기간행물로 일반국민에게 널리 인식되고 있는 점 및 특히 정기간행물 제호로서의 '플레이보이'가 갖는 상징성 등에 비추어 보면, '플레이보이' 상표를 사용한 영화나 비디오테이프 또는 의류 등과는 달리, '플레이보이'라는 제호를 사용한 정기간행물이 우리의 건전한 사회질서를 해칠 우려가 있음은 명백하다 할 것이고, 나아가 위 정기간행물의 등록을 허용하는 경우 외국의 유사한 성인 포르노 잡지의 등록 또한 허용하지 않을 수 없어, 우리나라에서 음란·선정성 정기간행물의 범람을 초래할 가능성마저 충분히 예상되므로, 위와 같은 점들을 이유로 위 정기간행물의 등록을 거부할 수 있다"고 판결했다(서울고법 1998.7.29. 선고 97구41273).

8. 표현자유와 인격권

우리 헌법 제10조에는 "모든 국민은 인간으로서의 존엄과 가치를 가지며, 행복을 추구할 권리를 가진다"라고 규정하고 있다. 인간은 누구나 평등하게 존엄하다. 귀천은 존재하지 않는다. 인간 존엄성, 이것이 바로 인격권이다. 헌법재판소도 인격권은 헌법 제10조의 '인격의 존엄과 가치'를 바탕으로 한다고 했다(헌재 1991.4.1. 89헌마160). 〈언론중재및피해구제등에관한법률〉 제5조에 인격권에 대해 구체적으로 정의하고 있다. 제5조에는 인격권을 "생명, 자유, 신체, 건강, 명예, 사생활의 비밀과 자유, 초상(肖像), 성명, 음성, 대화, 저작물 및 사적(私的) 문서, 그 밖의 인격적 가치 등에 관한 권리"라고 규정하고 있다.

누구나 존엄한 존재인 인간은 자기 고유의 삶을 누릴 권리가 있다. 자신이 살아온 삶은 자신의 삶이다. 그것은 그것대로 존경받을 가치가 있다. 어떻게 살 것인가에 대한 인생에 대한 계획 역시 존경받아 마땅하다. 그리고 각자의 인생, 성격, 인격까지 스스로 결정하고 형성할 권리가 있다. 헌법 재판소도 "모든 국민은 인격권을 바탕으로 스스로 자신의 생활 영역을 형성해 나갈 수 있는 권리를 갖고 있다"고 했다(헌재 2015.4.30. 2013헌마623). 권리는 적극적으로 스스로 결정할 권리지만 동시에 타인의 부당한 간섭이나 침해로부터 방어할 수 있는 권리다. 자신의 인생, 성격, 인격이 무시당하거나 모욕당하거나, 왜곡당하는 것에 대해 방어할 권리다. 역으로 타인의 인격, 성격, 인생에 대해 왜곡하거나 무시하거나, 모욕할 권리도 없다. 이런 인격권에 대한 침해에 대해서는 당연히 책임을 져야 한다.

인간은 스스로에 대한 유일무이한 소유권자다. 인간의 생명, 자유, 음성, 얼굴, 신체 등은 각자의 것이다. 또한 자신을 나타내는 성명, 자신의 삶의 과정을 통하여 만들어진 성격과 인격, 이를 바탕으로 형성된 명예 등도 자신의 소유와 지배하에 있다. 이것은 오직 자신만이 처분할 권리가 있고, 누구도 침해할 수 없는 권리다. 인간 개인의 존재와 분리할 수 없는 권리다.

자유의 본질은 '내 마음대로 할 자유다'. 로빈슨크루스처럼 외딴 섬에서 혼자 살고 있다면 '내 마음대로 하여도 된다'. 그러나 사람들은 혼자 사는 것이 아니라 다른 사람들과 어울려 삶을 영위하고 있다. 그래서 고전적인 학자들은 '다른 사람에게 해를 끼치지 않는 범위내에서 마음대로 하라'고 말하고 있다. 다른 사람에게 해를 끼치지 않는 한 마음대로 할 수 있다는 것, 이것이 자유의 본질이다. 홀로 있을 수 있는 권리, 즉 프라이버시권은 누구에게도 해를 끼치지 않는다. 홀로 있을 수 있는 권리는 바로 자유에 대한 본질적 권리다. 누구도 홀로 있고 싶은 사람들의 권리를 침해해서는 안된다.

사생활의 비밀과 자유가 누구에게 해를 끼치는가? 오히려 다른 사람의 사생활과 비밀을 침해하는 것 자체가 자유에 대한 침해다. 사생활의 비밀과 자유는 자기의사에 반해 사생활 영역이 침입되거나 공표되지 않을 권리다. 또한 자기 지배하에 있는 자신과 관련된 사적정보를 어디까지 공개할 것인지, 타인에게 어느 정도까지 그 정보를 사용할 수 있도록 할 것인지를 결정할 수 있는 자기관련 정보에 대한 소유권이다. 오직 소유권자만이 그 처분을 결정할 수 있다는 면에서 자기정보에 대한 자기결정권이다.

각자의 생명, 음성과 얼굴 등 신체 일체, 자신의 삶을 통하여 형성된 성격과 인격, 이를 바탕으로 형성된 명예 등은 자신의 소유다. 소유권은 동시에 자기 지배권이다. 자기 소유의 자산을 이용하고 처분할 권리다. 자신이 형성한 명예나 명성을 누군가 해치고자 한다면 그것을 지킬 수 있는 권리 역시 소유하고 있다.

각자의 인생, 성격, 인격까지 스스로 결정하고 형성해 나감으로써 인간으로서의 존엄과 가치를 지키고, 행복을 추구하는 권리는 우선적으로 공적 간섭이나 타인의 인지로부터 해방된 일정한 범위가 있다는 것을 전제한다. 그러나 인간생활은 사적영역과 공적영역을 이분법적으로 구분할 수 있을 정도로 단순하지 않다. 인간생활의 가장 내밀하고 비밀스러운 사적영역에서부터 가장 공개적인 부분까지 다양하게 세분하 된 영역들이 있다. 이 세분화된 영역에는 사적영역과 공적영역이 중첩되는 부분들도 존재한다. 공적영역과 사적영역이 상호 교착되고, 사적영역이 공적 개입을 받는 반면, 공공영역이 사적공간으로 재편되기도 한다. 이와같이 사적영역이지만 공적영역을 내포하고 있는 경우에는 정당한 공중의 관심사항이 될 수 있다. 이 경우 사적영역과 공적영역간의 이해충돌이 발생한다.

정당한 공적 관심사항은 타인의 알권리의 구성부분이 될 수 있다. 알권리는 표현의 자유의 중요한 구성부분이다. 아는 것으로부터, 사실로부터 의견이나 사상이 형성되고 구성된다고 보면 알권리는 매우 중요하다. 공중의 알권리가 우선되면 개인정보자기결정권을 침해받을 수 있다. 공중의 알권리와 인격권간의 충돌이 발생할 수 있다.

인격권의 모든 것이 표현의 영역일 수 있지만, 인격권과 표현의 자유영역 간의 이해상충영역은 제한적이다. 즉 표현의 자유로 인한 인격권 침해영역은 한정적이다. 표현의 자유로 인한 인격권 침해는 주로 타인의 허락없이 개인 사생활을 표현하거나 널리 알림으로 발생하는 사생활 침해, 개인의 허락없이 성명, 음성, 얼굴을 이용함으로써 개인의 인격권 침해, 개인 고유의 인생상, 성격상으로 구성된 명예훼손, 개인의 사상이나 신념, 의견 등을 표현한 표현물을 무단으로 이용하는 저작권 침해 등으로 나타난다.

인격권을 구성하는 요소와 표현 내용의 성격, 인격권을 갖고 있는 주체의 성격, 인격권이 실현되는 공간 등에 따라 사적영역의 정당한 공적 관심여부가 결정된다. 표현의 자유와 관련 있는 인격권을 구성하는 요소는 프라이버시권, 명예, 음성권, 초상권, 성명권 등이 될 것이다. 이들 요소에 따라 표현의 자유는 표현의 자유의 본질적 내용을 침해하지 않는 범위내에서 제한될 수 있다. 또한 표현의 내용이 사적 내용인지 공적 내용인지, 공적인물인지 사인인지 여부에 따라 공공의 정당한 관심사가 달라진다. 그리고 개인의 행위가 누구나 볼수 있는 공적 공간에서 이루어진 것인지, 아니면 사적공간에서 이루어진 것인지 여부에 따라서도 인격권 보호의 범위도 달라질 수 있다. 그러나 인격권을 구성하는 요소는 인격권의 내용과 인격권 주체의 성격, 인격권이 실현되는 공간의 특성에 따라 보호 범위가 결정된다. 따라서 먼저 인격권의 내용과 주체의 성격, 인격권이 실현되는 공간을 중심으로 먼저 살펴보는 것이 합리적이다.

1) 인격 표현의 내용과 표현의 자유

사회적 존재인 개인의 활동은 공적영역과 사적영역이 혼재할 수 밖에 없다. 순수한 사적 영역은 생활의 자유와 그에 대한 비밀이 보장되어야겠지만 사회적인 활동영역에서는 타인과의 상호작용이 발생할 수 밖에 없다. 따라서 이 경우 타인의 공통관심사항이 될 수 있다.

독일의 판례와 다수학설은 인격의 상이한 영역이 갖는 특성과 보호 정도에 따라 인격에 관한 영역을 분류하고 있다. 대표적인 학자 Wenzel은 인격에 관한 영역을 내밀영역, 비밀영역, 사적영역, 사회적 영역, 공개적 영역의 5단계로 나누고 있다.[1]

(1) 내밀영역

내밀영역은 인간 자유의 최종적이고 불가침적 영역으로, 어느 문화에서나 인정되는 것으로 국가 뿐 아니라 타인의 불가침 영역이다. 최종의 가장 좁은 내밀영역으로 핵심적인 자아 영역이다. 스스로 공개하지 않는 한 어느 누구도 침해가 허용되지 않는 개인의 성역이라 할 수 있다. 이런 내밀 영역으로는 양심 영역과 성적 영역이 대표적이다.

---

1) Wenzel, Das Recht der Wort-und Bildbereichterstattung, 4.Aufl.,1994, Rn.5ff. 이부하(2012, pp.57-580)와 박용상(1997, pp.262-282)

양심영역은 개인의 종교적, 세계관, 확신, 감정 뿐 아니라 개인의 원망, 두려움 등 극단적인 내심의 비밀도 포함한다.

헌법 제17조는 "모든 국민은 사생활의 비밀과 자유를 침해받지 아니한다"고 규정하고 있다. 모든 국민은 개인의 양심영역이나 성적 영역과 같은 내밀한 영역에 대한 보호, 인격적인 감정세계의 존중과 정신적인 내면생활을 침해받지 아니할 권리를 갖고 있다(헌재 2003.10.30. 2002헌마518, 판례집 15-2하, 185, 206-207). 사람의 육체적·정신적 상태나 건강에 대한 정보, 성생활에 대한 정보와 같은 것은 인간의 존엄성이나 인격의 내적 핵심 요소다. 이해관계에 따라 이런 정보를 수집하고 공표하는 것을 쉽게 허용하면 개인의 내밀한 인격과 자기정체성을 유지하기 어렵다.

성매매 알선 등 행위의 처벌에 관한 법률(2011.5.23. 법률 제10697)은 성매매 한 자를 형사 처벌하도록 규정하고 있다. 이에 대해 헌법재판소는 "개인의 성행위 그 자체는 사생활의 내밀영역에 속하고 개인의 성적 자기결정권의 보호대상에 속한다고 할지라도 그것이 외부에 표출되어 사회의 건전한 성풍속을 해칠 때는 법률의 규제를 받아야 한다"고 했다. 또한 "자신의 성 뿐만 아니라 타인의 성을 고귀한 것으로 여기고 이를 수단화하지 않는 것은 모든 인간의 존엄과 평등이 전제된 공동체의 발전을 위한 기본전제가 되는 가치관이므로, 사회 전반의 건전한 성풍속과 성도덕이라는 공익적 가치는 개인의 성적 자기결정권 등 기본권 제한의 정도에 비해 결코 작다고 볼 수 없다"고 결정했다.

그러나 위헌의견을 낸 조용호 재판관은 "성인 간의 자발적 성매매는 본질적으로 개인의 사생활 중에서도 극히 내밀한 영역에 속하고,

그 자체로 타인에게 피해를 주거나 건전한 성풍속 및 성도덕에 해악을 미친다고 보기 어렵다. 건전한 성 풍속 및 성도덕이라는 개념 자체가 추상적·관념적이고, 내밀한 성생활의 영역에 국가가 개입하여 형벌의 대상으로 삼는 것은 입법자가 특정한 도덕관을 확인하고 강제하는 것이다"라면서 위헌이라고 주장했다.

"혼인을 빙자하여 음행의 상습없는 부녀를 기망하여 간음한 자"를 형사처벌할 수 있도록 한 형법 제304조에 대해 헌법재판소는 "남성이 위력이나 폭력 등 해악적 방법을 수반하지 않고서 여성을 애정행위의 상대방으로 선택하는 문제는 그 행위의 성질상 국가의 개입이 자제되어야 할 사적인 내밀한 영역인데다 · · · 이 사건 법률조항은 개인의 내밀한 성생활의 영역을 형사처벌의 대상으로 삼음으로써 남성의 성적 자기결정권과 사생활의 비밀과 자유라는 기본권을 지나치게 제한하는 것인 반면, 이로 인하여 추구되는 공익은 오늘날 보호의 실효성이 현격히 저하된 음행의 상습없는 부녀들만의 '성행위 동기의 착오의 보호'로서 그것이 침해되는 기본권보다 중대하다고는 볼 수 없다"면서 위헌 판결했다.

비록 공적인물이라 할지라도 남녀 간의 성적인 교섭에 관한 사항은 인간적 자유의 최종적이고 불가침한 부분으로 그에 관한 무단공개와 폭로를 해서는 안된다. 이런 내밀영역에 대한 폭로는 인격적 모멸과 성격적 파멸을 초래케 할 수 있다는 점에서 절대적인 보호를 받는 것이 일반적인 법적 규율이다(부산고등법원 1992.6.17. 선고 92노215).

내밀영역의 경우에도 권리자의 포기가 가능하지만 그 보호의 윤리성과 절대성 때문에 다른 사적영역에서와 달리 신중하게 판단되어야 한다(박용상, 1997. p.270). 당사자의 동의가 있다 할지라도 "존중·보호되어야 할 인격을 갖춘 존재인 사람의 존엄성과 가치를 심각하게 훼손·왜곡하였다고 평가할 수 있을 정도로 노골적인 방법에 의하여 성적 부위나 행위를 적나라하게 표현 또는 묘사"하는 행위는 형법에 의해 처벌받을 수 있다. TV 토론회에 참석하여 성폭행에 대한 주의를 환기하기 위해 자기의 성생활을 공개한 경우는 보호받을 수 없다. 사적 자리에서 공개된 내밀한 영역을 참석자가 다른 사람에게 전파하는 것도, 성관계를 가진 당사자 중 한사람이 상대의 동의없이 상대의 성적취향 등을 공개하는 것도 인격권 침해가 된다.

(2) 비밀영역

비밀영역은 사회통념상 이성적으로 평가할 때 공공에게 노출되어서는 안될 영역으로, 원칙적으로 당사자 동의없이 공개되어서는 안되는 영역이다(박용상, 1997, 271; 이부하, 2012, p.57). 일기, 개인적인 편지나 전화통화 내용, 의사·성직자·변호사등과의 교섭거래 등이 여기에 포함된다. 비밀 영역이 되기 위해서는 우선 본인의 의식적인 비밀 보존의사가 있어야 하며, 일반적으로 신뢰관계에 기하여 표현된 감정 또는 사고내용 등 사회 통념상 비밀로 하는 것이 마땅하다고 생각되는 것이면 보호를 받는다. 비밀영역은 공공으로부터 보호되어야 할 뿐 아니라 사적인 제3자의 인지 및 침입으로부터도 보호되어야 한다. 따라서 언론도 본인의 동의없이는 비밀영역에 관한 사항을 임의로 보도할 수 없다(박용상, 1997, p.271).

내밀영역은 기본권으로서 누구도 침해할 수 없는 불가침 영역인 반면에 비밀영역은 사회생활속에서 필요한 신뢰관계에 의해서 보장된 비밀영역이라고 볼 수 있다. 이런 비밀영역은 일반법으로 명확하고도 분명하게 규정하는 것이 타당하다. 법으로 규정되지 않은 신뢰영역은 사사적 영역으로 분류하는 것이 분류체계상 더 명확하다.

현행법상으로도 형법 제316조(비밀침해)에는 봉함 기타 비밀장치한 사람의 편지, 문서 또는 도화를 개봉한 자, 봉함 기타 비밀장치한 사람의 편지, 문서, 도화 또는 전자기록 등 특수매체기록을 기술적 수단을 이용하여 그 내용을 알아낸 자도 3년 이하의 징역이나 금고 또는 500만원 이하의 벌금에 처한다고 규정하고 있다. 또한 형법 제317조(업무상비밀누설)에는 ① 의사, 한의사, 치과의사, 약제사, 약종상, 조산사, 변호사, 변리사, 공인회계사, 공증인, 대서업자나 그 직무상 보조자 또는 차등의 직에 있던 자가 그 업무처리 중 지득한 타인의 비밀을 누설한 때에는 3년 이하의 징역이나 금고, 10년 이하의 자격정지 또는 700만 원 이하의 벌금에 처한다고 규정하고 있다. 우편법 제 3조 및 제 48조에는 '서신 송달업에 종사하는 자나 종사하였던 자는 재직 중에 우편 또는 서신에 관하여 알게 된 타인의 비밀을 누설하여서는 안 될 뿐 아니라 취급 중인 우편물 또는 서신을 정당한 사유 없이 개봉, 훼손, 은닉 또는 방기(방기)하거나 고의로 수취인이 아닌 자에게 내주어서는 안된다'고 규정하고 있다.

개인적인 서신내용은 개봉된 것이라도 비밀사항으로 보호 받는다. 친밀한 전화통신문의 기록, 사적인 생활에 관련된 일기장과 기타 유사한 기록도 보호된다. 일기장의 기록은 형사소송에서도 증거로 사용될 수 없다. 원칙적으로 개인의 비밀스런 성격의 사항은 발언자의 동의없이 공개할 수 없다. 개인의 편지 내용은 개봉된 것이라 하더라도 비밀사항으로 보호를 받는다. 기밀관계에 있는 기록은 저자의 동의가 있는 경우에만 공표될 수 있고, 그 수령인에게도 중요한 이해관계가 있는 경우에는 수령인의 추가적 동의도 필요하다.

헌법재판소는 수형자가 받는 서신에 대한 검열은 헌법에 위반되지 않는다고 했다. 수형자의 통신비밀이 일부 제한되기는 하지만 국가안전보장·질서유지 또는 공공복리라는 정당한 목적을 위하여 부득이할 뿐 아니라, 유효적절한 방법에 의한 최소한의 제한으로 통신자유의 본질적 내용을 침해하지 않는다고 판결했다(헌재 1998.8.27. 96헌마398).

그러나 미수결 용의자와 변호인과의 서신은 그 비밀이 보장되어야 한다고 판단했다. 이 경우 비밀을 보장받기 위한조건으로, 첫째, 교도소 측에서 상대방이 변호인(辯護人)이라는 사실을 확인할 수 있어야 하고, 둘째, 서신을 통하여 마약 등 소지 금지품의 반입을 도모한다든가 그 내용에 도주·증거인멸·수용시설의 규율과 질서의 파괴·기타 형벌법령에 저촉되는 내용이 기재되어 있다고 의심할 만한 합리적인 이유가 없어야 한다고 했다(헌재 1995.7.21. 92헌마144, 판례집 7-2, 94).

금융지주회사법(2009.7.31. 법률 제9788호로 개정된 것) 제48조의3 제2항 중 금융지주회사의 임·직원이 업무상 알게 된 공개되지 아니한 정보 또는 자료를 다른 사람에게 누설'하는 것을 금지하고 있다. 이에 대해 헌법재판소는 '금융지주회사의 전직 또는 현직 임·직원이 업무상 알게 된 공개되지 아니한 정보 또는 자료를 다른 사람에게 누설하는 행위의 금지는 표현의 자유를 제한하지만, 정해진 절차를 거치지 않고 업무상 알게 된 공개되지 아니한 정보 또는 자료를 임의로 누설하는 행위는 직업 수행의 범위를 벗어난 것'으로 보았다.

(3) 사사적 영역

사사적 영역이란 가족 및 가정과 친구나 친지와 같이 친밀한 범위 내에서 이루어지는 일상생활영역이다(박용상, 1997, p.273). 가족구성원이나 친구 등 가까운 사이에서는 서로 이해될 수 있는 친밀성 때문에 보다 솔직하고 거리낌 없이 행동이 행해질 수 있는 이런 사적 영역에서도 개인은 공공의 통제와 검열로부터 안전을 보장받아야 한다(박용상, 1997, p.273). 공공에의 개방필요가 없는 가정과 직업의 영역을 포함하는 사사적 영역의 보호는 사회적 긴장과 정서적 해방감을 보호해 준다. 사사적 영역은 개인으로 하여금 자기만의 취향과 향락을 즐길 수 있게 하고, 개인적인 사정이나 불만을 허물없이 말할 수 있는 자유로운 공간이다. 사적인 영역에서 이루어지는 모든 과정과 일상적인 표현, 즉 가족 간 다툼과 불화, 개인의 혈통, 가계, 전력, 성격, 습관, 질병 등이 사사적 영역에 포함된다.

사사적 영역은 절대적 보호를 받지 못한다. 가족과 친구 등 친밀한 사람들에게 공개하는 것은 제약이 없지만, 그 범위를 넘어서는 경우 당사자의 승낙이 필요하다. 그러나 사사적 사항이 공공의 이해와 관련되는 경우에는 모든 정황을 고려하여 공공의 알권리와 피해자의 개인적 피해를 이익형량하는 것이 타당하다. 공공의 알권리가 피해자 개인의 이해보다 우세한 경우 동의없이 공표하는 것이 적법할 수 있으나, 피해자의 본질적인 기본권을 침해할 수는 없다.

순수한 사사적 활동은 자유와 비밀을 보호받을 수 있다. 자신의 집실내에서 옷을 벗고 활보하던, 부부간 성행위를 하던, 음란물을 몰래 보던 누구도 그것에 대해서 위법하다고 말할 수 없다. 그러나 사적 공간이라 하더라도 그곳에서 음란물을 촬영제작하거나, 마약을 제조 또는 보관하고 있는 경우에는 다르다. 비록 이 경우라 하더라도 영장없이 들어갈 수 없을 정도로 사적공간은 보장받는다.

사사적 활동도 공적관심사가 될수도 있다. 사건이나 특정사안에 대한 공개이익이 관계자의 익명이익보다 강할 때에는 그는 시사적 인물이 되고, 공중의 정당한 관심사항이 될 수 있다. '공직자등의 병역사항 신고 및 공개에 관한 법률' 제8조 제1항 본문 가운데 '4급 이상의 공무원 본인의 질병명에 관한 부분'(이하 '이 사건 법률조항'이라 한다)에 의하면 국가가 신고의무를 부과하여 획득한 개인의 질병명을 관보와 인터넷에 게재하여 공개토록 했다. 이에 대해 헌법재판소는 4급 이상의 공무원들 까지 아무런 예외없이 내밀한 사적영역에 근접하는 질병명을 공개하도록 하는 것은 사생활의 비밀과 자유를 침해하는 것으로 보았다. 사생활의 비밀과 자유가 공공복리 등을 위하여 법률로써 제한할 수 있지만 이 경우에는 기본권제한의 한계원리인 비례성원칙의 한계를 벗어났다고 판단했다(2007.5.31. 2005헌마1139 전원재판부)

자동차 실내도 당연히 사적공간이다. 그럼에도 불구하고 도로교통법에는 안전벨트를 매도록 강제하고 있다. 이것이 사생활침해인가 아닌가 하는 문제다. 이에 대해 헌법재판소는 "수많은 다른 운전자 및 보행자 등의 법익 또는 공동체의 이익과 관련된 영역으로, 자동차를 운전하는 행위는 더 이상 개인적인 내밀한 영역에서의 행위가 아니다. 자동차를 도로에서 운전하는 중에 좌석안전띠를 착용할 것인가 여부는 개인의 전체적 인격과 생존에 관계되는 '사생활의 기본조건'이라거나 자기결정의 핵심적 영역 또는 인격적 핵심과 관련된다고 보기 어려워 더 이상 사생활영역의 문제가 아니다. 그러므로 운전할 때 운전자가 좌석안전띠를 착용할 의무는 청구인의 사생활의 비밀과 자유를 침해하는 것이라 할 수 없다"고 판결했다.

전과기록은 내밀한 사적 영역에 근접하는 민감한 개인정보다. 개인정보의 민감성과 그에 대립하는 공익 사이의 비례적 형량을 통하여 중대한 공적 이익을 달성하기 위한 불가피한 수단이라고 인정될 때에 한하여 제한적으로 공개해야 한다. 공직선거법에는 공직선거 후보자 등록 신청을 할 때 범죄경력에 대하여 실효된 금고이상의 형까지 포함하여 관할 선거구 선거관리위원회에 제출하도록 하고 이를 공개하도록 하고 있다. 이에 대해 헌법재판소는 선거권자가 공직후보자의 자질과 적격성 판단을 위해 국민의 알권리가 있다면서 사생활의 비밀과 자유를 침해하지 않는다고 판결했다(2008.4.24. 2006헌마402·531(병합) 전원재판부).

당사자의 승낙이 있는 경우에는 사사적 영역은 보호받지 않는다. 그러나 헌법재판소는 본인의 승낙 범위를 초과하여 승낙 당시의 예상과는 다른 목적이나 방법으로 그의 사생활에 관한 사항을 공개한 경우 위법하다고 판단했다. 1994년 PD수첩 프로그램 제작진은 실리콘백을 이용한 유방성형수술로 인한 부작용에 관한 사례를 찾던 중 A씨를 취재하게 되었다. A씨는 자신을 알아볼 수 없도록 해 달라는 조건하에 사생활에 관한 방송을 승낙했다. 그러나 방영 당시 피해자의 모습이 그림자 처리되기는 하였으나 그림자에 옆모습 윤곽이 그대로 나타나고 음성이 변조되지 않는 등 방송기술상 적절한 조치를 취하지 않음으로써 피해자 신분이 주변 사람들에게 노출되었다. 재판부는 이에 대해 피해자의 승낙 범위를 초과하여 부당하게 피해자의 사생활의 비밀을 공개한 불법행위라고 보았다. 재판부는 유방확대수술의 위험성을 알리는 것은 공공의 이해에 관한 사항이지만 소개된 사람이 누구인가는 개인의 사생활 비밀에 속하는 사항으로 공중의 정당한 관심사가 될 수 없다고 판단했다(대법원 1998.9.4. 선고 96다1137).

(4) 사회적 영역

사회적 영역은 사회공동체 일원으로 활동하는 개인의 생활영역으로, 직업활동, 행사참여, 사회활동 및 거리 보행 등이 여기에 포함된다(박용상, 1997, p.278). 이런 활동 동안에는 사적 관계가 없는 많은 사람들과 접촉한다. 상호 인지될 수 있지만 상호 무관심에 의해 공중에게 의식적으로 인식되지 않고 익명으로 남아 있어야 행동이 자유롭다. 군중 속에서 신원이 노출되면 긴장을 풀기 어려워 자유롭지 못할 수 있다. 사회적 영역에서 각 개인은 익명적인 존재로 남아있어야 자유롭다.

특히 직업활동 과정에서 만난 사람들과의 관계 및 대화 내용 등이 이해관계자가 아닌 공중에게 알려진다면 직업 활동의 자유는 위축될 것이다. 길거리에서 사소한 시비가 붙어 욕설이 오간 경우, 그곳에서 직접 목격하지 않은 공중들이 일거수 일투족을 알 수 있다면 표현의 자유뿐 아니라 행동의 자유는 제약받을 수 밖에 없다. 연인끼리 길거리에서 키스를 하던, 다소 비도덕적인 행동을 하던 간에 공중이 그것을 세세히 알아야 할 이유는 없다.

시장에서 부인과 포옹하고 있는 원고의 사진이 공개된 데 대하여 미국법원은 그 당시 사진은 그곳에 있었던 사람이면 누구나 자유롭게 볼 수 있었던, 이미 공개된 사실의 재현에 지나지 않기 때문에 프라이버시 침해가 아니라고 했다. 하지만 한정된 장소에 있는 사람에게 보여질 것을 예상한 행위가 공공에게 공개된 것은 프라이버시 침해라는 의견이 우세하다(박용상, 1997, p.91). 그러나 사회적 영역에서도 공적인물에 속하는 인물로서 공공의 관심사항인 경우, 한 장면 또는 한 장소의 사진에 인물이 단지 부수적인 경우, 집회 등에 참가한 사진, 전파와 열람이 보다 높은 예술적 이익에 기여한 경우, 사법 및 공공질서의 목적 등 공적이익이 있는 공개수배나 증거취득 등을 위해 부득이 한 경우 등에는 동의없이 공개될 수 있다(박용상, 1997, p.90-91).

최근에는 일정한 장소에 지속적으로 설치된 CCTV, 스마트폰에 의한 몰카, 자동차 블랙박스, 드론 등 새로운 영상장치들에 의한 사생활 침해가 빈번하다. 이들 장치에 의해 개인 초상과 행동, 위치정보에 관한 영상 등으로 사생활의 일거수 일투족이 기록·저장되고 있다. 모두에 의한 모두의 감시사회에서 개인의 사회적 영역에서의 사생활에 대한 침해가 빈번하게 일어나고 있다. 이런 기록들이 동의없이 공개될 경우에는 사생활 침해가 될 수 있음을 주의해야 한다.

신기술 장치에 의해 생성된 개인영상정보를 공개할 때에는 다음과 같은 사항을 고려해 신중하게 판단해야 한다. 첫째, 해당 개인영상정보자료가 공적 목적에 명확하게 부합하는지 여부, 둘째, 주요노출 대상 외에 공개될 필요가 없는 주변사람과 사물에 대한 마스킹 여부, 셋째, 주체가 공직자나 공적인물로서 공공의 관심 사항인지 여부, 개인정보영상정보의 생산과 제공 등이 적법한지 여부 등을 세심하게 살핀 후에 공개여부를 결정해야 한다(이승선, 2017, 22-23).

(5) 공개적 영역

공개적 영역은 모든 사람에 의해 인식될 수 있고, 경우에 따라서는 공개되어야 할 생활영역이다. 공공에 개방된 영역으로 정치가, 학자, 또는 예술가의 공적 등장에 관한 공개다(박용상, 1997, p.281). 공개된 행사 및 회의, 국회의원 및 정당, 정부의 기자회견 및 공개된 자료 등도 인격권적 보호를 받지 못한다.

민주적인 의사 결정을 위해서는 충분한 정보가 상호 공유되고 논의될 수 있어야 한다. 즉 여론이 형성될 수 있는 사회·정치적 공론공간으로서 공적영역이 있어야 한다. 정당활동, 집회, 선거운동, 법원의 공개심리, 의회와 정부·지방자치단체 등 대의 기관의 공개적 의사 및 행정직무 수행, 정보공개법에 의한 공개된 정보 등이 공공성에 속하는 공개적 영역이다. 공개적 영역에서는 누구나 이에 대한 논평 뿐 아니라 공중과의 공유에 대한 권한이 있다. 공개적 영역에 대한 개방이 활성화 될수록 민주적인 의견 경쟁과 민주적 여론형성이 원활해진다.

공적영역에서 활동하는 공적인물은 인격권적 비공개 권리를 누릴 수 없다. 그러나 공개 영역에서 녹취된 개인의 대화나 촬영된 초상을 영리 목적으로 이용하는 것까지 허용되지 않는다. 또한 형사 피고인, 국정 조사 대상이 되어 소환된 자 등의 인격 및 명예보호를 받는 것이 원칙이다(박용상, 1997, p.282).

2) 공적인물과 표현의 자유

표현의 자유와 인격권 보호는 인간의 존엄과 가치, 행복추구권의 기초이면서 민주주의 제도의 근간이 되는 기본권이다. 이 두 기본권 간의 상호 충돌이 발생하는 경우 비교형량하여 어느 쪽이 우위에 서는지 판단해야 한다. 인격권을 훼손당한 피해자가 공적인물인지 아니면 사인인지, 그 표현이 공적 관심 사안에 관한 것인지 순수한 사적인 영역에 속하는 사안인지 여부에 따라 인격권침해에 대한 제한이 달라진다. 공적인물을 대상으로 한 공적관심사안에 대한 보도의 경우 그 과정에서 인격권 침해가 발생하더라도 피해자측에서 그것이 현실적 악의로 이루어진 것임을 증명한 경우에만 언론책임을 추궁할 수 있도록 하고 있다[2].

1960년 초반 미국 남부의 인종차별과 흑인의 선거권쟁취 투쟁으로 루터 킹(Dr. Martin Luther King Jr) 목사가 투옥되었다. 뉴욕타임즈는 이에 대한 항의 시위 과정에서 발생한 경찰폭력을 비판하는 저명인사들의 서명이 담긴 전면광고를 개재했다. 당시 몽고메리시 경찰국장은 이 광고로 자신의 명예가 훼손되었다면서 손해배상 소송을 제기했다. 이에 앨라배마주 지방법원 및 주 대법원은 50만 달러의 손해배상을 판결했다. 그러나 연방대법원은 공무원의 경우 명예훼손 내용이 '현실적

2) 종래 보통법상의 엄격 책임주의는 언론보도가 특정인의 명예를 저하하는 내용이라는 원고측 입증만 있으면 그 내용의 진실 여부나 표현자의 고의 과실 유무를 불문하고 책임이 인정되었지만, 현실적 악의 이론에서는 피해자측에서 그것이 '현실적 악의'로 이루어진 오보임을 증명한 경우에 한하여 언론의 명예훼손책임을 추궁할 있다(박용상, 1997, p.283).

악의'가 있음을 입증해야 한다며 원심을 파기하고 명예훼손 책임을 부정했다.[3]

Brennan대법관에 의해 제시된 다수의견을 요약하면 다음과 같다. 즉, '공적 관심사(public issues)에 대한 토론은 제한없이 활발하게 이루어지고 널리 열려 있어야 한다. 이런 토론은 정부나 공직자에 대한 격렬하고 신랄하며, 때로는 불쾌할 정도로 날카로운 공격을 포함할 수 있다. 자유로운 토론에는 잘못된 표현도 불가피함으로 잘못된 표현도 보호되어야 한다. 피고에게 표현내용에 대한 진실성을 입증하도록 하면, 어떤 사실이 진실이라고 믿었거나, 그것이 객관적으로 진실이라고 하더라도 이를 입증할 수 없거나, 입증을 위한 많은 비용에 대한 우려 때문에 자기검열을 초래할 수 있다. 이것은 헌법상 표현의 자유 보장 원칙에 반한다. 따라서 공직자의 공적 행위에 대한 명예훼손 책임을 지우기 위해서는 그 표현행위가 허위임을 알았거나 또는 허위인지 여부에 대하여 무분별하게 무시하고 행해졌음이 명백한 증거에 의하여 입증할 수 있어야 한다'.[4]

이 판결에서 제시된 '현실적 악의 원칙'은 이후 일련의 연방대법원 판결에 의해 공적인물(public figure)에까지 적용범위가 확대되었다. 공직자 뿐 아니라 정책 결정에 큰 영향력을 가진 공적인물은 언론매체에 대한 접근기회도 많기 때문에 이에 상응하여 자유로운 비판의 폭도 넓어져야 한다고 보았다. Gertz v. Robert Welch, Inc 판결이 전면적 공적인물과 제한적 공적인물로 구별된 개념을 제시한 이후 미국의 판례

3) New York Times Co. v. Sullivan, 376 U.S. 254, 256-261(1964); 이부하(2012, p.46)

4) 위의 판결; 이부하(2012, p.47)

들은 공적인물에 대한 분류를 발전시켜 왔다.

(1) 공직자

공직자란 공무원 중 정부의 업무수행에 관하여 실질적인 책임과 통제권을 갖고, 정부내에서 명백하게 중요한 지위를 보유하여 그 자격과 능력에 관해 국민이 특별히 이해관계를 갖는 사람이다(전원열, 2001, p.142). 따라서 선거직 공무원을 포함하지만 모든 공무원을 포함하지는 않는다. 선거직 공무원은 민주주의 실현 및 운용과 직접 관련 있는 존재로서 대표적인 공적인물이다. 공직에 입후보한 자는 아직 공직자는 아니지만 공적 인물로 본다. 공직자에는 검사·경찰관·수사관·교도관 등 법집행 공무원, 사법부나 입법부·행정부의 공무원, 군인 등 군종사자 중 중요한 정책 결정권을 지닌 사람 등이 포함된다. 또한 국공립대학교 교수, 교사, 교육공무원도 여기에 포함된다(이부하, 2012, p.52)

국민들이 공적 관심사에 관한 논쟁에 높은 관심을 갖고 있다. 공적 관심사에 큰 영향력을 행사하는 지위에 있는 공직자에 대해 관심을 갖는 것도 당연하다. 그런 지위에 있는 사람의 자격이나 적합성, 행동에 대해 국민들은 특별한 이해관계를 갖고 있다. 이에 대한 알권리가 있다.

(2) 전면적 공적인물(All-purpose public figure)

공적인물에는 전면적 공적인물(All-purpose public figure)과 논쟁사안의 공적인물(Limited issue publicfigure)로 나누고 있다. 전면적 공적인물이란 뉴스 가치가 있는 저명성 또는 공적 관심사에 대한 영향력으로 인해 언론의 주목을 받는 사람을 말한다. 사실상 유명인을 말하는 것으로 지명도나 매스미디어 노출 정도 등을 근거로 판단할 수 있지만 판단의 근거는 명확하지 않다. 여기에 해당하는 인물은 유명연예인, 저명인사, 시민운동 등으로 유명해진 인물, 대기업 회장, 유명 프로운동선수, 유명 작가·비평가·칼럼니스트, 저명한 종교지도자 등이 포함된다(이부하, 2012, p.54). 인기도가 높지 않은 연예인, 운동 선수 등은 이에 해당되지 않는다. 그리고 저명인사 살해자 등 악명 높은 전과자도 공적인물로 취급되는 경우도 있다. 이들 전면적 공적인물은 일부 프라이버시 사항을 제외하고는 모든 목적에서, 모든 사회적 맥락에서 공적 관심 사안이 될 수 있다.

(3) 논쟁사안의 공적인물(Limited issue publicfigure)

논쟁사안의 공적인물은 특정한 공적논쟁에 영향을 미치기 위하여 자발적으로 뛰어든 사람으로, 특정 이슈에 대해서만 공적인물이 되는 사람이다. 공적논쟁은 공공에 영향을 미치는 것으로서 정당한 공적 관심 사안이다. 스스로 특정한 공적 논쟁에 자발적으로 참가하여 그 문제해결에 영향을 미치려고 해야 한다. 단순한 호기심 대상은 제외된다. 언론매체가 스스로 공적 논쟁을 야기한 후에 그 관련자를 인터뷰하는 경우는 자발성이 없음으로 이에 해당되지 않는다(이부하, 2012, p.34).

논쟁사안의 공적인물로 취급되기 위해서는 1) 정당한 공적 관심사인 공적논쟁이 있어야 하고 2) 논쟁 사안에 대해 효과적인 커뮤니케이션 채널에 대한 접근이 용이해야 하며, 3) 자의에 의한 의도적 행위에 의해 특정한 논쟁해결에 직접영향을 미치려 해야 한다. 또한 4) 공적

논쟁에 대한 합리적인 연관성 또는 적합성이 있어야 한다(박용상, 1997, pp.289-291).

미국판례에서는 의료보험논쟁에 참여한 의사, 시민단체 일원으로 신문에 기고한 사람, 프로운동선수로서 스스로 논쟁거리를 제공한 경우, 예술가·작가·비평가가 문학적·예술적 성과에 대한 비평을 한 경우에 논쟁사안의 공적인물로 취급했다(이부하, 2012,p.34).

(4) 타의에 의한 공적인물(Involuntary public figure)

자발적 행동이 개입되지 않아도 일반 사인이 공적인물로 인정되는 경우가 있다. 유명인사의 가족, 범죄 피해자, 민사소송의 피고 등 종전에는 평범한 사람이었으나 우연히 공공의 관심을 받게 된 사람으로 논쟁에 적극적으로 대처할 의사가 없는 경우가 그 예이다. 이들은 경우에 따라 공공의 알권리 대상이 될 수 있지만 자발적으로 공적논쟁에 참여한 경우가 아니다(이부하, 2012, p.55). 아무리 뉴스가치가 있다 하더라도 홀로 있을 수 있는 인격적 이익이 보다 중시된다. 그러나 이들도 논란에 적극적으로 참여하는 경우 논쟁사안의 공적인물이 될 수 있다.

(5) 사 인

사인은 공적 관심사안인 경우가 거의 없고, 언론의 공격으로부터도 취약함으로 공중의 알권리보다 인격권 보호에 대한 가치가 더 높다. 사인에 대한 인격권 침해의 경우 피해자인 원고측에서 인격권 침해에 대한 사실만 입증하면 되고, 고의사실이나 손해입증을 요하지 않는다.

9. 표현자유와 명예훼손

1) 명예훼손의 개념과 성립조건

명예는 인격권의 한 내용을 구성한다. 개인은 누구나 품성, 덕행, 명성, 신용 등 인격적 가치로 구성된 명예를 존중받을 권리가 있다. 개인에 대한 사회적 평가를 기반으로 하는 명예는 개인이 자신의 명예에 관하여 갖는 인식으로서 명예감정과 구분된다. 명예란 사람의 품성, 덕행, 명성, 신용 등 세상으로부터 받는 객관적 평가를 말하는 것이고, 명예를 훼손한다는 것은 그 사회적 평가를 침해하는 것을 말한다(19889.6.14, 선고 87다카1450판결). 단순히 주관적으로 명예감정이 침해되었다고 주장하는 것만으로는 명예훼손이 되지 않는다(1992.10.27. 92다756). 헌법재판소도 "사람의 사회적 평가를 형성하는 요소는 그 사람의 행위나 행태, 성격, 지식, 인품, 외모, 능력, 가족관계, 생활태도, 사회적 관계 등 그 범위가 매우 다양"하다고 보고 있다(2016.2.25. 선고 2013헌바105, 2015헌바234(병합)).

인간은 누구나 정신적·윤리적 가치의 내적명예의 보유자로서 존중받을 권리가 있다. 내적명예는 인간이라면 누구나 동등하게 갖는 본질적 가치다. 이런 존중에 더하여 개인의 성격과 삶의 실현과정을 통하여 얻어지는 사회적 평가인 명예도 존중받을 권리가 있다. 사회적 평가에 의하여 형성된 명예는 개인의 이력에 따라 커질 수도 있고, 부정적인 행위로 작아질 수도 있다. 좋거나 나쁜 사회적 평판, 바람직한 사회적 성과 또는 명망 등에 따라 각자의 명예가치는 달라진다.

우리 헌법 및 형법과 민법에도 명예훼손에 관한 규정을 두고 있다. 헌법 제21조 제4항 2문에는 "언론·출판이 타인의 명예나 권리를 침해한 때에는 피해자는 그에 대한 배상을 청구할 수 있다"라고 규정하고 있다. 민법 제751조에도 "타인의 신체, 자유 또는 명예를 해하거나 기타 정신상 고통을 가한 자는 재산 이외의 손해에 대해서도 배상할 책임이 있다"고 규정하고 있다.

형법 제307조(명예훼손)에는 '공연히 사실을 적시하여 사람의 명예를 훼손한 자'와 '공연히 허위의 사실을 적시하여 사람의 명예를 훼손한 자'는 처벌할 수 있도록 규정하고 있다. 형법 제309조(출판물등에 의한 명예훼손)에도 '사람을 비방할 목적으로 신문, 잡지 또는 라디오 기타 출판물에 의하여 공연히 사실을 적시하여 명예를 훼손하거나, 허위사실을 적시하여 명예를 훼손한 경우'에 출판물 등에 의한 명예훼손으로 민형사상 책임을 물을 수 있도록 규정하고 있다. 제310조(위법성의 조각)에는 '행위가 진실한 사실로서 오로지 공공의 이익에 관한 때에는 처벌하지 아니한다'고 규정하면서, 제312조(고소와 피해자의 의사)에는 '제307조와 제309조의 죄는 피해자의 명시한 의사에 반하여 공소를 제기할 수 없다'고 규정하고 있다[1].

---

1) 형법(1995.12.29. 법률 제5057호로 개정된 것) 제307조(명예훼손) ① 공연히 사실을 적시하여 사람의 명예를 훼손한 자는 2년 이하의 징역이나 금고 또는 500만

정보통신망 이용촉진 및 정보보호 등에 관한 법률 제70조(벌칙) 1항에는 "사람을 비방할 목적으로 정보통신망을 통하여 공공연하게 사실을 드러내어 다른 사람의 명예를 훼손한 자는 3년 이하의 징역이나 금고 또는 2천만 원 이하의 벌금에 처한다"고 규정하고 있다. 또한 2항에는 "사람을 비방할 목적으로 정보통신망을 통하여 공공연하게 거짓의 사실을 드러내어 다른 사람의 명예를 훼손한 자는 7년 이하의 징역, 10년 이하의 자격정지 또는 5천만 원 이하의 벌금에 처한다"고 규정하고 있다.

위 법령들에 따르면 명예훼손이 성립하기 위해서는 첫째, 불특정 또는 다수인이 인식할 수 있는 공연성이 있어야 한다. 명예훼손죄에 있어서의 공연성이란 불특정 또는 다수인이 있는 인식할 수 있는 상태를 의미한다. 비록 개별적으로 한 사람에 대하여 사실을 유포하였더라도 이로부터 불특정 또는 다수인에게 전파될 가능성이 있다면 공연성을 충족한다. 이와 달리 전파될 가능성이 없는 경우라면 특정한 사람에 대한 사실 유포는 공연성을 만족시키지 못한다. 전파 가능성을

원 이하의 벌금에 처한다. ② 공연히 허위의 사실을 적시하여 사람의 명예를 훼손한 자는 5년 이하의 징역, 10년 이하의 자격정지 또는 1천만 원 이하의 벌금에 처한다. 제309조(출판물등에 의한 명예훼손) ① 사람을 비방할 목적으로 신문, 잡지 또는 라디오 기타 출판물에 의하여 제307조 제1항의 죄를 범한 자는 3년 이하의 징역이나 금고 또는 700만 원 이하의 벌금에 처한다. ② 제1항의 방법으로 제307조 제2항의 죄를 범한 자는 7년 이하의 징역, 10년 이하의 자격정지 또는 1천 500만 원 이하의 벌금에 처한다. 제310조(위법성의 조각) 제307조 제1항의 행위가 진실한 사실로서 오로지 공공의 이익에 관한 때에는 처벌하지 아니한다. 제312조(고소와 피해자의 의사) ② 제307조와 제309조의 죄는 피해자의 명시한 의사에 반하여 공소를 제기할 수 없다.

이유로 명예훼손죄의 공연성을 인정하는 경우에는 적어도 전파가능성에 대한 인식이 있음은 물론 그 위험을 용인하는 내심의 의사가 있어야 한다. 그 행위자가 전파가능성을 인식하고 있었는지 여부는 외부에 나타난 행위의 형태와 행위의 상황 등 구체적인 사정을 기초로 하여 일반인이라면 그 전파가능성을 어떻게 평가할 것인가 등을 고려해서 판단한다(2004.9.23. 선고 2004헌마383 전원재판부).

둘째, 사실 적시가 있어야 한다. 사실 적시란 사실을 직접적으로 표현한 경우뿐 아니라 간접적이고 우회적인 표현을 사용하였더라도 전체 취지에 비추어 보았을 때 어떤 사실의 존재를 암시하고, 또 이로써 특정인의 사회적 가치 내지 평가가 침해될 가능성이 있을 정도의 구체성이 있으면 충분하다. 하지만 단순히 의견을 개진한 순수한 의견 또는 논평일 경우에는 명예훼손으로 인한 손해배상책임은 성립하지 않는다. 그러나 의견이나 논평 안에 있는 사실 적시로 명예훼손이 있다면 책임은 성립한다(문재완, pp.80-81). "저희 병원은 세계가 인정한 Straumann Implant(ITI) 시술병원입니다"라는 의료광고는 주관적 평가를 필요로 하는 '추상적인 용어'만을 사용한 것으로 구체적인 사실을 적시한 것으로 보지 않았다(2009.12.29. 선고 2008헌마593 전원재판부).

셋째, 명예훼손은 어떤 특정한 사람 또는 인격을 보유한 단체에 대하여 그 명예를 훼손함으로써 성립하는 것이므로 그 피해자가 특정되어야 한다. 살아 있는 인간이라면 예외없이 명예훼손 대상이 된다. 어린이나 금치산자, 범죄자도 명예훼손 대상이 된다. 인격권은 일신 전속적이기 때문에 죽은 사람은 명예를 가질 수 없지만, 형법은 고인에 대한 허위사실에 대한 명예훼손 처벌조항을 두고 있다. 고인에 대한 명예훼손이 유족에 대한 명예를 훼손하는 경우 민사상 불법행위가 성립한다. 물적 회사, 인적회사, 공법상의 법인, 사단법인, 재단법인 등은 물론 정당과 노동조합 등도 명예훼손의 보호를 받는다. 그러나 관청의 장은 개인자격으로 제소할 수 있을 뿐 그 관청을 대표하여 제소할 수 없다(박용상, 1997, p.108). '부산사람'과 같은 집단표시에 의한 명예훼손은 특정인에 대한 것으로 해석하기 힘들다. 다만 집합적 명사를 쓴 경우라도 그 범위에 속한 사람들이 소수라면 특정된 것으로 본다. 예를 들어 '부산지방 특수부 검사', '광주 북구 건축과 공무원 임모씨' 등은 특정된 것으로 본다.

2) 정보통신망을 이용한 명예훼손

스마트 미디어가 보편화된 사회는 모두에 의한 모두의 감시 사회다. 여기 저기 설치된 CCTV, 차량 블랙박스, 손안의 스마트 미디어 등에 노출된 우리는 감시하면서 감시당한다. 감시사회에서 수집된 정보뿐 아니라 개인의 감정 및 의견이 스마트 미디어와 정보통신망을 통하여 급속하게 공유되고 있다. 그 결과 인격권인 명예와 사생활 침해가 급증하고 있다.

명예훼손 표현이 인터넷 등 정보통신망을 통해 공공연하게 이루어진다면, 정보의 빠른 전파력과 광범위한 파급효과로 사람의 명예는 과거와 비교할 수 없을 정도로 심각하게 훼손되고, 그 피해의 회복 또한 쉽지 않다. 따라서 인터넷 등 정보통신망에서 사람을 비방할 목적으로 공공연하게 이루어지는 명예훼손행위를 금지할 필요가 있다. 특히 스마트 미디어 이용이 보편화됨에 따라 정보통신망을 이용한 명예훼손범죄가 급격히 증가하는 추세다. 정보통신망을 이용하여 다른 사람의 신분적·사회적 지위나 활동 등을 둘러싸고 근거가 희박한 의혹을 제기하거나 소문을 적시하는 경우도 비일비재하다. 비록 표현된 사실이 허위 사실이 아니라도 그 사실에 기초한 왜곡된 의혹제기·편파적 의견 또는 부당한 평가를 추가로 표현함으로써 다른 사람의 명예를 훼손하는 경우도 적지 않다. 더욱이 명예와 체면을 중시하는 우리 사회의 전통적 가치관의 영향으로, 인터넷 등 정보통신망에서의 명예훼손, 비방 글들로 피해를 입은 개인이 자살과 같은 극단적 선택을 하는 등 사회적 피해가 발생하고 있다. 따라서 표현의 자유를 보장하는 경우에도 우리 사회의 특수성을 고려하여, 이런 명예훼손적인 표현을 규제함으로써 인격권을 보호해야 할 필요성은 매우 크다 (2016.2.25. 선고 2013헌바105, 2015헌바234(병합)).

이에 따라 정보통신망 이용촉진 및 정보보호 등에 관한 법률 제70조(벌칙) 1항에는 "사람을 비방할 목적으로 정보통신망을 통하여 공공연하게 사실을 드러내어 다른 사람의 명예를 훼손한 자는 3년 이하의 징역이나 금고 또는 2천만 원 이하의 벌금에 처한다"고 규정하고 있다. 또한 제70조(벌칙) 2항에도 "사람을 비방할 목적으로 정보통신망을 통하여 공공연하게 거짓의 사실을 드러내어 다른 사람의 명예를 훼손한 자는 7년 이하의 징역, 10년 이하의 자격정지 또는 5천만 원 이하의 벌금에 처한다"고 규정하고 있다. 형법에도 "사실을 적시하여 명예를 훼손한 경우 2년 이하의 징역 또는 금고, 500만 원 이하의 벌금에 처한다(형법 제307조 제1항)"고 되어 있다.

정보통신망을 이용한 명예훼손은 '비방할 목적'을 요구한다는 점에서 형법상 명예훼손죄와 차이가 있고, 형법상 명예훼손죄보다 형이 가중되어 있다. 헌법재판소는 이런 가중처벌 도입에 대해 비방 목적의 명예훼손은 정보의 확산 속도가 매우 빠르고 그 범위를 예측하기 어렵고, 정보의 반복·재생산으로 인하여 이미 유포된 정보의 삭제가 매우 어렵다는 면에서 그 피해가 더 심각할 수 있기 때문에 정당하다고 판단했다. 인터넷 등 정보통신망이 갖는 익명성과 비대면성, 빠른 전파가능성은 명예훼손 표현에 대한 반론과 토론을 통한 자정작용을 사실상 어렵게 한다. 신상털기 등 타인의 인격 파괴에 대한 최소한의 감정적·이성적 배려마저도 상실한 채 개인에 대한 정보가 무차별적으로 살포될 가능성으로 한 개인의 인격을 회복불능 상황으로 몰아갈 위험 또한 존재한다(헌재 2012.5.31. 선고 2010헌마88 참조). 이런 현실속에서 '비방할 목적'이라는 초과주관적 구성요건을 추가로 요구하여, 인터넷 등 정보통신망에서 정보전달, 공공의 이익을 위한 문제제기 등의 범위를 넘어 사람의 명예에 대한 가해 의사나 목적을 가진 표현만이 금지되도록 제한하고 있다.

그러나 '비방할 목적'은 공공의 이익을 위한 '비판할 목적'과 구별되지 않는 불명확한 개념이다. 사람을 비방할 목적으로 정보통신망을 통하여 공공연하게 사실을 드러내어 다른 사람의 명예를 훼손한 자를 형사처벌하는 것은 표현의 자유를 침해할 수 있다는 주장도 있다. 이에 대한 헌법소원 청구가 있었다(2016.2.25. 선고 2013헌바105, 2015헌바234(병합)).

이에 대해 헌법재판소는 첫째, 표현의 자유를 규제하는 입법에 있어서 명확성 원칙은 특별히 중요한 의미를 지닌다면서, 이 조항은 명확성원칙을 위반하지 않는다고 판단했다. 헌법재판소는 논란이 된 주관적 구성요소인 '비방할 목적'에 대해 "'비방'의 사전적 의미는 남을 비웃고 헐뜯어서 말하는 것을, '목적'의 사전적 의미는 실현하려고 하는 일이나 나아가는 방향을 의미한다"면서, "'비방할 목적'이란 사람의 가치에 대한 사회적 평가를 훼손하거나 저해하려는 인식 내지 인용을 넘어 사람의 명예에 대한 가해의 의사나 목적을 의미"한다고 규정했다. 그러면서 '비방'이나 '목적'이라는 용어는 일반인이 일상적으로 사용하는 일반적인 용어로 일반인들도 그 대강의 의미를 이해할 수 있는 표현으로 '비방할 목적'이 불명확하다고 보기 어렵다고 판단했다(2016.2.25. 선고 2013헌바105, 2015헌바234 (병합)).

또한 헌법재판소는 '비방할 목적'과 공공의 이익을 위하여 사물의 옳고 그름에 대한 판단을 표현하는 '비판할 목적'은 서로 구별되는 개념으로, 적시한 사실이 공공의 이익에 관한 것인 경우에는 특별한 사정이 없는 한 비방할 목적은 부인된다고 했다. 또한 헌법재판소는 적시된 사실이 공공의 이익에 관한 것인지는 1) 그 표현이 객관적으로 국민이 알아야 할 공공성·사회성을 갖춘 공적 관심 사안에 관한 것으로 사회의 여론 형성이나 공개토론에 기여하는 것인지 아니면 순수한 사적인 영역에 속하는 것인지 여부, 2) 피해자가 그와 같은 명예훼손 표현의 위험을 자초한 것인지 여부, 3) 그 표현으로 훼손되는 명예의 성격과 그 침해의 정도, 4) 그 표현의 방법과 동기 등 제반 사정을 고려하여 판단하여야 한다고 했다. 다만, 행위자의 주요한 동기나 목적이 공공의 이익을 위한 것이라면 부수적으로 다른 사익적 목적이나 동기가 내포되어 있더라도 비방할 목적이 있다고 보기는 어렵다고 판시했다(대법원 2005.10.14. 선고 2005도5068 판결; 대법원 2011.11.24. 선고 2010도10864 판결; 대법원 2012.11.29. 선고 2012도10392 판결 등 참조). 따라서 사람의 사회적 평가를 훼손하려는 '비방할 목적'은 공공의 이익을 위하여 '비판할 목적'과 충분히 구별될 수 있으며, 법 집행기관의 자의적인 해석이나 적용 가능성이 있는 불명확한 개념이라고 보기 어렵다고 보았다(2016.2.25. 선고 2013헌바105, 2015헌바234 (병합)).

둘째, 헌법재판소는 이 조항이 과잉금지원칙을 위반하지 않는다고 판단했다. 헌법재판소는 "법정형의 종류와 범위의 선택은 그 범죄의 죄질과 보호법익에 대한 고려뿐만 아니라 우리의 역사와 문화, 입법 당시의 시대적 상황, 국민 일반의 가치관 내지 법 감정 그리고 범죄예방을 위한 형사정책의 측면 등 여러 요소를 종합적으로 고려하여 입법자가 결정할 사항으로서 광범위한 입법재량 내지 형성의 자유가 인정되어야 할 분야(헌재 2010.3.25. 2008헌바84 등 참조)"라며, 어떤 범죄를 어떻게 처벌할 것인가에 대한 원칙을 제시하고 있다. 이 원칙에 따라 판단할 때 정보통신망이 갖는 익명성과, 비대면성, 빠른 전파가능성 등의 특성, 신상털기 등 타인의 인격파괴에 대한 정보의 무차별적 살포 등으로 인한 명예훼손범죄의 급증하는 현실, 명예와 체면을 중시하는 전통적 가치관, '비방할 목적'이라는 초과주관적 구성요건을 추가하여 그 규제범위의 최소화한 점 등을 고려할 때 과잉금지 위반이 아니라고 판단했다(2016.2.25. 2013헌바105, 2015헌바234(병합)).

셋째, 헌법재판소는 이 조항이 최소성 원칙을 위반하지 않았다고 판단했다. 정보통신망에서 명예를 훼손당한 자는 직접 인터넷 등 정보통신망에 반론이나 반박문을 게시할 수 있으나, 피해자가 명예훼손적인 정보를 모두 찾아내어 반박하거나 정보통신서비스제공자에게 그 침해사실을 소명하여 정보의 삭제 또는 반박내용의 게재를 요청하기 어려운 것이 현실이다. 그 밖에 민사상 손해배상소송을 제기하거나 명예훼손 분쟁조정신청과 같은 민사적 구제방법은 형벌과 같은 예방효과를 가지기 어렵고, 정정보도, 반론보도, 추후보도 등의 구제수단도 언론사 등이 아닌 일반 개인이 행한 명예훼손행위에 대하여는 적합한 구제수단이 되기 어렵다. 헌법재판소는 이런 현실을 감안하여 위 조항은 침해의 최소성 원칙을 위배하지 않았다고 판단했다 (2016.2.25. 2013헌바105, 2015헌바234(병합)).

그러나 이에 대한 반대의견을 제시한 김이수, 강일원 재판관은 "심판대상조항은 진실한 사실을 적시하고자 하는 사람에게 스스로 표현행위를 자제하게 되는 위축효과를 야기한다. 진실한 사실을 적시하여 사람의 명예를 훼손하는 경우에는 '비방할 목적'과 공공의 이익을 위한 '비판할 목적'의 구별이 항상 명확한 것은 아니다. 따라서 심판대상조항에서 '비방할 목적'이라는 초과주관적 구성요건이 존재한다고 하여 진실한 사실을 적시한 표현행위에 대한 처벌가능성이 제한되거나, 표현의 자유에 대한 위축효과가 완화된다고 보기 어렵다. 또한, 인터넷 등 정보통신망에서 비방할 목적으로 이루어지는 명예훼손행위를 규제할 필요가 있다고 하더라도 반박문 게재 등 형사처벌 외에 다른 덜 제약적인 명예훼손 구제에 관한 제도들이 존재한다. 심판대상조항은 허위의 명예나 과장된 명예를 보호하기 위하여 표현의 자유에 대한 심대한 위축효과를 발생하는 형사처벌을 하도록 규정하고 있으므로 법익균형성원칙에 위배된다. 따라서 심판대상조항은 과잉금지원칙을 위반하여 표현의 자유를 침해한다"는 의견을 제시했다.

3) 명예훼손에 대한 위법성 조각사유

표현의 자유 없는 민주주의는 불가능하다. 그래서 표현의 자유는 헌법상 중요한 권리로서 최대한 보장받아야 한다. 동시에 인격권으로서 개인 명예나 사생활 자유와 비밀 등의 보장도 헌법적 보호법익이다. 인격권으로서 개인명예 보호와 표현의 자유 보장이라는 두 법익이 충돌하였을 때 그 조정을 어떻게 할 것인지는 중요한 관심 사안이다. 일반적으로 우리 대법원은 "사회적인 여러 가지 이익을 비교하여 표현의 자유로 얻어지는 이익, 가치와 인격권의 보호에 의하여 달성되는 가치를 형량하여 그 규제와 폭을 정하여야 한다"고 말하고 있다(대법원 1998.7.14. 선고 96다17257).

그러면서 대법원은 "방송 등 언론매체가 사실을 적시하여 개인의 명예를 훼손하는 행위를 한 경우에도 그 목적이 오로지 공공의 이익을 위한 것일 때에는 적시된 사실이 진실이라는 증명이 있거나, 그 증명이 없다 하더라도 행위자가 그것을 진실이라고 믿었고 또 그렇게 믿을 상당한 이유가 있으면 위법성이 없다"고 본다(대법원 1998.5.8. 선고 97다34563 판결). 위법성 조각은 "적시된 사실의 진실성 여부", "공공이익과의 관련성 여부", "허위 사실인 경우 믿을만한 상당한 이유" 등을 고려하여 결정한다고 볼 수 있다.

첫째, 적시된 사실이 진실이 이어야 한다. 적시된 사실이 진실이고 공공의 이익과 관련 있는 사실보도라면 위법성이 면책된다. 만약 적시된 사실이 진실이라 할지라도 공공의 이익과 관련 없다면 위법이다. 그러나 진실한 사실보도로 인한 명예훼손에 대한 반대 의견도 있다. 헌법재판관 김일수, 강일원은 "진실한 사실은 사람의 사회적 평가를 형성하는 데 기초가 되는 사실이므로, 만약 진실한 사실의 공개로 사람의 명예가 훼손되었다면, 이는 진실에 기반을 두지 않은 기존의 사회적 평가가 허위로 형성되었거나 과대 또는 과장된 결과에 따른 것이다. 그러므로 진실한 사실의 적시로 인한 명예의 훼손이나 저해가 부당한 결과라고 보기 어렵다. 허위의 명예나 과장된 명예가 표현의 자유에 대한 위축효과를 야기하면서까지 보호해야 할 가치가 있는 것이라고 보기도 어렵다. 그에 반해, 진실한 사실은 다양한 의사형성과 진리발견의 전제가 되므로, 이를 자유롭게 전달하고 표현할 자유를 보호해야 한다. 허위의 명예나 과장된 명예를 보호하기 위하여 진실한 사실의 적시에 대하여도 표현의 자유에 대한 심대한 위축효과를 발생하는 형사처벌을 하도록 규정하고 있는 것은 법익균형성 원칙에 위배된다"(헌재 2016.2.25. 2013헌바105 등, 판례집 28-1상, 26)면서 진실한 사실적시로 인한 명예훼손에 대한 형사처벌을 반대하고 있다.

명예훼손에서 진실이란 언론자유의 철학적 기초가 되는 진리의 발견이라는 의미에서는 진실과는 다른, 보다 좁은 의미의 사실의 정확성을 의미한다(박용상, 1997, p.372). 명예훼손에서 사소한 부정확성은 문제 삼지 않으며 실질적인 진실에 초점을 둔다. 언론보도에 있어서 실제적 사실관계를 알기 쉽게 하기 위한 생략 또는 단순화는 기자의 문필가적·편집적 작업으로 일환으로 본다(박용상, 1997, p.373). 박용상(1997, p.375)은 독일 판례상 "60달러를 청구 하였음에도 65달러를 청구하였다고 보도한 경우", "배상 청구 소송의 액수가 12만 5천 달러임에도 15만 달러라고 보도"한 경우 등을 사소한 부정확성 사례로 제시하고 있다. 또한 그는 전문용어의 사용에 오류가 있다할지라도 올바른 용어를 사용한 경우와 비교하여 실질에 차이가 없거나, 전문용어 대신 통상적 용어를 쓴 경우에도 일반 독자가 받는 인상에 크게 차이가 없는 경우에도 사소한 부정확성에 포함된다고 예시했다(박용상, 1997, p.375-376).

대법원은 "'진실한 사실'이란 그 내용 전체의 취지를 살펴볼 때 중요한 부분이 객관적 사실과 합치되는 사실이라는 의미로서, 세부에서 진실과 약간 차이가 나거나 다소 과장된 표현이 있더라도 무방"하다고 판결하고 있다(대법원 2003.11.13. 선고 2003도3606 판결). 헌법재판소도 "보도내용이 다소의 과장은 있으나 그 기초적 사실에 있어서는 객관적 진실에 부합하는 부분이 많고, 일부 보도내용이 진실하지 않다 하더라도 그 취재경위, 취재원에 대한 신뢰정도, 사실 확인 등의 노력에 비추어 그 내용이 진실하다고 믿은 데에 상당한 이유가 있는" 경우에는 면책되는 것으로 보고 있다(2000.10.25. 2000헌마483 전원재판부). 특히 "신속을 요하는 보도에 수반하는 표현상의 오류는 사상과 의견에 대한 아무런 제한없는 자유로운 표현을 보장하는 데 따른 불가피한 결과이고 이러한 오류 수반의 표현도 자유토론과 진실확인에 필요한 것이므로 보호되어야 한다"고 보고 있다(2000.10.25. 2000헌마483 전원재판부). 그러나 허위라는 것을 알거나 진실이라고 믿을 수 있는 정당한 이유가 없는데도 진위를 알아보지 않고 게재한 허위보도에 대하여는 면책을 주장할 수 없다(헌재 1999.6.24. 선고 97헌마265).

둘째, 위법성 조각 사유를 만족 시키기 위해서는 공공의 이익과 관련 있는 내용이어야 한다. 대법원은 "공공의 이익에 관한 것에는 널리 국가·사회 그 밖에 일반 다수인의 이익에 관한 것뿐만 아니라 특정한 사회집단이나 그 구성원 전체의 관심과 이익에 관한 것도 포함되는 것으로 보고 있다(대법원 2012.1.26. 선고 2010도8143 판결 등 참조). 그리고 적시된 사실이 공공의 이익에 관한 것인지는 "그 표현이 객관적으로 국민이 알아야 할 공공성·사회성을 갖춘 공적 관심 사안에 관한 것으로 사회의 여론 형성이나 공개토론에 기여하는 것인지 아니면 순수한 사적인 영역에 속하는 것인지 판단해야 한다. 그리고 행위자의 주요한 동기나 목적이 공공의 이익을 위한 것이라면 부수적으로 다른 사익적 목적이나 동기가 내포되어 있더라도 비방할 목적이 있다고 보기는 어렵다"고 판시하고 있다(대법원 2005.10.14. 선고 2005도5068 판결; 대법원 2011.11.24. 선고 2010도10864 판결; 대법원 2012.11.29. 선고 2012도10392 판결 등 참조).

대법원은 범죄사건 보도는 공공성이 있지만, 범죄 자체를 보도하기 위하여 반드시 범인이나 범죄 혐의자의 신원을 명시할 필요가 없다면서, 범인이나 범죄혐의자에 관한 보도가 반드시 범죄 자체에 관한 보도와 같은 공공성을 가진다고 볼 수 없다"고 판결했다(대법원 1998.7.14. 선고 96다17257).

연합뉴스와 파이낸셜 뉴스신문은 식품의약품 안전청의 보도자료를 근거로 '대구 (명칭 생략) 정신과의원 등은 무자격자가 마약류를 조

제한 혐의로 적발되었다'는 내용의 기사를 작성 보도하면서 실명을 사용했다. 이에 대해 대법원은 평범한 정신과의사는 공적인 인물이라 볼 수 없다면서 "그 범죄의 내용이나 성격에 비추어 일반 국민들이 알아야 할 정당한 이익이 있더라도 그 범인이 바로 원고라는 것까지 알아야 할 정당한 이익이 없다. 원고의 신원에 관한 사항은 공공의 이해에 관한 사항이라 할 수 없으므로, 피고들의 위 각 보도행위가 원고에 대한 명예훼손행위로서의 위법성이 조각된다고 볼 수 없다. 한편 식품의약품안정청이 발표한 보도자료에 원고 운영의 병원 등 위반업소들의 실명이 적시되어 있었다거나, 피고들이 식품의약품안전청의 보도자료를 근거로 기사를 작성·보도하였거나, 피고 주식회사 연합뉴스와의 소위 전재보도에 관한 계약에 따라 또는 그 기사를 기초로 보도하였다고 하여 이와 달리 볼 수도 없다"고 판결했다(대법원 2007.7.12. 선고 2006다65620).

셋째, "믿을만한 상당한 이유"가 있어야 한다. 방송 등 언론매체의 명예훼손 행위와 관련하여 적시된 사실이 진실이라고 믿을 상당한 이유가 있는지 여부를 판단할 때, 그 방송 등이 신속성이 요청되는 것인가, 그 방송 등의 자료가 믿을 만한가, 피해자와의 대면 등 진실확인이 용이한가 하는 점을 종합적으로 고려하여 판단해야 한다(대법원 1997.9.30. 선고 97다24027 판결 참조).

대법원은 "실명에 의한 논픽션 라디오 드라마의 경우 일반의 청취자 등이 그 내용을 사실이라고 받아들이기가 쉬운 반면, 신속성의 요청은 일반 보도에 비하여 그다지 크다고 할 수 없다. 따라서 단순히 풍문이나 억측이 아닌 신빙성 있는 자료에 의거하여야 할 필요성이

보다 크다. 다른 특별한 사정이 없는 이상 방송의 기초가 되는 그 자료 내용의 진위를 당사자 본인이나 그 주변인물을 통하여 확인하는 등의 충분한 조사활동을 사전에 거침이 마땅하다. 이런 확인 내지 조사활동을 거치지 아니한 채 명예훼손의 내용이 담긴 논픽션 라디오 드라마를 그대로 방송하였다면 방송사 측에서 그 내용이 진실이라고 믿었다 하더라도 그에 상당한 이유가 있다고 할 수는 없다"(대법원 1998.5.8. 선고 97다34563 판결)고 판결했다.

또한 대법원은 행정상 언론에 보도자료를 제공할 경우의 실명 공표는 "공권력을 행사하는 공표 주체의 광범한 사실조사능력, 그리고 공표된 사실이 진실하리라는 점에 대한 국민의 강한 기대와 신뢰 등에 비추어 볼 때 사인의 행위에 의한 경우보다는 훨씬 더 엄격한 기준이 요구된다"면서, "그 공표사실이 의심의 여지없이 확실히 진실이라고 믿을 만한 객관적이고도 타당한 확증과 근거가 있는 경우가 아니라면 그러한 상당한 이유가 있다고 할 수가 없다"(대법원 1993.11.26. 선고 93다18389 판결 참조)고 판결했다.

명예훼손 사건에서 사실에 대한 입증 책임이 누구에게 있느냐는 매우 중요하다. 명예훼손 표현행위자에게 입증책임을 물을 경우에는 그 주장 내용의 정확성을 담보하기 위한 자기검열을 강요하여 언론자유를 위축시킬 수 있다. 반면에 피해자에게 입증책임을 지우는 경우에는 허위사실에 의한 명예훼손 뿐 아니라 입증에 대한 책임까지 이중부담을 준다. 우리 대법원은 입증책임을 언론매체 등 표현한 사람에게 부담시키고 있다. 대법원은 "입증책임은 어디까지나 명예훼손 행위를 한 방송 등 언론매체에 있고, 피해자가 공적인 인물이라 하여 방송 등 언론매체의 명예훼손 행위가 현실적인 악의에 기한 것임을 그 피해자 측에서 입증하여야 하는 것은 아니다"라고 했다(대법원 1998.5.8. 선고 97다34563 판결)

4) 면책특권

개인의 명예를 보호하면서도 정보의 자유로운 유통을 통한 공적이익을 보호하기 위하여 표현행위자에게 엄격한 책임을 지우면서도 다양하고 포괄적인 면책을 인정하고 있다. 정부의 일정한 직무를 행하는 고위공무원이 일정한 절차 내에서 행해진 것은 표현내용의 공정성, 동기여하를 막론하고 표현내용에 대한 책임이 면책된다. 이것을 절대적 면책특권이라 한다. 정부의 일정지위에 있는 특정 공무원에게만 인정되는 절대적 면책특권은 국민이 정부활동과 관련한 정보를 제공받을 수 있는 권리에 기반한다. 즉, 정부활동과 관련한 정보에 대한 국민은 알권리에 기반한다. 이 특권이 남용되어 개인에게 피해를 줄 수 있더라도 원활한 국정 수행이라는 국익에 보다 적합하다는 것이다. 그런 특권이 인정되지 않는다면 공무원들은 국민의 민주적 의사결정에 필요한 국정관련 정보를 공개하는 데 있어 소극적으로 될 수밖에 없을 것이다. 그 결과 국민 여론에 기반한 민주정치가 원활하게 작동하지 못할 수 있다(박용상, 1997, p.384).

영미의 판례 이론상 절대적 면책특권이 되는 직무상 특권은 1) 사법절차 또는 준사법절차(행정심판절차)에서 법관, 변호사, 법원직원, 당사자 등이 절차 진행 중 그 절차와 관련하여 행한 진술, 2) 행정부 최고 위급의 공무원 또는 정책 결정의 직위에 있는 각료나 각급기관의 장이 그 직무 범위 내에서 직무와 관련하여 행한 발언 3) 국회나 그 위원회에서 행한 국회의원의 발언 등이다(박용상, 1997. p.385).

박용상은(1997. p.385) 절대적 면책에 대해 "일정한 객관적 요건에 해당하는 행위자가 악의였다든가, 발언내용이 허위라든가, 남용되었다거나 또는 정도가 지나쳤다거나 하는 등의 여부를 불문하고 면책됨을 의미한다. 그런 문제가 시비의 대상으로 허용되어 소송이 가능하게 된다면 중요한 공무를 수행하는 자의 활동이 위축되므로 이를 보호하려는 것이 절대적 특권의 취지"라고 했다.

사법절차상 행해진 진술에 대한 면책특권은 법원의 진실 규명을 위한 필요한 조치다. 사법절차에서 관계자들의 진술이 자유롭게 교환되지 못한다면 진실발견이 어렵다. 소송절차에서 관계자들이 자유롭게 발언하도록 할 필요가 있다. 그러나 사법절차상 행해진 진술도 일정한 범위 내에서만 면책된다. 소송절차에서는 법정 모욕이나 위증도 처벌된다. 또한 증인신문에 대한 법원의 통제 등 소송법 및 소송규칙에 의해서 뿐 아니라 변호사 윤리위반에 대한 제재도 가능하며, 소송관계자의 악의적인 명예훼손행위에 대해서도 제재 받을 수 있다.

일반적으로 사법절차에 관여하는 판사, 변호사, 검사, 배심원, 증인, 당사자 등은 절차진행 중에 행한 명예훼손 진술에 관한 절대적 면책특권이 있다. 법원의 재판에 관련된 것이면 변론, 주장, 증인신문 등 어떠한 형태의 절차에서든, 구술에 의한 것이든 서면에 의한 것이든 불문한다. 그러나 소송절차 종료 후 법정 외에서 기자에게 행한 진술은 면책되지 않는다(박용상, 1997, pp.386-387).

입법기능 수행 중에 행해지는 진술, 즉 토론, 표결, 보고서 제출 또는 위원회에서의 활동 등과 관련해서 절대적 특권이 인정된다. 이것은 의원들로 하여금 어떤 주제에 대해서든지 법적 보복 당함 없이 자유로이 말하는 것을 보장해 준다. 입법절차에서 진술된 말의 면책특권은 그 절차에서 진술한 증인에게도 확대된다(박용상, 1997, p.390).

헌법 제45조는 "국회의원은 국회에서 직무상 행한 발언과 표결에 관하여 국회 외에서 책임을 지지 아니한다"고 규정하여 국회의원의 면책특권을 인정하고 있다. 이것은 국회의원이 국회 내에서 자유롭게 발언하고 표결할 수 있도록 보장함으로써 국회가 입법 및 국정통제 등 헌법에 의하여 부여된 권한을 행사하고 그 기능을 원활하게 수행할 수 있도록 보장하는 데 있다. 따라서 면책특권의 대상이 되는 행위는 국회의 직무수행에 필수적인 국회의원의 국회 내에서의 직무상 발언과 표결이라는 의사표현행위 자체에만 국한되지 않고 이에 통상적으로 부수하여 행하여지는 행위까지 포함된다(대법원 1992.9.22. 선고 91도3317 판결 참조).

대법원은 이에 대해 "국회의원이 국회의 위원회나 국정감사장에서 국무위원·정부위원 등에 대하여 하는 질문이나 질의는 국회의 입법활동에 필요한 정보를 수집하고 국정통제기능을 수행하기 위한 것이므로 면책특권의 대상이 되는 발언에 해당함은 당연하고, 또한 국회의원이 국회 내에서 하는 정부·행정기관에 대한 자료제출의 요구는 국회의원이 입법 및 국정통제 활동을 수행하기 위하여 필요로 하는 것이므로 그것이 직무상 질문이나 질의를 준비하기 위한 것인 경우에는 직무상 발언에 부수하여 행하여진 것으로서 면책특권이 인정되어야 한다. 이와 같이 면책특권이 인정되는 국회의원의 직무행위에 대하여 수사기관이 그 직무행위가 범죄행위에 해당하는지 여부를 조사하여 소추하거나 법원이 이를 심리한다면, 국회의원이 국회에서 자유롭게 발언하거나 표결하는 데 지장을 주게 됨은 물론 면책특권을 인정한 헌법규정의 취지와 정신에도 어긋난다"고 명시하고 있다(대법원 1996.11.8. 선고 96도1742 판결).

면책특권의 대상이 되는 행위는 직무상의 발언과 표결이라는 의사표현행위 자체에만 국한되지 않는다. 통상적으로 부수하여 행하여지는 행위까지 포함한다. 그와 같은 부수행위인지 여부는 구체적인 행위의 목적·장소·태양 등을 종합하여 개별적으로 판단 한다. 대법원은 "해머로 국회 회의장 출입문을 손상한 행위는 국회의원의 직무상의 발언과 표결에 통상적으로 부수하여 행하여지는 행위라고 볼 수 없으므로 면책특권의 대상이 되지 않는다"고 판결했다(서울남부지방법원 2010.9.30. 선고 판결). 이 사건은 2008년 12월 16일 한미자유무역협정 비준동의안 상정 등 여·야 간사회의가 결렬되자 비준동의안의 상정을 반대하는 야당 관계자들의 회의장 점거 등 회의 방해에 대비하여 회의장 출입문을 봉쇄한데서 시작되었다. 이에 민주당 및 민주노동당 의원, 의원 보좌직원, 당직자 중 몇 명은 봉쇄된 회의장 출입구를 뚫을 목적으로 해머, 전동그라인더 등을 이용하여 회의장 출입문과 그 안쪽에 바리케이드로 쌓여있던 책상 등을 부수었다(서울남부지방법원 2010.9.30. 선고 판결).

국회의원의 면책특권은 직무와는 아무런 관련이 없음이 분명하거나, 명백히 허위임을 알면서도 허위의 사실을 적시하여 타인의 명예를 훼손하는 경우 등은 해당되지 않는다. 그러나 발언 내용이 허위라는 점을 인식하지 못하였다면 비록 발언 내용에 다소 근거가 부족하거나 진위 여부를 확인하기 위한 조사를 제대로 하지 않았다고 하더라도, 그것이 직무 수행의 일환으로 이루어진 것인 이상 이는 면책특권의 대상이 된다(대법원 2007.1.12. 선고 2005다57752). 대법원은 국회의원이 국회 예산결산위원회 회의장에서 법무부장관을 상대로 대정부질의를 하던 중 대통령 측근에 대한 대선자금 제공 의혹과 관련하여 이에 대한 수사를 촉구하는 과정에서 한 발언이 국회의원의 면책특권의 대상이 된다고 판결했다(대법원 2007.1.12. 선고 2005다57752 판결).

A국회의원은 삼성그룹 회장 비서실장과 당시 중앙일보 사장이 1997년 9월경 나눈 대화 내용을 불법 녹음한 자료를 입수한 후, 2005. 8. 18일 국회의원회관에서 "삼성 명절 때마다 검사들에게 떡값 돌려. X파일에 등장하는 떡값검사 7인 실명 공개"라는 제목 아래 이 사건 도청자료에 담겨 있던 대화 내용과 삼성으로부터 떡값 명목으로 금품을 수수하였다는 내용이 게재된 보도자료를 기자들에게 배포했다. A의원은 국회 법제사법위원회에서 발언할 내용을 정리한 것으로, 보도의 편의를 위하여 이 사건 보도자료를 기자들에게 사전 배포하였고, 그 날 열린 법제사법위원회의 법무부 소관 현안보고 과정에서 이 사건 보도자료의 주요 내용을 발언했다. 이에 대해 대법원은 국회 법제사법위원회에서 발언할 내용이 담긴 이 사건 보도자료를 사전에 배포한 행위는 국회의원의 면책특권의 대상이 되는 직무부수행위에 해당한다고 보았다(대법원 2011.5.13. 선고 2009도14442 판결).

제12대 국회의원인 C씨는 1986년 7월 제131회 정기국회 본회의에서의 정치분야 대정부 질문자로 내정되어 '이 나라의 국시는 반공이 아니라 통일이어야 한다' '통일이나 민족이라는 용어는 공산주의나 자본주의보다 그 위에 있어야 한다'는 등의 원고를 완성하고 비서인 D로 하여금 50부를 복사여 그 중 30부를 국회의사당 내 기자실에서 국회 출입기자들에게 배포하게 했다. 이에 반국가단체인 북괴의 활동에 동조하여 이를 이롭게 한 것이다 라는 이유로 고발당했다. 이에 대법원은 "배포한 원고의 내용이 공개회의에서 행할 발언내용이고(회의의 공개성), 원고의 배포시기가 당초 발언하기로 예정된 회의시작 30분 전으로 근접되어 있으며(시간적 근접성), 원고배포의 장소 및 대상이 국회의사당 내에 위치한 기자실에서 국회출입기자들만을 상대로 한정적으로 이루어졌고(장소 및 대상의 한정성), 원고배포의 목적이 보도의 편의를 위한 것이라는(목적의 정당성) 등의 사실을 인정한 후 이와 같은 사실을 종합하여 피고인이 국회 본회의에서 질문한 원고를 위와 같이 사전에 배포한 행위는 국회의원의 면책특권의 대상이 되는 직무부수행위에 해당한다고 판시"한 것은 타당하다고 판결했다(대법원 1992.9.22. 선고 91도3317 판결)

5) 언론보도와 명예훼손

한국논단 1997년 2월호에 "노동운동인가, 노동당운동인가?"라는 기사를, 한국논단 1997년 8월호에 "공산당이 활개 치는 나라"라는 기사를 썼고, 전원영 기자는 한국논단 3월호에 "일부 좌익노조 호화생활 해부"라는 기사를 썼다. 한국논단 1997년 2월호에 게재된 "노동운동인가, 노동당운동인가?"라는 기사는 "노동 '노'자와도 관계없는 친북 투쟁", "자본가 대 노동자, 계급투쟁이 기본구도", "정당한 노동행위 아닌 빨치산 수법"이라는 소제목으로, 한국논단 1997년 3월호에는 "일부 좌익노조 호화생활해부"라는 기사는 "1천억 넘는 무노동·유임금, 노조 갹출금 체제파괴 공작비에"라는 부제와 "극소수 노동자가 '혁명의 주력군'이다", "연간 수십억 원을 거둬 쓰는 민노총", "노조가 판공, 기밀비에 '의전활동비'까지"라는 소제목으로작성 보도했다. 그리고 한국논단 1997년 8월호에 게재된 "공산당이 활개치는 나라"라는 기사는 "대한민주공화국인가?, 조선인민공화국인가?"라는 부제와 "북한산 술 팔아 자금마련"이라는 소제목 아래 기사를 작성 보도했다.[2] 이에 대한 소송에서 대법원은 언론보도로 인한 명예훼손에 대하

2) 대법원은 이 사안에 대해 다음과 같이 판결하고 있다. "민노총을 "불법단체", "불법, 불순세력"이라고 칭한 부분에 관하여 보건대, 위 표현은 그 자체로서 명예훼손적 의견 표현에 해당한다. 정부는 법외단체인 민노총의 정치투쟁 및 총파업 투쟁을 불법으로 규정하고 있다. 민노총의 투쟁 과정에 폭력행위가 수반되었으므로 위 의견은 진실이거나 진실이라고 믿은 데에 상당한 이유가 있는 사실에 기초하고 있다. 공적 단체에 대한 공적 관심사항에 관한 것이다. 민노총의 투쟁을 "정권타도투쟁"이라고 칭한 부분은 민노총의 투쟁 방법과 투쟁 구호를 기초로 한 평가를 표현한 의견에 해당한다. 이것은 헌법상 보장되는 표현의 자유의 범위 내에 있다. 따라서 이 부분은 불법행위로 되지 않는다". "국민들이 보기에는 민노총의 현실투쟁이 때에 따라서는 우리 나라의 체제를 존중·유지하는 테두리를 벗어나는 것이 아닌지 의문을 가질 상당한 이유가 있다. 여기에 원고 민노총이 공적인 존재로서 국가사회에 미치는 영향력 그리고 원고 민노총이 노동운동의 한계를 넘어 스스로 정치투쟁에 뛰어 듦으로써 정치적 논평을 자초한 점 등을 고려하면 원고 민노총의 정치적 이념에 관한 위와 같은 의혹의 제기는 언론의 자유 범

여 명료하게 정리하고 있다(대법원 2002.1.22. 선고 2000다37524, 37531).

"[1] 언론매체의 어떤 기사가 타인의 명예를 훼손하여 불법행위가 되는지의 여부는 일반 독자가 기사를 접하는 통상의 방법을 전제로 그 기사의 전체적인 취지와의 연관하에서 기사의 객관적 내용, 사용

위 내에 속한다. "북한조선노동당의 이익을 위한 노동당운동"이라고 표현한 부분은 원고 민노총의 그와 같은 노동운동이 결과적으로 북한을 이익되게 하는 운동이라는 주관적인 평가를 '노동당운동'에 비유한 과장표현이라 할 것이다. 공적인 존재의 정치적 이념에 대한 공개와 토론이 널리 허용되어야 한다는 필요성과 제시된 정황 및 현실투쟁의 강도와 양태 결과 등에 비추어 볼 때 이러한 정도의 과장표현으로 불법행위의 성립을 인정함으로써 언론의 자유를 제한해서는 안 될 것이다". 그러나 민노총의 투쟁방법을 '공산게릴라식 빨치산전투'라고 표현한 부분은 비록 그 표현 자체가 구체적인 사실의 적시가 아니라 원고 민노총의 투쟁방법을 그에 비유한 평가의 표현이라 하더라도, '공산게릴라식 빨치산전투'라 함은 공산주의 혁명을 달성하기 위해 적의 배후에서 파괴와 살상 등으로 기습, 교란하는 비정규부대의 유격전투를 뜻하는 표현으로서, 민노총의 투쟁방법, 투쟁과정에서 나온 과격한 구호 등을 참작하여 본다고 하더라도 그 비유가 지나치고 감정적이고도 모멸적인 언사에 해당하여 이러한 모욕적인 표현까지 언론의 자유라는 이름 아래 보호받을 수는 없다." "민노총을 "좌익노동단체"라고 칭한 표현이 명예훼손으로 되는지에 관하여 보건대, 민노총의 정치적 이념에 관한 판단에서와 같은 이유로 원고 민노총을 '좌익'이라고 표현한 것은 진실이거나 진실이라고 믿을 상당한 이유가 있다 할 것이므로 이 부분 표현은 불법행위로 되지 않는다" 그러나 "민노총의 정치투쟁을 "자본가 대 노동자라는 계급투쟁", "정부 전복투쟁", "북한의 조선노동당의 이익을 위한 노동당운동" 등으로 표현한 것을 정당화할 수 없고, 기록을 살펴보아도 이러한 평가를 정당화할 만한 기초사실에 대한 아무런 입증을 찾아볼 수 없다. 따라서 위 기사는 위 원고들이 위와 같은 평가를 받기에 충분한 과격하고 불법적인 정치투쟁을 전개하였거나 전개하고 있다는 사실에 대한 아무런 입증도 없이 그와 같은 사실이 있는 것처럼 우회적, 암시적으로 표현한 것으로서 피고들이 그것을 진실이라고 믿을 만한 상당한 이유가 있다고 볼 아무런 자료도 없으므로 이 기사는 위 원고들에 대한 명예훼손에 해당한다고 할 것이다"(대법원 2002.1.22. 선고 2000다37524, 37531).

된 어휘의 통상적인 의미, 문구의 연결방법 등을 종합적으로 고려하여 그 기사가 독자에게 주는 전체적인 인상을 기준으로 판단해야 한다. 여기에다가 당해 기사의 배경이 된 사회적 흐름 속에서 당해 표현이 가지는 의미를 함께 고려해야 한다.

[2] 타인에 대한 명예훼손은 사실을 적시하는 방법으로 행해질 수도 있고, 의견을 표명하는 방법으로 행해질 수도 있다. 어떤 의견의 표현이 그 전제로서 사실을 직접적으로 표현한 경우는 물론 간접적이고 우회적인 방법에 의하더라도 그 표현의 전 취지에 비추어 어떤 사실의 존재를 암시하고 또 이로써 특정인의 사회적 가치 내지 평가를 침해할 가능성이 있으면 명예훼손이 된다.

[3] 어떤 표현이 타인의 명예를 훼손하더라도 그 표현이 공공의 이해에 관한 사항으로서 그 목적이 오로지 공공의 이익을 위한 것일 때에는 진실한 사실이거나 행위자가 그것을 진실이라고 믿을 상당한 이유가 있는 경우에는 위법성이 없다. '그 목적이 오로지 공공의 이익을 위한 것일 때'라 함은 적시된 사실이 객관적으로 볼 때 공공의 이익에 관한 것으로서 행위자도 공공의 이익을 위하여 그 사실을 적시한 것을 의미하는데, 행위자의 주요한 목적이나 동기가 공공의 이익을 위한 것이라면 부수적으로 다른 사익적 목적이나 동기가 내포되어 있더라도 무방하다. 여기서 '진실한 사실'이라고 함은 그 내용 전체의 취지를 살펴볼 때 중요한 부분이 객관적 사실과 합치되는 사실이라는 의미로서 세부에 있어 진실과 약간 차이가 나거나 다소 과장된 표현이 있더라도 무방하다.

[4] 언론·출판의 자유와 명예보호 사이의 한계를 설정함에 있어서

표현된 내용이 사적관계에 관한 것인가 공적 관계에 관한 것인가에 따라 차이가 있다. 즉 당해 표현으로 인한 피해자가 공적 존재인지 사적 존재인지, 그 표현이 공적 관심 사안인지 순수한 사적 영역에 속하는 사안인지, 그 표현이 객관적으로 국민이 알아야 할 공공성, 사회성을 갖춘 사안에 관한 것으로 여론형성이나 공개토론에 기여하는 것인지 아닌지 등을 따져보아 공적 존재에 대한 공적 관심사안과 사적인 영역에 속하는 사안 간에는 심사기준에 차이를 두어야 한다. 당해 표현이 사적인 영역에 속하는 사안에 관한 것인 경우에는 언론의 자유보다 명예의 보호라는 인격권이 우선할 수 있으나, 공공적·사회적인 의미를 가진 사안에 관한 것인 경우에는 그 평가를 달리하여야 하고 언론의 자유에 대한 제한이 완화되어야 하며, 피해자가 당해 명예훼손 표현의 위험을 자초한 것인지의 여부도 또한 고려되어야 한다.

[5] 당해 표현이 공적인 존재의 정치적 이념에 관한 것인 경우, 그 공적인 존재가 가진 국가·사회적 영향력이 크면 클수록 그 존재가 가진 정치적 이념은 국가의 운명에까지 영향을 미치게 되므로 그 존재가 가진 정치적 이념은 더욱 철저히 공개되고 검증되어야 한다. 이에 대한 의문이나 의혹은 그 개연성이 있는 한 광범위하게 문제제기가 허용되어야 하고 공개토론을 받아야 한다. 정확한 논증이나 공적인 판단이 내려지기 전이라 하여 그에 대한 의혹의 제기가 공적 존재의 명예보호라는 이름으로 봉쇄되어서는 안되고 찬반토론을 통한 경쟁과정에서 도태되도록 하는 것이 민주적이다. 사람이나 단체가 가진 정치적 이념은 흔히 위장하는 일이 많을 뿐 아니라 정치적 이념의 성질상 그들이 어떠한 이념을 가지고 있는지를 정확히 증명해 낸다는

것은 거의 불가능한 일이므로 이에 대한 의혹의 제기나 주관적인 평가가 진실에 부합하는지 혹은 진실하다고 믿을 만한 상당한 이유가 있는지를 따짐에 있어서는 일반의 경우에 있어서와 같이 엄격하게 입증해 낼 것을 요구해서는 안된다. 그러한 의혹의 제기나 주관적인 평가를 내릴 수도 있는 구체적 정황의 제시로 입증의 부담을 완화해 주어야 한다. 그리고 구체적 정황을 입증하는 방법으로는 그들이 해 나온 정치적 주장과 활동 등을 입증함으로써 그들이 가진 정치적 이념을 미루어 판단하도록 할 수 있고, 그들이 해 나온 정치적 주장과 활동을 인정함에 있어서는 공인된 언론의 보도내용이 중요한 자료가 될 수 있다. 여기에 공지의 사실이나 법원에 현저한 사실도 활용할 수 있으나, 아무리 공적인 존재의 공적인 관심사에 관한 문제의 제기가 널리 허용되어야 한다고 하더라도 구체적 정황의 뒷받침도 없이 악의적으로 모함하는 일이 허용되지 않도록 경계해야 함은 물론 구체적 정황에 근거한 것이라 하더라도 그 표현방법에 있어서는 상대방의 인격을 존중하는 바탕 위에서 어휘를 선택하여야 한다. 아무리 비판을 받아야 할 사항이 있다고 하더라도 모멸적인 표현으로 모욕을 가하는 일은 허용될 수 없다"(대법원 2002.1.22. 선고 2000다37524, 37531)

6) 명예훼손 주요 판례

A씨는 명예훼손으로 고소당한 후 고소자가 고소 취하서를 법원에 제출하자, 자신은 무죄판결을 받을 수 있음에도 명예훼손에 대한 반

의사불벌죄를 규정한 형법 제312조 제2항 때문에 공소기각판결을 받게 되어 자신의 기본권을 침해당했다면서 헌법소원심판을 청구했다. 이에 대해 헌법재판소는 다음과 같이 판결했다

"명예훼손의 경우 피해자의 명시한 의사에 반하여 공소를 제기할 수 없도록 하여 명예훼손죄를 '반의사불벌죄'로 규정하고 있다. 따라서 공소가 제기된 뒤 피해자가 처벌을 희망하지 않는다는 의사를 명백히 표시한 경우 혹은 피해자가 처벌을 희망하는 의사표시를 철회한 경우에는 법원은 공소기각판결을 선고하여야 한다(형사소송법 제327조 제6호). 그런데 공소기각판결은 형식적 소송조건의 흠결을 이유로 실체심판을 하지 아니하고 판결로써 공소를 기각하여 신속하게 소송을 종결시키는 형식재판이자 종국재판으로써 검사의 위법한 공소제기를 억제하고 동시에 법원과 피고인을 형사 절차의 부담으로부터 해방하여 소송경제 및 피고인의 이익을 도모하기 위한 것이다. 공소기각판결이 있었다고 하여 공소사실이 사실로 확정되는 것이 결코 아니고, 오히려 피고인을 구속이나 유죄의 위험 등으로부터 신속히 벗어나게 한다는 점에서 무죄판결보다 불리하다고 볼 수도 없다(대법원 2008.5.15. 선고 2007도6793 판결 등 참조). 설령 청구인의 주장대로 청구인이 명예훼손을 한 사실이 없다고 하더라도, 청구인으로서는 공소기각판결 때문에 무죄 판결을 받을 수 있는 기회를 상실하는 불이익을 입었다고 할 수 있지만, 이는 간접적 또는 사실상의 불이익에 불과한 것이므로 이를 가지고 기본권 침해 문제가 발생한다고 볼 수 없다. 청구인이 공소기각판결을 받는다고 하여 청구인의 헌법상 기본권이 침해될 가능성이 있다고 보기 어렵다".

B씨는 2008. 5. 29. ○○의 대표이사로 일을 하면서 직원들과의 거리를 좁히고, 직원들과 소통할 목적으로 인터넷 사이트인 다음에 블로그(http:· · blog.daum.net ○○○○)를 개설했다. 그는 2008. 6. 18. 인터넷 검색 도중 '서프라이즈'라는 인터넷 사이트에 게시되어 있던 원제가 "Secret of Koreans' Protest Against US Mad Cow Beef"이지만, 한국 누리꾼들 사이에서 미국 내 의료현실을 비판한 마이클 무어 감독의 '식코'에 빗대어 '쥐코'라는 제목으로도 알려진 동영상을 게시했다. 이 동영상에는 이명박 대통령의 한반도 대운하 정책, 영어몰입교육정책, '강부자 내각'과 땅투기 논란, 일본과의 관계와 역사인식, 50개 생필품 가격통제, 미국산 쇠고기 수입, 촛불집회에 대한 폭력적인 진압방법, 외교문서상 번역오류, 복지예산 삭감, 공공부문 민영화에 대하여 차례로 비판하고 있다. B씨는 명예훼손 혐의에 대해 기소의견으로 서울중앙지방 검찰청에 송치 되어 기소유예처분을 받았다. 이에 B씨는 평등권과 행복추구권을 침해당하였다면서 위헌심판청구를 했다. 이에 헌법재판소는 다음과 같이 판결했다

"공직자의 공무집행과 직접적인 관련이 없는 개인적인 사생활에 관한 사실이라도 일정한 경우 공적인 관심 사안에 해당할 수 있다. 공직자의 자질·도덕성·청렴성에 관한 사실은 그 내용이 개인적인 사생활에 관한 것이라 할지라도 순수한 사생활의 영역에 있다고 보기 어렵다. 이러한 사실은 공직자 등의 사회적 활동에 대한 비판 내지 평가의 한 자료가 될 수 있고, 업무집행의 내용에 따라서는 업무와 관련이 있을 수도 있으므로, 이에 대한 문제제기 내지 비판은 허용되어야 한다.

제3자의 표현물을 인터넷에 게시한 행위에 대해 명예훼손의 책임을

인정하기 위해서는 헌법상 자기책임의 원리에 따라 게시자 자신의 행위에 대한 법적 평가가 있어야 할 것이다. 인터넷에 제3자의 표현물을 게시한 행위가 전체적으로 보아 단순히 그 표현물을 인용하거나 소개하는 것에 불과한 경우에는 명예훼손의 책임이 부정되고, 제3자의 표현물을 실질적으로 이용·지배함으로써 제3자의 표현물과 동일한 내용을 직접 적시한 것과 다름없다고 평가되는 경우에는 명예훼손의 책임이 인정되어야 할 것이다.

대통령인 피해자의 전과와 토지소유 현황은 공인에 관한 공적 관심사안에 해당하는바, 청구인이 피해자의 정책비판을 주된 내용으로 하고 있는 이 사건 동영상을 게시한 행위에 피해자를 비방할 목적이 있었다고 볼 수 없다. 또한 청구인은 적시사실의 진위 여부에 대해서 별다른 관심을 가지지 아니하였고, 적시된 사실의 중요한 부분이 객관적 사실과 합치된다고 생각하였던 것으로 보이므로, 청구인에게 허위사실에 대한 인식이 있었다고 볼 수 없다. 따라서 청구인에 대한 이 사건 기소유예처분에는 그 결정에 영향을 미친 중대한 사실오인 내지 법리오해의 잘못이 있으므로 이로 말미암아 청구인의 평등권과 행복추구권이 침해되었다."

영화 〈실미도〉에는 훈련병 전원에 대하여 살인범이나 사형수 또는 사회낙오자들로 표현되고 있다. 이 영화는 실미도 사건 망인들 또는 유족, 사건 당사자들의 명예를 훼손하였다면서 소송을 제기당했다. 이에 대해 대법원은 다음과 같이 판결했다.

"1. 실제 인물이나 사건을 모델로 한 영화가 허위의 사실을 적시하여 개인의 명예를 훼손하는 행위를 한 경우에도 그것이 공공의 이해에 관한 사항으로서 그 목적이 공공의 이익을 위한 것일 때에는 행위자가 적시된 사실을 진실이라고 믿었고 또 그렇게 믿을 만한 상당한 이유가 있으면 그 행위자에게 불법행위책임을 물을 수 없다. · · · 특히 적시된 사실이 역사적 사실인 경우 시간이 경과함에 따라 점차 망인이나 그 유족의 명예보다는 역사적 사실에 대한 탐구 또는 표현의 자유가 보호되어야 하며 또 진실 여부를 확인할 수 있는 객관적 자료의 한계로 인하여 진실 여부를 확인하는 작업이 용이하지 아니한 점 등도 고려되어야 한다. 아울러 영리적 목적 하에 일반 대중을 관람층으로 예정하여 제작되는 상업영화의 경우에는 역사적 사실을 토대로 하더라도 영화제작진이 상업적 흥행이나 관객의 감동 고양을 위하여 역사적 사실을 다소간 각색하는 것은 의도적인 악의의 표출에 이르지 않는 한 상업영화의 본질적 영역으로 용인될 수 있으며, 또한 상업영화를 접하는 일반 관객으로서도 영화의 모든 내용이 실제 사실과 일치하지는 않는다는 전제에서 이러한 역사적 사실과 극적 허구 사이의 긴장관계를 인식·유지하면서 영화를 관람할 것인 점도 그 판단에 참작할 필요가 있다.

2. 영화의 내용이 특정인의 명예를 훼손하는 내용을 담고 있는지의 여부는 당해 영화의 객관적인 내용과 아울러 일반의 관객이 보통의 주의로 영화를 접하는 방법을 전제로, 영화 내용의 전체적인 흐름, 이야기와 화면의 구성방식, 사용된 대사의 통상적인 의미와 그 연결 방법 등을 종합적으로 고려하여 그 영화 내용이 관객에게 주는 전체적인 인상도 그 판단 기준으로 삼아야 한다. 여기에다가 당해 영화가 내포하고 있는 보다 넓은 주제나 배경이 되는 사회적 흐름 등도 함께 고려하여야 한다"(대법원 2010. 7. 15. 선고 2007다3483)

형사사건으로 소추된 피의자나 피고인은 그가 형사재판을 통하여 유죄의 판결이 확정될 때까지는 무죄로 추정을 받으며(헌법 제27조 제4항), 또한 검찰, 경찰 기타 범죄수사에 관한 직무를 행하는 자 또는 이를, 보조하는 자는 그 직무를 행함에 있어서 알게 된 범죄사실에 대하여 이를 공판청구 전에는 공표할 수 없도록 규정(형법 제126조)하고 있다.

범죄보도에 있어서 객관적 범죄와 그에 대한 처벌, 범죄에 대한 대책은 보도할 수 있지만 범인과 범죄혐의자의 신원을 공개해서는 안된다. 유죄판결을 받은 자도 인간의 존엄권은 부인되지 않는다. 언론보도는 자유박탈의 형벌외에 법정되지 않은 처벌을 가하는 결과를 초래할 수 있고, 범죄자의 사회복귀를 저해한다. 특히 범인이라는 추정 내지 범죄혐의만으로 신원이 공개되는 경우, 만약 무죄로 확정되더라도 보도로 인한 명예훼손은 쉽게 시정되지 않는다. 범인과 범죄혐의자에 대한 공개적 신원노출은 원칙적으로 허용되지 않는다. 따라서 범죄에 관한 언론의 보도에 있어서 관계인의 신원을 밝힐 수 없음이 원칙이다(이른바 익명보도주의).

수사 담당 경찰관이 경찰출입 기자들을 상대로 피의사실을 공표하고 그에 관한 보도를 적극적으로 요청함과 동시에 취재 편의를 제공하였고, 나아가 기자들로 하여금 피의사실을 관계자들의 실명 또는 초상과 함께 신문에 게재하거나 방송되게 함으로써 결국 허위사실에 의하여 피의자의 명예를 훼손하게 한 경우 그 경찰관과 그것을 보도한 언론사는 면책될 수 없다.

법원은 이에 대해 다음과 같이 판결했다.

"[1] 수사 담당 경찰관이 경찰출입 기자들을 상대로 피의사실을 공표하고 그에 관한 보도를 적극적으로 요청함과 동시에 취재 편의를 제공하였고, 나아가 기자들로 하여금 피의사실을 관계자들의 실명 또는 초상과 함께 신문에 게재하거나 방송되게 함으로써 결국 허위사실에 의하여 피의자의 명예를 훼손하게 하였다는 이유로, 그 경찰관들의 사용자로서 국가의 손해배상책임이 있다. [2] 범인과 범죄혐의자에 대한 공개적 신원노출은 원칙적으로 허용되지 않으며, 그에 따라 범죄에 관한 언론의 보도에 있어서는 관계인의 신원을 밝힐 수 없음이 원칙이다. [3] 공적 인물이 아닌 자의 범죄 혐의 신원확인 보도는 공적 인물의 경우보다 더욱 엄격한 요건을 요한다. 첫째로 그 범죄행위를 국민에게 알리는 것이 시사에 관한 포괄적 정보의 이익을 위하여 필요하고 여론 형성과 관련하여 중요한 의미를 갖는 것으로서 기사 작성상 불가피하거나 또는 범행이 직접적인 정치적 관련을 갖는 것이어서 그 중대성 때문에 포괄적인 해설을 필요로 하는 경우라든가, 둘째로 그의 범행이 사회적으로 고도의 해악성을 가지며, 정치·경제·사회·문화 등 공적 생활이나 기타 공공의 이익에 대하여 직접적 연관을 갖는 경우에 한하여 그 신원을 명시한 실명보도나 그 초상의 보도가 허용된다. 그러나 범행의 증명이 확정되지 아니한 단계에서는 그러한 요건을 충족한다 하더라도 그 혐의를 사전에 보도하여야 할 특별히 불가피한 이유가 있거나, 그의 범행이 자의로 진술된 신빙할 만한 자백에 의해 증명되었거나 다툼이 없는 경우에 한하여 허용된다. [4] 공보관인지 여부가 불분명한 사건담당 경찰관이 내부 결재절차 없이 한 취재 요청이 공식발표가 아니라는 등의 이유로, 그에 근거한 언론보도 내용이 진실한 것으로 믿은 데 상당한 이유가 있었다고 볼 수 없다"(서울고등법원 1996. 2. 27. 선고 95나24946).

그러나 보도내용 중 일부분에 대하여 무죄판결을 받기는 하였으나 전체적으로 보아 보도내용의 진실을 부인하기 어려운 경우는 진실한 것으로 본다. 또한 담당한 결찰관이 소정의 절차에 따라 행해진 발표와 보도자료 인용은 '진실이라고 믿을만한 상당한 이유'에 해당한다.

"언론기관들이 범죄혐의자의 체포 직후 범죄혐의사실에 대한 보도를 하고, 그 중 일부 언론기관은 범죄혐의자의 실명을 밝힌 사안에서, 그 보도행위가 혐의자가 저지른 범죄혐의사실을 알리고 대책을 강구하기 위한 것으로서 공익성을 인정할 수 있고, 비록 이후 그 보도내용 중 일부분에 대하여 무죄판결을 받기는 하였으나 전체적으로 보아 보도내용의 진실성을 부정하기 어려우며, 보도내용이 범죄혐의자에 대한 수사를 담당한 경찰관이 소정의 절차에 의하여 행한 발표와 보도자료를 기초로 객관적으로 작성된 것으로서, 언론기관으로서는 그 보도내용이 모두 진실이라고 믿을 만한 상당한 이유도 있었다는 등의 이유로, 그 언론보도의 위법성이 조각된다"(서울중앙지방법원 2006.1.20. 선고 2003가합70749).

변호사 사무장으로 근무하던 C씨는 해고되자, 법원 기자실로 찾아가 "나를 고용한 변호사가 나를 마음대로 해고했다. 그는 브로커를 고용하여 사건을 수임하는 등 많은 문제가 있어 나는 검찰에 고발하고 경남지방변호사회에 진정서를 제출했다. 민사소송도 제기했다", "검찰수사가 진행되면 큰일이 벌어질 것이다", "이런 사건은 언론에서 관심을 가져주어야 한다"는 등의 말을 하며 소장, 고발장, 진정서 등을 보이면서 이를 기사화해 줄 것을 요구했다. 이에 한 언론사는 검찰

민원실 등에 전화하여 고발장 등 접수 사실을 확인하는 한편, 해당 변호사에게 전화하여 사실무근이라는 답변을 들었다. 해당 기자는 더 이상 사실 확인 없이 사무장으로부터 들은 내용을 토대로 실명을 거론함 없이 A변호사, B사무장 등으로만 표시하여 기사를 작성했다. 그러나 이후 사무장은 검찰 조사가 시작되자 자신의 판단이 잘못되었다며 고발을 취하했다.

이에 법원은 "'A변호사', 'B사무장' 등으로 익명처리를 하고 있긴 하나, 그들의 직업이 특정되어 있고 피고의 나이 및 민사 사무장으로 근무한 시기 등을 적시해 놓고 있어 변호사업계 종사자나 그 주변 사람들이 'A변호사'가 원고를 가리키는 것으로 쉽게 알아차릴 수 있었다고 봄이 상당하여 그 피해자 또한 특정되었다"고 판단했다. 또한 "고발내용 자체가 진실이라는 점을 확인하기 위해서 객관적인 자료를 확인하는 등의 충분한 취재활동을 하였음을 인정할 증거가 없고, 간단히 전화로 고발사실 등을 확인하고 원고의 발언을 청취하는 절차를 취하였을 뿐, 고발내용과 전혀 배치되는 원고의 발언에도 불구하고 제보내용을 주로 인용하여 기사를 작성하여 다음날 보도했다. 고발내용의 보도가 원고의 명예나 신용에 미치는 영향이 심각하다는 점, 그 보도가 추가적인 사실확인 없이 속보를 요할 만큼 시급한 것은 아니라는 점 등을 보태어 보면, 고발내용이 진실이라고 믿은 데 상당한 이유가 있었다고 보기 어려우므로, 기사 보도의 위법성이 조각되지 않는다". 따라서 "이 사건 기사를 보도한 행위는 원고의 명예나 신용을 훼손하여 그 사회적 가치 내지 평가를 침해하는 불법행위에 해당한다"(부산고등법원 2008.4.3. 선고 2007나11033).

〈참고문헌〉

강준만(2001), 〈대중매체 법과 윤리〉, 인물과 사상사.

권영성(1988), 〈헌법학 원론〉, 법문사.

권혜령(2014), 미국의 '국기경례' 및 '충성서약'의 위헌성과 그 심사기준, 〈헌법학연구〉 20권 1호.

김종렬(1972), 전태일—그 죽음 이후—역사속에서의 죽음, 〈기독교 사상〉 4월호, 통권 167호, 대한기독교서회.

김동민(1997), 〈현대사회와 매스커뮤니케이션〉 한울아카데미.

김일수(2000), 〈형법총론〉, 박영사.

김철수(2000), 〈헌법학 개론〉, 박영사.

문종대(1998), "언론자유의 개념 정의 및 실현조건에 관한 연구", 〈언론학연구〉 제2집, 부산경남언론학회.

문종욱(2005), 인권사상의 현대적 전개, 〈법학연구〉 15권 1호, 충남대학교.

박경신(2013), 〈표현 통신의 자유〉, 논형.

박용상(1997), 〈언론과 개인법익〉, 조선일보사.

______(2002), 〈표현의 자유〉, 현암사.

박승호(2013), 표현의 자유와 공적광장이론, 〈법학논고〉 41집, 경북대학교 법학대학원.

팽원순(1988), 〈매스커뮤니케이션 법제이론〉, 법문사.

______(1989), 〈언론법제신론〉, 나남.

양성우(1985), 〈노예수첩〉, 풀빛.

유한호(1993), 내적언론자유 이론과 실천. 성균관대학교 박사학위논문.

이부하(2012), 공인의 인격권과 표현의 자유, 〈서울법학〉, 20권 1호, 서울대학교 법학연구소

이효성(1989), 〈언론자유와 민주정치〉, 서강대 언론문화연구소.

이승우(2009), 〈헌법학〉, 두남.

임병국(1999), 〈언론법제와 보도〉, 나남.

임지봉(2013), 미국 헌법상 표현의 자유 법리가 한국헌법에 미친영향, 〈미국법학연구〉 24권 2호, 미국헌법학회.

장호순(1998), 〈미국헌법과 인권의 역사〉, 개마고원.

조국(2009), "내란 외환, 국기, 국교의 죄 규정의 개정방안", 〈한국형사정책연구원 연구총서〉 09-25-06, 한국형사정책연구원.

차배근, 김우룡, 이기홍(1993), 〈매스컴 대사전〉, 한국언론연구원.

차수봉(2016), "인간존엄의 법사상사적 고찰, 〈법학연구〉, 16권 2호, 한국법학회.

한병구 편(1990), 〈언론법제통론〉, 나남.

한병구(2000), 〈언론과 윤리법제〉, 서울대학교출판부.

______(1987), 〈언론법제이론〉, 나남.

최창섭(1997), 〈교양언론학 강좌〉, 범우사.

황혜성(2001), 마틴 루터 킹과 말콤 엑스, 〈미국사 연구〉 14집, 한국미국사학회.

Berlin, I.(1984), *Four Essays on Liberty. Oxford Univ.*

브레히트, 김남주 역(1995), 〈아침저녁으로 읽기 위하여〉, 푸른 숲.

로버트 M. 스튜워트 편, 박효종(역)(1990), 〈정치철학의 제문제〉, 인간사랑.

잉게숄, 박종서 역(1980), 〈아무도 미워하지 않는 자의 죽음〉, 청사.

이시엘 디 솔라 폴, 원우현 역(1986), 〈자유언론의 테크놀로지〉, 전예원.

문종대

서강대학교 신문방송학과 졸업
서강대학교 신문방송학과 박사
동의대학교 인문대 학장역임
현) 한국언론정보학회 회장
현) 동의대학교 미디어광고학부 교수

표현의 자유와 권리

1판 1쇄 발행 _ 2018년 3월 2일

저 자 · 문 종 대
발행인 · 정 현 걸
발 행 · 신 아 사
인 쇄 · 토탈프로세스
주 소 · 서울특별시 은평구 통일로 59길 4 (2층)
전 화 · (02) 382-6411 팩스 · (02) 382-6401
홈페이지 · www.shinasa.co.kr
E-mail · shinasa@daum.net
출판등록 · 1956년 1월 5일(제9-52호)

ISBN: 978-89-8396-261-4(03300)

정가 *14,000* 원

프라임 동의 인문교양 총서

이 저서는 교육부의 산업연계교육활성화선도대학(PRIME)사업 사업비를 지원받아 집필한 저서임